Thomas Braune

Henry Maske

Durchgeboxt

W0243773

Knaur

Inhalt

Statt eines Vorworts

Natürlich habe ich mich besonders gefreut, daß Henry Maske Weltmeister geworden ist, er steht mir persönlich sehr nahe. Sein Auftreten, sein Verhalten, nicht zuletzt auch außerhalb des Ringes, imponiert mir. Mit ihm kommt der Boxsport zumindest gedanklich von St. Pauli weg. In Bumshäusern zu trainieren wäre mir nie in den Sinn gekommen. Er besitzt ein super Auge und traumhafte Reflexe. Er ist ein erstklassiger Boxer und ein intelligenter Mensch, mit ihm hat der deutsche Profiboxsport endlich wieder eine echte Identifikationsfigur.

Max Schmeling über Henry Maske

Aus der Deckung

slow motion

Wolke zupft das kurze, weiße Frotteecape über der Brust von Maske zusammen. Warmhalten, mehr ist nicht zu tun. Fünfzehn Minuten vor dem ersten Gong sind die Boxerstiefel längst geschnürt, sitzen Hose und Tiefschutz akkurat, stecken die Fäuste seit knapp einer Stunde straff bandagiert in den je zehn Unzen schweren Handschuhen. Grausame Ruhe ist eingezogen. Nur kleine Schweißperlen zwischen den Bartstoppeln der unrasierten Wangen geben noch Zeugnis von der Vorbereitung.
Der Trainer blickt wieder zu seinem Athleten. Dessen Mund ist verschlossen, das Gesicht versteinert. Nur der Kopf arbeitet. Ein Gedankengang mißt vier Meter. Mehr gibt der fensterlose Raum in der Düsseldorfer Philipshalle nicht her. Maske wendet den Kopf entgegen dem Uhrzeigersinn. Die Zeit ist gnadenlos.
Umhangwechsel. Die wulstigen Fäustlinge müssen durch die Ärmel des blauen Ringmantels. Ein Betreuer nestelt nach dem Gürtel, bindet die Schleife. Maske schaut nicht hin. Die gepolsterten Hände taugen eh nur noch zum Zuschlagen, nicht mehr zum Zupacken.
Getöse dringt in die Kabine. Die Tür steht offen. Der Herausforderer im Kampf um die Halbschwergewichtsweltmeisterschaft nach Version der International Boxing Federation ist zum Ring gerufen. Chefbodygard Peter Althof bahnt den Weg durch das überfüllte Halbdunkel. Maske blickt regungslos nach vorn. Nur dreimal vergewissert er sich auf ein-

hundertfünfzig Schritten durch ein Kopfsenken. Der Weg, den er geht, ist richtig.
Mit dem großen chorischen Anruf ohne Vorspiel fällt auf halber Strecke der Anfang von »Carmina Burana« in den Jubel der Massen. Maske hat sich die Musik in der Fernsehwerbung schöngehört. Von daher kennt auch das Publikum die Melodie. Doch niemand singt in diesem Moment »mein Mildor« von *Jacobs.* Alle denken an ihren Henry aus Frankfurt an der Oder. Der klettert zwischen den Seilen zwei und drei in den Ring.
Pfiffe erwarten den amtierenden Weltmeister »Prince« Charles Williams aus den USA.
»Einigkeit und Recht und Freiheit...« Zum ersten Mal in seiner Laufbahn wird das Deutschlandlied für Maske gespielt. Zum ersten Mal überhaupt hört der Olympiasieger eine Nationalhymne vor der Arbeit. Beim letzten Wort des ersten Verses hebt Maske den Kopf. Nach elf Wimpernschlägen senkt er ihn wieder. Die Massen singen gerade : »... brüderlich mit Herz und Hand ...«
Stilgerechtes Verhalten in der letzten Minute vor dem Kampf. Der Amerikaner schlägt Haken und Gerade in die Luft. Der Frankfurter bewegt den Kopf. Knapp ist die Bitte an den Trainer: Mundschutz. Beim Hineinschieben spreizt selbst Wolke den Mund. Maskes Zunge fährt prüfend die Lippenpartie ab.
Ringrichter Allan Rothenburg ruft zur Mitte. Williams tänzelt nach der Fairneßbelehrung zurück, Maske schreitet.
Der erste Gongschlag. Drei Schritte sind es bis zum Gegner. Der Weltmeister beginnt wie ein Herausforderer. Maske fängt dessen erste Attacke am Kopf ein. Jetzt muß auch der Ex-Oberleutnant aus der Deckung. Er tut es seiner Mentalität entsprechend. Zuerst abwartend, dann plötzlich und konsequent.

Die Mauer ist offen. Die Mauer steht.

»Zum Klubchef, sofort!« Der typische Befehl hallt Henry Maske am 14. November ’89 entgegen. Er ist ein tönender Anachronismus. Seit fünf Nächten bekommt die Mauer beständig neue Löcher. Vor zehn Tagen lachten eine Million Demonstranten in Berlin über die großen Zähne des Staats- und Parteichefs, und selbst die sozialistische Sportorganisation wird bald nur noch von einem kommissarischen Arbeitsausschuß geleitet. Sportstudent Maske hat sich soeben die Trainingssachen übergestreift, um am Judo-Unterricht teilzunehmen. Doch daraus wird nichts. Daß diesen drei Worten sofort Folge zu leisten ist, weiß Maske, weiß jeder DDR-Athlet. Wann und wo immer die sogenannte Einstellung nicht stimmt, ein Ehepartner fremdgeht, Post aus dem Westen im Kasten steckt, über den Durst getrunken, die Straßenverkehrsordnung mißachtet oder sonstwie gegen die »Norm« verstoßen wird, folgt zuerst diese Vorladung.

Der Weg zu Klubchefs führt dann an distanziert blickenden Leuten vorbei; Plaudertaschen zeigen den Reißverschluß, Abholer mimen den stummen Gesandten.

Doch an diesem Dienstagmorgen läuft alles anders. ASK-Trainer Krüger eilt dem Amateurweltmeister entgegen und fragt aufgeregt: »Sag mal, Henry, du willst wirklich Profi werden?«

Denkbar scheint dem früheren Halbwelter- und Weltergewichtler, was er da heute morgen im Frühstücksfernsehen gehört hat. Schließlich lebt die ebenso erfolgreiche Eiskunstlauf-Olympiasiegerin Katarina Witt bereits im Ausland, der Verkauf des größten DDR-Fußballtalents Andreas Thom nach Leverkusen steht unmittelbar bevor, Radsportler wie Ludwig oder Ampler verhandeln ihre sportgeschäftliche Zukunft. Überdies feierte bereits im August ein sowjetischer Profiboxverband ersten Geburtstag.

DDR-Olympiasieger Maske will Profi werden

Im Osten leben, im Westen boxen

Von AXEL BLÜCHERT

Berlin – Das ist die Box-Nachricht des Jahres: Olympiasieger und Weltmeister Henry Maske (25) aus der DDR will mit Hilfe von „Rocky"-Trainer Wolfgang Wilke ins Profi-Geschäft einsteigen.

„Maske will zwar drüben wohnen bleiben, aber im Westen boxen. Vielleicht sind sogar Profi-Kämpfe in der DDR möglich. Dieser Ausnahmefall wäre ein Riesengewinn für den Berufsboxsport", sagt Wilke (46).

In der UdSSR hat sich bereits ein Profi-Boxverband gebildet, veranstaltet sogar WM-Kämpfe. Jetzt wollen auch die DDR-Stars ans große Geld.

Wilke, seit 25 Jahren Trainer u.a. von Bernd August und Weltmeister Graciano Rocchigiani, zu BILD-Berlin: „Maske ist Europameister, Weltmeister, Olympiasieger. Der hat bei den Amateuren alles erreicht, sucht jetzt neue Herausforderungen."

Wilke soll für den Halbschwergewichtler von Vorwärts Frankfurt/Oder ein Trainingszentrum aufbauen, einen Manager-Vertrag abschließen. „Dafür kommt nur Sauerland mit seiner internationalen Erfahrung infrage", sagt Wilke.

Auch Maskes Schwergewichts-Kollege Axel Schulz (WM-Dritter von Moskau) will ins Profi-Geschäft.

Ente – *BILD*-Zeitung vom 14. November 1989

»Medien-Ente«, antwortet Maske. Innerlich grinst er geschmeichelt. Wer sonst außer ihm, dem mit Olympiasieg, Welt- und drei Europameistertiteln erfolgreichsten DDR-Boxer aller Zeiten, sollte zuerst auf den freien Ringmarkt wechseln?

Auch Henry kennt die reibende Bewegung zwischen Daumen und Zeigefinger, die im Sportland DDR die Oberhand gewinnt. Doch Profiboxen ist nicht Bundesligafußball. Seit dem Abgang des Vietnamkriegsgegners Muhammad Ali steht der professionelle Faustkampf im schlechtesten Licht. Maske trug selbst dazu bei. Im November 1988 hatte er eine Honecker-Platitüde nachgenutzt: »Amateur- und Profiboxen unterscheiden sich wie Feuer und Wasser. Ich verabscheue, daß der Mensch zur Ware wird«, erfuhr der DDR-Bürger aus seiner auflagenstarken Zeitung, der *Jungen Welt*.

Maske erreicht die erste Etage der Verwaltung. Der Klubchef wartet. Er kennt die Schlagzeile der *BILD*-Zeitung auch.

Es folgt der vorgeschriebene Dialog. Die anschließenden Dementi sind eindeutig: »Ich werde nicht in einen Profiring klettern«, bekommt die Öffentlichkeit zu hören und zu lesen. Das *Neue Deutschland* meldet am nächsten Tag sogar eine West-Fernseh-Entschuldigung in der Redaktion.

Einer Ente wurden die Flügel gestutzt.

Das schnelle Ende einer Lüge

Weltmeister Henry Maske:

Starte weiter für die DDR

RIAS/TV mußte sich für Falschmeldung entschuldi

Von Jürgen Holz

Am Montag hatte „Neues Deutschland" an dieser Stelle geschrieben: „Vieles ist im Sport möglich, aber vor der 'Devise Geld um jeden Preis' sollte man sich hüten. Dann wäre der nächste folgerichtige Schritt: Boxweltmeister Maske ...

ND: Lassen wir also dieses Aber weil schon die Rede vo boxen war – was halten Sie

Henry Maske: Auch in boxringen werden bea sportliche Leistungen g Die totale Vermarktung

Noch keine Ente – Das *Neue Deutschland* vom 15.11.1989

Die Gedanken sind frei

1. Dezember 1989, Wettkampfreise Manila.

Der erste Blick streift das Zifferblatt der Armbanduhr. Ein Anruf noch vor 6.00 Uhr am Morgen? Der Nationaltrainer Debert greift zum Hörer. Sein gehauchter Gruß erfährt eine stürmische Antwort: »Militärputsch, Flughafen gesperrt, unter keinen Umständen das Hotel verlassen! Wartet auf weitere Anweisungen!«

Als der Botschafter am Mittag erneut anläutet und von zwei Einschüssen in das Gebäude der DDR-Vertretung berichtet, haben die fünf Sportler längst die eigene Bedrohung ausgemacht. Ihr fünfstöckiges Küstenhotel liegt in der Feuerlinie der philippinischen Meuterer, aus ihren Zimmern können die Frankfurter Boxer Henry Maske, Axel Schulz und Andreas Otto sowie die beiden Trainer Wolke und Debert direkt in die Mündungsöffnungen der Kanonenboote sehen. Der kürzeste Weg jeder Rakete auf die 200 m entfernte USA-Botschaft führt durch ihre Fenster.
Und die US-Amerikaner verhalten sich nicht neutral. Seit Präsident George Bush sein örtliches Militär am Vormittag ermächtigte, donnern F4-Phantomjets über die Hauptstadt. Sie geben den Regierungstreuen die nötige Luftunterstützung. Die Rebellen bombardieren ihrerseits den philippinischen Präsidentenpalast, halten den internationalen Airport besetzt und verkünden über zwei gestürmte TV-Sender ihr Ziel. Fünf Generäle mit 6000 Soldaten seien angetreten, »unser geliebtes Vaterland auf einen neuen Kurs zu bringen«.
Das Personal hat das Hotel verlassen. Der DDR-Botschafter meldet sich nicht wieder. Hunger breitet sich aus. Debert und Wolke beschließen, bei den furchtlosen mobilen Händlern einzukaufen. Gegessen wird mit Fernsehbegleitung im Zimmer. Den Krieg im Äther unterbricht beständig Werbung. Mit Spots heizen die Organisatoren den Kartenverkauf für den Kampf um die Profibox-Weltmeisterschaft zwischen dem amerikanischen Mehrfachchampion Sugar Ray Leonard und Panamas Idol Roberto Duran in Manila an. Links, rechts ..., Haken ..., Anzählen ..., k. o. Die Bilder wirken.
Zwischen gepackten Koffern und eingekauften Weihnachtsgeschenken reden Amateur-Trainer und Amateur-Athleten

offen über die Professionals, kramen die Älteren die Erinnerungen an die Nächte mit Ali, Frazier und Foreman heraus. Die Gedanken sind frei, jeder kann sie erraten.
Nach zwei Tagen Hotelhaft ohne erneute Botschafterbotschaft ergreift Manfred Wolke die Initiative. Trainiert werden muß!
Gefechtslärm dringt aus dem ein paar Kilometer entfernten Regierungsviertel, wenn sich die fünf von nun an täglich auf den Weg machen. Zuerst zur sandsackgeschützten USA-Vertretung, dann noch 100 Meter bis zum vertrauten Camp, in dem sich die Gäste aus der DDR schon während des vorangegangenen Amateurturniers präpariert hatten.
Nach knapp einer Woche ist der Spuk vorbei. Die philippinische Präsidentin Corazon Aquino hat auch den sechsten und bis dato gefährlichsten Militärputsch überstanden. Ein Botschaftswagen bringt das Quintett zum Airport. Auf dem Beifahrersitz hockt ein bewaffneter Philippino. Mit geborgten Devisen werden die Tickets nach Bangkok bezahlt. Dort wartet der Interflug-Airbus mit Nachrichten aus der Heimat. Der BFC-Kicker Andreas Thom ist Profi – die SED führt der Amateur Gysi.

Wer A sagt ...

Manila bleibt im Gespräch der Trainingsgruppe. Nicht die Stadt selbst, nicht die Putscherlebnisse, nicht die geweckte Erinnerung an die gnadenlose Prügelei, die sich 1975 dort Muhammad Ali und Joe Frazier unter den Augen von 700 Millionen Fernsehzuschauern lieferten. Der »Geist von Manila« wirkt. Die asiatische Hauptstadt ist der Ort des ausgebliebenen Widerspruchs. Niemand hatte damals, beim ersten Reden über sich und das Profiboxen, eine eigene

Karriere ausgeschlossen. Wann immer in den Folgewochen einer in Zweifel über den eingeschlagenen Weg gerät, dort ist die Bank. Darauf läßt sich stützen.
Keine Trainingsstunde im Dezember und Januar vergeht ohne ein Wort zur vermeintlichen Zukunft aller. Mit der Zeit macht Wolke fest, was passieren wird. Zuerst wechseln er und Henry. Axel und Andreas folgen, wenn sich die Situation etwas beruhigt. Denn noch schreien die Funktionäre – Verrat! Aber Andreas Otto springt ab. Gaststarts im Februar beim BSV Ahlen bringen ihn aus der Warteschleife für die Profis zurück in den Amateurring. Ein Trio bleibt sich einig.
Aus diesem Kern wird binnen weniger Jahre das erfolgreichste und populärste Team im deutschen Profiboxen. Wolke paßt das Training den erwarteten Anforderungen an, die methodischen Reize bleiben. Umfassende Athletik, psychische Vorbereitung, Kraft und der Drang, zum Sparring die Besten zu holen.
Maske gibt mit dem Parteibuch im Januar 1990 nicht die eigene Geschichte ab. Fast notorisch bekennt er sich zu Gewesenem. Das macht ihn bei denen, die nicht diese Kraft haben, zum Kronzeugen ihres Lebens. Das schafft Vertrauen. Die Sympathie im Westen wächst auf einfacherer Grundlage. Ein Gesicht ohne Boxernase, ein Mund nicht für platte Sprüche. Und Boxkämpfe, über die man sich zu reden trauen kann, weil nicht die sichere Gefahr besteht, daß sich der Gesprächspartner angewidert abwendet.
Henry habe mehr für die deutsche Einheit getan als mancher Politiker, sagt nach fünf gemeinsamen Jahren der Manager aus der Schweiz. Zumindest transportiert Maske Gefühle und Hoffnungen, die in vierzig Jahren Trennung die gleichen geblieben sind. In West und Ost. Sicherheit, Geborgenheit, Glück, Erfolg. Henry zeigt und hat sie.
Trotzdem, zum Durchbruch hätte das alles nicht gereicht.

»Wer A sagt, muß auch B sagen ...« Mit diesem Spruch zwang Vater Maske seinen Filius vor zwanzig Jahren, Angefangenes zu vollenden. Jetzt handelt Henry selbst nach diesem Spruch. Erst als er, so wie er ist, auch auf die anderen zugeht, mit seiner Persönlichkeit arbeitet und arbeiten läßt, wird er zum einzigen deutschen Sportler, der Mitte der neunziger Jahre ein Publikum solcher Bandbreite auf sich vereint. Leute vom Fach, Elite, Normalbürger und Halbwelt. Dreizehn Millionen sahen zu bei seinem Kampf am 27. Mai 1995. Henry ist, wie er ist, heißt es gemeinhin. Wie ist er? Sein Angebot:

»Ich bin zwar ein Boxer, der sich durchsetzen muß und vielleicht dadurch ziemlich männlich wirkt. Aber ich glaube, ich habe auch andere Qualitäten, die man in diesem Falle von mir gar nicht erwarten und bei mir nicht vermuten wird. Das heißt zum Beispiel, daß ich ja auch ein sehr familiärer Typ bin, ich glaube, viel Gefühl mitbringe. Und das kann man sich ja so einfach von dem Mann, der im Ring steht, der sich prügelt, der sich schlägt, wahrscheinlich gar nicht vorstellen. Meine Stärke ist, den Gegner kennenzulernen, ihn zu ergründen. Und da gehört, glaube ich, eine ganze Menge Gefühl und Sensibilität dazu. Auch in anderen Fragen bin ich bestimmt nicht unsensibel und würde es auch nie bestreiten. Ich bin ein Typ, der in Situationen nach außen hin wirklich hart wirken kann, sich nicht anmerken läßt, daß er getroffen wurde, daß es weh tat, daß er eben das Gefühl hat, verunsichert zu sein, aber da passiert schon ein bißchen mehr.«

Günter Debert

ehemaliger Profi-Boxer und von 1978 bis zur Wende Trainer der DDR-Nationalstaffel

»Du wirst deine Kinder bald wieder in die Arme schließen können!« Das habe ich im August 1989 zu meinem Bruder gesagt, als seine Tochter samt Mann und Enkel über Ungarn in den Westen machten. Zu stark war für mich da schon der Druck auf die Mauer.
Als ich am 10. Januar erwachte und von der Grenzöffnung erfuhr, stand für mich sofort fest: Das ist das Ende des DDR-Boxsports. Die Masse der guten Faustkämpfer wird in die Amateurbundesliga gehen, weil dort mehr zu verdienen ist als für einen Olympiasieg bei uns. Ein kleiner Teil wagt den Schritt ins Profilager.
Vom Mediengeplänkel Mitte November habe ich nichts mitbekommen, wohl aber von den Diskussionen in Manila. Schließlich bewohnten wir fünf nur zwei Zimmer. In einem schliefen Manne und ich, im zweiten – dank eines Notbettes – alle Boxer. Ja, ich glaube sogar, daß der verlängerte Aufenthalt auf den Philippinen wie ein Katalysator bei Manfred und Henry wirkte. Bei Wolke hatte ich den Drang zum Profiboxen schon lange gespürt. Auch wenn wir bis Manila nie darüber redeten.
Als Henry beim Anblick der TV-Bilder sagte: »Das kann ich auch«, konterte ich. Sagte, das sei harte Arbeit, überleg das richtig, denk

auch an die Kämpfe hinter den Kulissen. Schließlich hatte ich zur Zeit, als in der sowjetischen Besatzungszone noch Kampfsport verboten war, selber Profi geboxt und dabei als Siebzehnjähriger auch eingesteckt. Doch meine Worte konnten bestenfalls bremsen, nicht mehr verhindern.

Mit Henrys Nichtteilnahme an den DDR-Meisterschaften Ende Dezember wußte ich, sie gehen. Aber wer sollte auch sonst beginnen, wenn nicht die beiden. Ein Trainer, der immer wie ein Profi arbeitete, und der erfolgreichste DDR-Boxer, der seinem Coach in puncto Individualität und Professionalität in nichts nachstand. Wolke sagte immer: »Die Profis trainieren wie die Amateure und wir wie die Profis.«

Daß beide so konzentriert wie bisher weiterarbeiten konnten, ist ihr großes Geheimnis.

Ich sehe zur Zeit keinen, der Henry schlagen kann.

DEUTSCHER BOXVERBAND
DER DEUTSCHEN DEMOKRATISCHEN REPUBLIK

DBV. im DTSB

Startbuch-Nr. Bezirk Frankfurt (O.)

Regist. nur durch den BFA von

Vor- und Zuname: Henry Maske
(eigenhändige Unterschrift)

Vor- und Zuname: Henry Maske

geb. am: 6. 01. 1964

wohnhaft: Ort: 1200 Frankfurt/Oder

Straße: Prager Straße 34

Die Bestimmungen der WB sind für die Ausübung als Richtlinie genau zu beachten.

Der Inhaber des Startbuches erkennt die Wettkampfbestimmung und Anordnung der Sektion an.

Bestell-Nr. DTSB 12/8b – VV Spremberg

Ring frei

Die ersten Boxhandschuhe

Jüterbog, 60 Kilometer südwestlich von Berlin, seit Kaisers Zeiten Garnisonsstadt. Bis 1994 weht hier Machorkaduft. Russische Generäle lehnen aus den Fenstern der einst schönsten Villen, ukrainische Offiziere pilgern in die Casinos, Soldatenstiefel hallen beim Gruppenausgang unter den erhaltenen Stadttoren. Kaum ein Weg in den Zwölftausend-Einwohner-Ort, der nicht an eingezäunten Weltkriegssiegern vorbeiführt. Doch die kleine Kreisstadt ist ohne Kreißsaal. So erblickt Henry Maske am 6. Januar 1964 im nahen Treuenbrietzen das Licht der Welt und macht heute den Namen eines Geburtsortes berühmt, in dem er nie wohnte. Wie Teamkollege Axel Schulz. Für den Foreman-Widerpart war das märkische Bad Saarow auch nur Ausgangspunkt der ersten Reise seines Lebens ins heimatliche Briesen.

In Jüterbog also wächst Henry auf. Nicht jeder Zipfel Grün ist militärisches Sperrgebiet. Am Stadtrand streift der Fünfjährige über die Wiesen, klettert auf Bäume, baut Flitzebögen. Wenn der Vater Zeit hat, stellen vier Maskes den Fischen im Bach nach; seltener machen sie Beute. Sonst liegt die Erziehung in den Händen der Mutter. Sie arbeitet in dem Kindergarten, den Henry besucht.

Der Vater macht Eindruck. Für Henry ist er Polizist und Waffenträger. Noch heute imitieren die Finger der rechten Boxerhand eine Pistole, wenn der Weltmeister über diese Zeit Ende der 60er Jahre erzählt: »Polizist ist ja so ein Ausdruck von Männlichkeit, von Da-Sein, und das fand ich schon gut,

wenn er nach Hause kam und das Halfter dran hatte, in dem die Pistole steckte. Da war ich schon immer stolz auf meinen Vater. Und irgendwie fand ich das gut, wie der Vater Probleme löste, wie er seinen Mann stand.«
Zu den Boxhandschuhen greift Henry eher aus Zufall: Der Kleinste aus seiner Klasse wohnt über einer Boxhalle. Allein traut der sich nicht hin. Henry, als größter der Abc-Schützen, spielt seinen Vater und geht mit. »Es hätte auch Fußball sein können«, sagt er später, »ich kam zum Boxen wie einer, der in den Laden geht und sich Schuhe aussucht.« An die wenigen Übungsstunden der Knirpse kann sich Jüterbogs damaliger Boxchef Waldemar Franke beim besten Willen nicht erinnern.

Zweiter Beginn

Der Junge muß wieder von der Straße! Seit dem Umzug der Familie mit den zwei Söhnen und der Tochter nach Ludwigsfelde hadert der Vater mit dem Tun seines Jüngsten am Nachmittag. Nach der Schule, wenn die Eltern noch arbeiten. Und so geht der jetzt als Instandhaltungsmechaniker Beschäftigte zum Prüfstand seines Werkes, das Generalreparaturen für die Armee erledigt. Dort arbeitet Hans Hörnlein, boxerisches Urgestein von Ludwigsfelde. Doch Hörnlein ist skeptisch. »Henry ist noch zu jung fürs Boxen«, sagt er dem Arbeitskollegen und erklärt seine Befürchtungen. Kämpfe bestreiten könne man erst mit zehn Jahren, bis dahin hieße es nur: Trainieren! Das aber werde zu langweilig. Doch der robuste Maske will – und Henry auch! Da kann der Mittdreißiger nicht gegenhalten. Obendrein waren es gerade fünf, sechs Kinder von Kollegen, mit denen er als Trainer begann. Damals, ’62, nachdem ein Tbc-Verdacht und eine

Lungengeschichte die boxerische Laufbahn des gebürtigen Thüringers nach 78 Kämpfen abrupt beendet hatten.
Die Turnhalle der 3. Oberschule Ludwigsfelde ist fortan dreimal wöchentlich das Ziel des neunjährigen Henry. Er

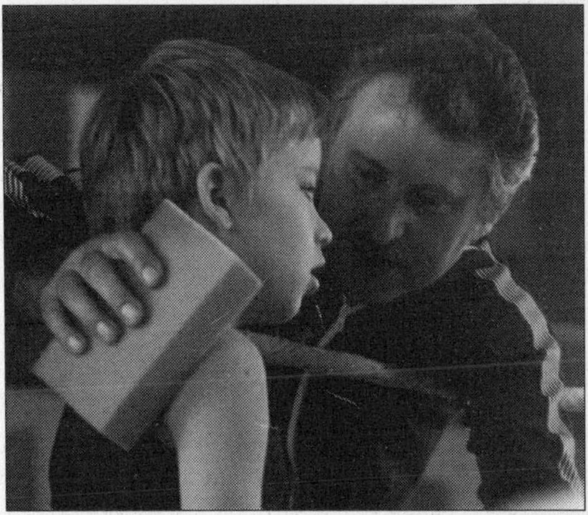

Box-Vater seit 1962 – Hans Hörnlein am Ring

erobert Sandsack, Maisbirne, Sprungseil und vor allem die Boxhandschuhe. Als er sie zum ersten Mal überstreift, fühlt er sich wie bei einem Gang in Vaters Schuhen. Die Fäustlinge reichen fast bis zu den Ellenbogen. Es wird dauern, bis er da hineingewachsen ist, und Henry braucht Geduld. Die aber hat er nicht. Die Befürchtungen des Trainers werden wahr. Schließlich locken leichter zu erringende Erfolge im Laufen, Weitspringen oder Kugelstoßen. Und so will der Neunjährige nach erstem Lorbeer in leichtathletischen Wettkämpfen werfen, was er im Ring noch nicht nutzen darf – das Handtuch. Doch nicht bei Vater Maske. »Wer A sagt, muß auch B sagen«, lautet dessen Devise.

Nach zwei Auftaktsiegen im November und im Dezember 1973 ist endgültig klar: Henrys Nachmittagsdomizil bleibt die Neubauoberschule, in der die Ludwigsfelder Faustkämpfer ihren Stammsitz haben. Den sportlichen Grundstein legten sie allerdings an geschichtsträchtigerem Ort. In der Waldturnhalle, jenem nach dem Krieg umgebauten Lager, das fast als einziges Gebäude vom ehemaligen großen Daimler-Rüstungsbetrieb auf Alliiertengeheiß nicht in die Luft gesprengt wurde. Hier gründete 1959 der heutige »Alterspräsident« Herbert Widera die Sektion Boxen der BSG Motor. Von diesem Verein erhält Henry nach zehn Drei-Minuten-Kämpfen sein erstes richtiges Startbuch. Mit Unterschrift bestätigen die Eltern die Boxerlaubnis. Als der Amateur die Kladde schließt, sind 181 Fights aufgelistet.
Zwei Krankheiten seiner Kinderzeit infizieren Jahre später sogar die Medien. 1993, während der Vorbereitung auf die Titelverteidigung gegen Anthony Hembrick, erkrankt Töchterchen Lina. Erst Röteln, dann Scharlach diagnostizieren die Journalisten und wittern Infektionsgefahr. Doch die Entwarnung folgt prompt. Beide Kinderkrankheiten stünden im »Gesundheitsbuch« des Champs, heißt es aus dem Umfeld.

Eine Runde mit Hans Hörnlein

»Mit Schritt, mit Schritt ... unten bleiben, wenn du unten schlägst ...«
Wie zu Henrys Zeiten beobachtet Hans Hörnlein mit wachen Augen seine Jungen beim Sparring. Der Oberkörper des Mittfünfzigers ruht auf den verschränkten Armen, die er auf der Ringkante abstützt. Zum ersten Mal in seiner dreißigjährigen Trainerlaufbahn wacht er auch über ein

Herren-Oberliga-Team und versucht, den Nachwuchs selbst bis in die deutsche Amateurspitze zu bringen. Die Wende macht es möglich, daß jetzt mit Thomas Papp ein internationaler deutscher Juniorenmeister bei ihm in Ludwigsfelde trainiert.

»Meiden und selbst treffen, Thomas.«

Hörnlein ruft seinem derzeit größten Talent das eigene Credo in den Ring. Faustfechten. Henry soll es schon als Schüler beherrscht haben. »Der ging nicht rein und drauflos, der boxte mit Kopf«, erinnert sich sein erster Trainer. Maske selbst sagt rückblickend, der eigene Körper habe ihn dazu gezwungen, statt Kraft Pfiffigkeit walten zu lassen. Mit sauberen, technisch einwandfreien Distanztreffern kam er als Dreizehnjähriger dann auch zum größtmöglichen Erfolg in diesem Alter. Spartakiadesieg 1977 in der Messehalle sechs in Leipzig.

Die Delegierung zum Armeesportklub ins achtzig Kilometer entfernte Frankfurt/Oder stand da schon fest.

»Haken kontrollieren ... sauber, immer wieder agieren, wenn du angegriffen wirst ... ja, geht schon ganz gut, Thomas.«

Gern hätte Hörnlein auch zu DDR-Zeiten seine Entdeckungen bis zum großen Erfolg geführt. Doch das ging nicht. Die olympischen Erfolge von München und Montreal hatten das System bestätigt. »Botschafter im Trainingsanzug« werden in Kinder- und Jugendsportschulen gemacht; die bieten die Konkurrenz, das Umfeld, die Sicherheit. Das Trainingszentrum Ludwigsfelde hat für die Zuckertütenreife zu sorgen. Basta!

Nur einmal entschied sich TZ-Trainer Hörnlein gegen die Klubs in Schwerin, Berlin oder Frankfurt. Das war 1974 bei seinem ältesten Sohn. »Toni wollte nicht unbedingt, und ohne Willen hattest du keine Chance in der Masse. In Schwerin haben sie pro Jahr zwei Boxerklassen eingeschult. Da sind viele auf der Strecke geblieben.« Trotzdem, als der acht Jahre jüngere Sohn Steffen an die Tür der Kinder- und Jugendsportschule klopft, stoppt Vater Hörnlein das Aufnahmeverfahren nicht.

War man auf ein Talent aufmerksam geworden, kam es zur ersten Sichtung, dann gab es die zweite, die dritte, parallel die Überprüfung durch die Stasi, Gespräche mit den Eltern und in der Schule. Abschließend die zweitägige Aufnahmeprüfung mit Athletiktest, Schattenboxen, Schlagtechnik und Sparring.

Fast vierzigmal erlebte Hans Hörnlein bis 1989 die Prozedur vor jeder Delegierung.

Bei Henry Maske gab es in keiner Etappe Schwierigkeiten. Mit eiserner Disziplin hatte er seine Beweglichkeit verbessert, war in drei Ludwigsfelder Jahren nicht einmal vorzeitig aus der Boxhalle geflogen. In der Schule lernte er so gut, daß die Klassenleiterin ihn nicht ziehen lassen wollte.

»Gut und stop.«

Thomas Papp und sein Gegner lassen die Arme sinken. In die Pause ruft Steffen Hörnlein, heute Abteilungsleiter Boxen der SG Motor Ludwigsfelde: »Henry hat gerade angerufen, schönen Gruß.«

Große Hoffnungen und Klein-Magi

Der Anruf kam aus Frankfurt, jener durch Neubauten aufgeblasenen märkischen Provinzstadt, deren Flair von dem der gleichnamigen Bankenmetropole exakt so weit entfernt ist wie die Oder vom Main. Henrys Manager Sauerland nennt sie die häßlichste Stadt Deutschlands, um sich später, nach Maskes Profi-Weltmeistertitel, zu revidieren. Zwischen

dem Freitod des Frankfurters Heinrich von Kleist 1811 – die mittelalterliche Universität Viadrina schließt im selben Jahr – und den Triumphen des Profiboxers spricht man nur einmal wirklich überregional über die ehemalige Hansestadt: 1950, als die DDR und Polen in Frankfurt die ihnen zugewiesene Oder-Neiße-Grenze aktenkundig machen.
Hier lebt und liebt Henry Maske seit 1977.
Die Spuren des Krieges in der Stadt sind verbaut, als das Talent dreizehnjährig in Frankfurt Einzug hält. Ebenso neu wie das Stadtzentrum empfängt ihn die Kinder- und Jugendsportschule. Ein perfekter Komplex, keine zwei Minuten braucht Henry vom Klassenzimmer in den Trainingssaal. Das Viermannzimmer im angebauten Internat darf er schon ein Jahr später tauschen. »Ein Privileg!« Henry schmunzelt bei der Erinnerung an den darauffolgenden Raum Nr. 46, in dem nur noch drei Betten stehen. Ein Draufgänger wird er trotzdem nicht. Während Klassenkameraden wie der spätere Vizeweltmeister Andreas Otto dreimal pro Woche durch die Winkel des Neubaugebietes streifen oder im *Grünen Hof* rasten, zieht Henry nur einmal im Monat mit.
Den Kampf gegen den inneren Schweinehund hat er im Sport längst gewonnen. Das Trägheitstier besitzt keine Chance. Dafür sorgen auch ein väterlicher Trainer Dietrich Bleck und ein Unterrichtsregime, in dem sich die Schulstunden nach den Hallenzeiten richten. Eine notwendige Rangordnung, sind doch in der achten Klasse bereits achtzehn Trainingsstunden pro Woche zu absolvieren. Zielgerichtet verringert Dietrich Bleck aber das Belastungsempfinden. Wenn möglich, chartert er einen klubeigenen Bus und verlegt das Konditionstraining für seine dreizehn Anvertrauten an den nahen Helenesee. Eine Schinderei, aber der Knüppel riecht so nach Natur. Baden entspannt. An der KJS beißt Henry auch in den ersten Boxermundschutz sei-

nes Lebens. Für das Importprodukt aus dem American-Football gab es in der Boxprovinz Ludwigsfelde natürlich keine Devisen. Die Prozedur ist unangenehm. Weißes Kautschukpulver wird mit Lösungsmittel versetzt, gut gerührt und in einen halbrunden Profilgummi gefüllt. Dann heißt es *guten Appetit.* Die obere Zahnreihe preßt sich in die feuchte Masse. Deren Überreste laufen in den Mundraum und hinterlassen einen ekligen Geschmack. Für zwei Minuten bis zum Aushärten und einige Zeit danach. Erst Mitte der achtziger Jahre hält eine bessere Erfindung Einzug. Zurechtbeißen muß sie aber jeder Boxer selbst. Ob Nachwuchskader oder Profiboxweltmeister.

Urlaub 1982 – made in GDR

Als Henry fünfzehn Jahre ist, kreuzt Anke Stenzel seinen Weg; die künftigen Schwiegereltern öffnen ihm frühzeitig ihr Haus. Schulisch geht es gut voran, weiter dominieren Einsen und Zweien. Boxerisch aber verheddert sich ab und an der Erfolgsfaden. Als DDR-Champion der Vierzehnjährigen verliert er bei der darauffolgenden Jugendmeister-

schaft bereits im Viertelfinale gegen den Geraer Jörg Lottermoser.
Auch der Griff zu erneutem Spartakiadegold mißlingt. Bei Klein-Olympia 1979 in Berlin unterliegt der Fünfzehnjährige dem heutigen Schweriner Boxtrainer Michael Timm im Finale. Häufig sind die Kontrahenten im Ring physisch stärker, agieren, während der Frankfurter reagiert. Doch dank seines »guten Auges« geht ihm die Bodenhaftung nur einmal verloren. 1978 glückt dem Cottbusser Axel Klein, was bislang nur einem Profi – nämlich Andreas Magi – gelang: Maske auf die Bretter zu strecken. Doch der Ringrichter bei dieser Mannschaftsmeisterschaft des Nachwuchses zeigt Weitsicht. Nach einem Wirkungstreffer in der ersten Runde bricht er den Kampf wegen Überlegenheit ab. Und erspart Henry nicht nur die vierwöchige Schutzsperre, sondern auch den Verlust einer k.-o.-freien Amateurbilanz.

Auf Erfolgswolke

Das Jahr 1980 bringt Erfolg. Henry gewinnt in zwei Länderkämpfen gegen den gleichaltrigen Briten Stephen Young, wird DDR-Jugendmeister und siegt bei einem internationalen Nachwuchsturnier der Sportvereinigung Dynamo in Berlin.
Ab September initiiert Ex-Europameister Ulrich Beyer das obligatorische »Sport-frei« zu Beginn jeder Trainingseinheit. Mit Henry schaffen weitere fünf den Sprung vom Leistungszentrum in den Sportklub, soviel wie nie zuvor. Die Truppe hält sich für unschlagbar.
Zwölf Monate später darf Henry bereits zu Trainer Manfred Wolke. Eine Auszeichnung für den Siebzehnjährigen.

Schließlich öffnet der Erfolgstrainer den Meisterkreis für einen Gesellen. Henry erhält extreme Zuwendung – und extreme Kritik. Wolke packt Maske hart an, auch vor versam-

Wolkes Hand – hart, aber immer ausgestreckt

melter Mannschaft. »So hätt' ich boxen können mit einem Sack Kohlen auf dem Rücken!« Die Trainerworte hallen nach. Eigenes Zutrauen schwindet. Es werden zwei schwere Jahre. Erfolge sind rar, ein kurzer Wechsel vom Mittel- ins Halbschwergewicht bringt nicht den erwarteten Erfolg. Maske grübelt. Äußerlich läßt sich der Achtzehnjährige nichts anmerken, erscheint immer korrekt. Auch in den Modezeiten längerer Koteletten bleibt sein Haarschnitt akkurat.

Frisch frisiert betritt Henry Maske an einem Mainachmittag 1983 auch das Jugendstudio DT 64 des DDR-Hörfunks. Vor ihm liegt eine dreistündige Porträtsendung. Live. Die Redaktion hatte sich zwar um einen anderen, etwas erfahreneren Teilnehmer der Europameisterschaften von Warna bemüht, aber Boxverband und die allgewaltige Leitung der Armeesportvereinigung Vorwärts delegierten ihren neunzehnjährigen Saisonkometen zur »Maßnahme Sendung«.

Maskes internationaler Durchbruch liegt da erst knapp neun Monate zurück. Beim Chemiepokalturnier in Halle bezwingt er im Viertelfinale den kubanischen Olympiasieger José Gomez, steigert sich dann bis zum Finalsieg und qualifiziert sich für die Europameisterschaften. Das Ticket wird nicht umsonst gebucht. Dem Youngster des Teams hilft dabei das neue Reglement. Bei knappen Siegen mit drei zu zwei Richterstimmen entscheidet eine zusätzliche Jury. Die sieht den Abiturienten von der polnischen Grenze im Viertelfinale gegen den Bulgaren Ilian Angelow nicht 2:3 hinten, sondern 4:1 vorn. Mit der Bronzemedaille wird ihm Lob umgehängt. Erstmals nennt ihn die Presse – Ausnahmeathlet.

Andreas Otto

Jahrgang '63, Henrys Trainingspartner in der KJS, beim ASK und in der DDR-Nationalmannschaft, Vizeweltmeister, heute Bundesliga-Kämpfer mit dem Boxring Brandenburg

Unsere gemeinsame Schulzeit begann mit einem Fehlstart meinerseits. Ich hatte auf dem Zeugnis nach der siebenten Klasse in Betragen eine 4 und wurde deshalb erst ein halbes Jahr später an die Kinder- und Jugendsportschule delegiert.
In Trainingslagern und bei Wettkampfreisen teilten Henry und ich immer das Zimmer. Im Internat allerdings nicht.
Ich glaube, die ständige Kombination Maske/Otto wäre auch nicht gutgegangen. Wir sind unterschiedlich. Trotzdem hatten wir 1982 einen gemeinsamen tollen Sommerurlaub. Wir fuhren mit Freundinnen per Motorrad an die Ostsee, ohne bestimmtes Ziel, und landeten in Markgrafenheide. Ohne Zeltgenehmigung schlichen wir uns als Schwarzurlauber auf den Campingplatz. Wir hatten eine schöne Woche und brachten im Anschluß unsere Freundinnen wieder nach Hause. Dann fuhren Henry, sein Bruder Peter und ich genau auf denselben Zeltplatz zurück, und unser Urlaub begann nun erst richtig. Es war eine tolle Zeit, wir erlebten viel.
Gemeinsam konnten wir Pferde stehlen.

Beate Korehnke

Jahrgang '54; Rundfunkjournalistin beim DDR-Jugendradio DT 64, dort auch Moderation der »Sportlertreffs«.

Unsere erste Begegnung fand in der Frankfurter ASK-Trainingshalle statt. Ich hatte Mühe, meinen zukünftigen Studiogast in dem boxenden Nachwuchsgewimmel herauszufinden, ganz im Unterschied zu seinem berühmten Trainer. Der war es auch, der mit Autogrammfotos von sich für die Sendung aushalf. Henry Maske hatte zu jener Zeit nur einige Postkarten von sich und seinen Kämpfen – Autogrammfotos sahen auch damals schon ein bißchen anders aus. Zum Sportlertreff erschien er in Uniform. Wie viele seiner Vorgänger und Nachfolger im DT-64-Sportstudio konnte er mit dem Paternoster nicht so gut wie unsereins. Die fünf Treppen bis in die Redaktion hinauf lief er lieber.
Dann die Sendung. 16–19 Uhr. Viele Fragen an ihn, das war sicher der leichteste Part. Zwischendurch Gelegenheit, im Koffer des Musikredakteurs zu schnuppern und das Angebot mit den Musikwünschen des Gastes zu vergleichen. Die bestanden aus Modetiteln der Zeit: Karat, »Der blaue Planet«; ELO, »Confusion« etc. Insgesamt war der junge Bursche nicht leicht zu präsentieren. Bescheiden, zurückhaltend, leise. Oft marschierte bei DT 64 anderes Kaliber ins Studio ein.
Während Musiktitel liefen und wir uns intern, also ohne Rotlicht und »Achtung Sendung« unterhielten, ertappte ich mich öfter bei dem Gedanken, wieso dieser vermutliche Wunschtraum von Schwiegermüttern ausgerechnet an eine schlagende Sportart

sein Herz gehängt hatte. Seine Hände wollten so gar nicht zu dem passen, was ich mir unter einem Boxer vorstellte. Mein Gesamteindruck nach der dreistündigen Sendung: Spröde und höflich, freundlich und zurückhaltend, interessiert an seinem ersten großen medialen Auftritt – und so ungeübt im Umgang mit Journalisten. Der »Sportlertreff« mit Henry Maske bekam ein durchschnittliches Urteil in der Redaktionskonferenz.

Tiefschläge und Haken

Der slawische Henry

»Henryk Petrich.« Die Mühe des kubanischen Sprechers mit dem polnischen Namen fällt kaum einem auf. Zu klein ist die Runde der Verantwortlichen, zu bekannt die Gegnerschaft bei dieser Ersatzveranstaltung der sozialistischen Staaten. Havanna darf sie im Boxen ausrichten – Reverenz an die antiamerikanische Solidarität, die die Sowjetunion einforderte, um Los Angeles 1984 nicht den Triumph boykottfreier Olympischer Spiele zu gönnen, den die USA vier Jahre vorher Moskau verdorben hatten. Nach der Auslosung blinzelt Henry zufrieden. Frühestens im Finale trifft er auf den Kubaner Comas oder Kilimow aus der Sowjetunion, die stärksten im Feld. Davor wartet in der Runde der letzten vier der schwächere Jan Franek (ČSSR).

In Gedanken kann der Zwanzigjährige schon am Steuer eines Autos sitzen. Schließlich hat die DDR-Führung beschlossen: Keinem soll es schlechter gehen. Es winken die olympischen Vergünstigungen für die Erfolgreichen der Zwölf-Länder-Spiele mit nur sieben Startern im Mittelgewicht. Orden und Geld für Gold, Silber und Bronze.

Der Kampf mit Maskes polnischem Auftaktgegner wird eher als Treppenstufe denn als Stolperstein auf dem Weg zum sportpolitischen Füllhorn angesehen. Vor Jahresfrist bezwang ihn der Frankfurter bei den Wettkämpfen der befreundeten Armeen (SKDA) im Finale klar. Überhaupt lebt der Wolke-Schützling auf der Sonnenseite. Der EM-Medaille von Warna waren Turniersiege in Berlin und Halle gefolgt,

dazwischen die erste DDR-Meisterschaft. Die Abiturnoten fügen sich zum Durchschnitt 1,6, ein Sportstudium ist begonnen, das Aufgebot für September bestellt. Hochzeitsreisepläne müssen nicht gemacht werden. Schließlich spendiert das Land Medaillengewinnern des »Turniers der Freundschaft« eine Traumschiffreise.
Doch die platzt für Anke und Henry. Als sich der Anker in Warnemünde lichtet, sitzen die beiden mit Sohn Steven an der Oder. Statt eines Zwickauer Trabis parkt vor der Tür weiterhin das rote Motorrad aus Zschopau. Die Fehlzündungen besorgte Henry. Der selbstbewußte Feldwebel der Nationalen Volksarmee unterschätzt in Havanna die Waffen des polnischen Armisten. Nach drei mal drei Minuten quält sich der Ringsprecher mit der slawischen Version des Vornamens. »Sieg für Henryk Petrich.« Mehr als eine Niederlage für Henry Maske.

Eine Berliner Kombination

Leistungsauftrag Europameister '85. Die DDR-Boxoberen geizen nicht mit solchen Forderungen; nicht nur an Henry werden sie ausgegeben. Und so bastelt schon im Oktober des Vorjahres in Berlin ein TSC-Duo an der Realisierung. Erste Stufe – die nationale Qualifikation, denn pro Gewichtsklasse darf nur ein Athlet je Land bei den kontinentalen Titelkämpfen starten.
»Bleib im Halbmittelgewicht«, rät der erfahrene Trainer Ulli Wegner seinem Eleven, dem neunzehnjährigen Eike Walther. Schließlich hat es sich in der Szene herumgesprochen, daß den Platzhalter Michael Timm aus Schwerin gesundheitliche Probleme plagen. Doch im Limit zu verbleiben bedeutet für den Berliner Sportler Hungern. Die

körperliche Dauerbelastung durch den Leistungssport hat ihn zulegen lassen. Immer strapaziöser ist das Abspecken bis unter die 71-Kilogramm-Grenze. »Ich mache kein Gewicht, und ich fliehe nicht vor Maske«, lautet nach tagelanger Diskussion dessen Entschluß. Der Trainer fügt sich dem Athleten und behält sich das letzte Wort vor: »Dann mußt du Henry auffressen!«

»Aufgefressen – Eike schafft Henry«

Erste Gelegenheit bietet das DDR-Championat, das traditionell zum Jahresende stattfindet. Am Abend des 7. Dezember 1984 steht die gewünschte Finalpaarung fest: Henry Maske (ASK Frankfurt/Oder) contra Eike Walther vom TSC Berlin. Bis zum ersten Gong schlägt die Uhr noch vierzigmal. Zwischen den zwei Nächten liegt ein Trainingstag. Coach und Schützling zieht es in den Spiegelsaal in der ersten

Etage der alten Werner-Seelenbinder-Halle in Berlin. Wegner streift sich die Tatzen über, Walther die Handschuhe. »Rechts raus, schlagen und nachsetzen.« Der Alte treibt den Jungen und imitiert dabei den Rechtsausleger aus Frankfurt, gibt sich sogar mit den tellergroßen Lederhänden die Nasenstüber, die Maske mit der Linken praktiziert, wenn er den Gegner nicht im Griff hat. Rechts raus, erster und sofort danach zweiter Angriff. Hundertmal, zweihundertmal üben die beiden hinter verschlossenen Türen diese Kombination. Am nächsten Morgen im Finalring erwartet Titelverteidiger Maske den Herausforderer wie gewohnt. Weit mit dem Oberkörper hinten hängend, fast das gesamte Gewicht auf dem linken Bein ruhend. Die rechte, ewig kreisende Führungshand droht beständig und versucht jeden Angriff im Keim zu ersticken. Doch Eike Walther überwindet die Angst, steckt im Durchbruch den ersten Schlag ein, um dann im zweiten Angriff zu punkten. Am Ende sehen ihn vier der fünf Kampfrichter vorn.

Zu den Europameisterschaften fährt dennoch Henry. Bei der entscheidenden Qualifikation drei Monate später in Halle unterliegt Eike gegen Julio Quintana. Maske bezwingt den Kubaner im Finale. Zu Hause verfolgt der Berliner, wie der ein Jahr Ältere aus Frankfurt in Budapest seinen Leistungsauftrag erfüllt.

Im Kampfbuch von Henry Maske stehen nur wenige Gegner, die der Frankfurter nie bezwang. Eike Walther gehört dazu. Denn der Niederlage 1984 folgt keine Revanche. Bei gemeinsamen Turnieren scheitert einer von beiden – häufiger ist es der Jüngere – vor dem direkten Vergleich an einem Stärkeren. 1986 dann wirft der Berliner nach 155 Kämpfen das Handtuch. Die Hände des Einundzwanzigjährigen sind kaputt, obendrein nimmt ihm der TSC den vertrauten Trainer am Ring weg. Zuwenig Erfolge.

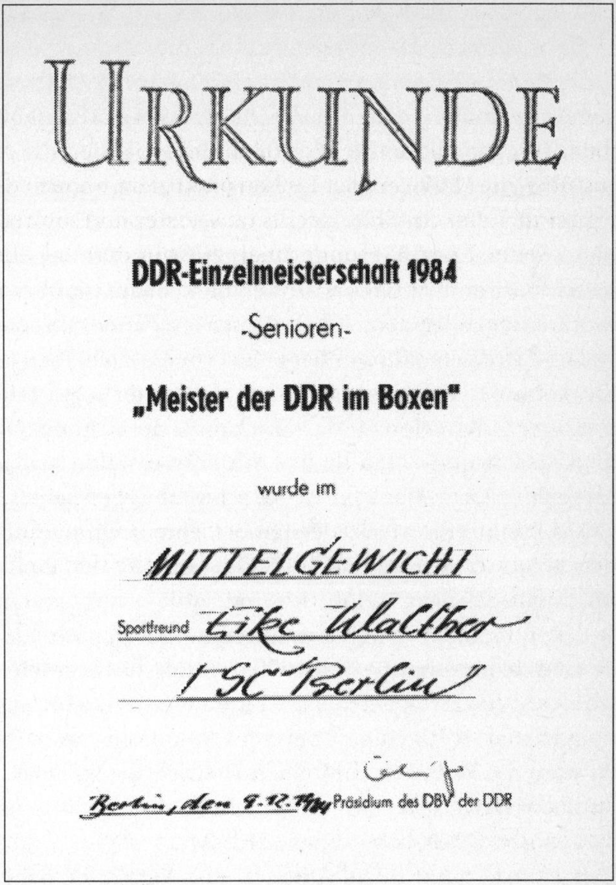

URKUNDE

DDR-Einzelmeisterschaft 1984

-Senioren-

„Meister der DDR im Boxen"

wurde im

MITTELGEWICHT

Sportfreund Eike Walther

(SC Berlin)

Berlin, den 9.12.1984 Präsidium des DBV der DDR

Schwarz auf weiß – der Lohn für Eikes Mut

Zu diesem Zeitpunkt trainiert Henry schon über ein Jahr ohne Manfred Wolke.

»Sind Sie bereit, uns zu trainieren?« Nur keuchend bringt Henry die Worte vor. Er hat gerade die »große Runde« beendet, den klubtypischen Marathon, der auch die Boxer bis in den Vorort Booßen zwingt. Verschwitzt, mit gerötetem Kopf und außer Atem steht er nun im Vorbereitungsraum seines ehemaligen Betreuers Dietrich Bleck. Der versucht, Maskes bohrendem Blick auszuweichen, schaut hinüber zur Elternaktivvorsitzenden seiner Trainingsgruppe. Ein gutes Dutzend Dreizehnjähriger hat er erst vor einem halben Jahr übernommen, darunter Jan Quast, der später sogar Olympiadritter in Barcelona wird. »Das kannst du nicht machen, die Klasse ist gut!« Frau Radtke aus Fürstenwalde bemerkt die Gefahr. Über Manfred Wolke schwebt wegen seines Alkoholkonsums das Damoklesschwert, eine geeignete Ablösung ist jedoch bislang nicht in Sicht. Jetzt offeriert ein Einundzwanzigjähriger seine Lösung, will jeder anderen zuvorkommen. Im Kopf des erfahrenen KJS-Trainers laufen die Gedanken zickzack. Seit 1970 im Klub, hat er noch nie Senioren, geschweige denn die Elite betreut. Davon wagte er nicht mal zu träumen. Aber am Olympiaring zu stehen, das wäre die Welt. Das fühlt auch Dietrich Bleck. Doch an diesem Märztag 1985 gibt er es nicht zu. Er entläßt seinen ehemaligen Schützling mit einer Floskel.
Aber Henry spinnt nicht. Athleten sind Verkäufer. Sie bieten im Ring feil, was Trainer in die Auslage gaben. Kraft, Schnelligkeit, Stil und vor allem Ideen. Wenn schon nicht Wolke, dann soll die Arbeit im Hintergrund der Mann übernehmen, der aus dem Ludwigsfelder Import eine Nachwuchsgröße machte.
Wochen später wird Dietrich Bleck in die erste Klubetage bestellt. Kurt Stemplinger, der ASK-Chef, autorisiert das

Maske-Angebot, knüpft es an Bedingungen. Wer Spitzensportler ins Ausland begleitet, ist Genosse. Diese Konsequenz fällt noch am leichtesten. Zum anderen tagt der Familienrat. Trainer im Nationalkader sind kaum zu Hause, die Erziehung ihrer Kinder obliegt den Frauen. Blecks entscheiden sich für Henry und für die Telefonehe. Tochter Grit wird eh bald volljährig, und Sohn Thomas wird als Fußballtalent dem Vater in die Trainingslager folgen. Obendrein hatten auch andere aus Henrys Umfeld Frau Bleck mit einem Besuch bestochen.

Blecks erstes »Sport-frei« vor den erfolgreichen Boxern Koch, Stachewitz, Maske und Hartmut Krüger hallt nicht. Der Druck lastet auf den Stimmbändern. Doch der Vierundvierzigjährige muß weiterreden. Mit jeder Erklärung überzeugt er auch sich selbst. Er muß die Aufgabe ohne Erfahrung, nur mit den Rahmentrainingsplänen in der Tasche, lösen! Als Henry Maske und Torsten Koch von den

Augen-Blick – Dietrich Bleck und Henry Maske

Europameisterschaften '85 mit Gold und Silber zurückkehren, fühlt sich der Daheimgebliebene als Sieger. Die Zukunft leuchtet im Gewand der Vergangenheit. Alles wird so werden wie zu KJS-Zeiten, als Henry mit anderen dem Trainer beim Hausbau half.
Doch Facharbeiter taugen nicht zum Handlanger. Der Twen unterscheidet sich vom Teenager Maske. Wolke hat ganze Arbeit geleistet. Bleck will darauf aufbauen. Aber Maske akzeptiert die liebevollere Betreuung am Ring nie vollständig. Ihm fehlt das bedingungslose Vertrauen.

Zwei Trainer

Maske gleicht Mitte der achtziger Jahre einem Bergsteiger, der das Gefühl für die Gipfellinie verloren hat und Umwege gehen muß, aber dennoch nach oben marschiert. Europameistertitel in Budapest, Weltcupsieg in Seoul. Kurz nach der Rückkehr Niederlage des ersten DDR-Boxers, der bis dato an der Spitze einer Weltrangliste stand, gegen Boligusow aus der Sowjetunion. Zum folgenden Länderkampf trägt ein anderer das Nationaltrikot. Im Dezember '85 holt sich Henry den DDR-Meistertitel zurück, gewinnt danach den Chemiepokal, boxt in Reno (USA) eine Superweltmeisterschaft. Er schlägt nacheinander den Olympioniken Shin aus Südkorea und den Ersatzolympia-Sieger Petrich, scheitert dann im Finale. Seinem Gegner, Darin Allen, gibt er Jahre später vor seinem Auftritt auf der »documenta« keine Chance als Sparringspartner.
Quälend sind ab und an die Reaktionen der Fans. »Nun strengt euch endlich an«, rufen Zuschauer in Halle/Saale dem Frankfurter in seinem 114. Kampf in den Ring. Dort und in Berlin wird der erfolgreichste DDR-Boxer nach Sie-

gen 1986 gar ausgepfiffen. Die Unmutsäußerungen gegen den Stil des Armeeboxers muß in der Seelenbinderhalle auch Egon Krenz hören. Das für die Schutz- und Sicherheitsorgane zuständige SED-Politbüromitglied erfährt Genugtuung erst aus der Zeitung. Das *Sportecho* attestiert Maske am Folgetag »allen völlig ungerechtfertigten« Zuschauerkommentaren zum Trotz »eine neuerliche taktisch durchdachte Leistung«.

Manfred Wolke gießt Öl ins Feuer. Henry hole zwar die Medaillen, aber boxerisch käme er nicht voran. Gespräche im Wohnzimmer, die Henry verunsichern, aber noch führen sie ihn zum neuen Trainer. Der Keller von dessen Einfamilienhaus wird zur Boxhalle. Zusätzliches Üben soll in Qualität münden. Bleck seinerseits installiert am Schlagkraftmesser die Videokamera. Die Zeitlupe wird unbestechlich filtern, wo Henrys Punch die Power verliert! Seine Hoffnung geht nicht auf.

Henry Maskes psychische Instabilität setzt sich 1987 fort. Im ersten Kampf der Turiner Europameisterschaften muß er gegen den Jugoslawen Nusret Redzepi in der zweiten Runde sogar angezählt werden. Doch der Zögerlichkeit folgt die Aktion. Am Ende trägt er wieder die Goldmedaille. Aber die Decke des Erfolges ist zu kurz geworden.

Die eingeklagte Beförderung

Der Geknickte greift zum Strohhalm. Er will Manfred Wolke zurück, braucht den Rat, die Nähe, die tägliche verbale Auseinandersetzung, den produktiven Streit und das bedingungslose Vertrauen zum Trainer.

Der Offizier, der Genosse, der Familienvater Maske macht sich auf den Weg nach Berlin. Sein Ziel trägt Generalsge-

wand – Walter Herkner, Chef der Armeesportvereinigung Vorwärts.
Verzeihen ist kein ausgeprägter Charakterzug dieses Vereins, wohl aber Befördern. Henry kann seine Schulterklappen dafür herhalten. Innerhalb von sieben Armeedienstjahren bringt er es vom Unteroffizier bis zum Oberleutnant. In dieser Situation, unter Zwang, erkennt der General, daß etwas zu befördern ist. Maskes Zukunft! Und damit der Ruhm seiner Vereinigung im Boxen.
Im September reist der General nach Frankfurt, befiehlt den einzigen zivilen Spitzenboxtrainer seiner ASV in der Mittagspause zum Rapport. Die Unterredung ist einseitig. In knappen zehn Minuten wird Dietrich Bleck für die geleistete Arbeit gedankt. Er habe zwar gute Erfolge erzielt, doch »der Junge« sei mit seiner Entwicklung unzufrieden. Und man habe mit Henry ja noch mehr vor. Er, Bleck, bekäme eine andere verantwortungsvolle Aufgabe. Bis zur Wende bringt der Hinwegdelegierte andere Boxausbilder auf Kurs.
Das Nachmittagstraining fällt aus. Bleck tritt nur kurz vor die Truppe, erklärt die Situation. Henry ist nicht zugegen. Er bereitet sich auf den Belgrader Weltcup vor.
Daß Maskes Kampfbuch im September dieses Jahres noch immer nur wenige Niederlagen verzeichnet, liegt zum großen Teil an Henrys Fleiß. Nie habe er – trotz aller Schwierigkeiten – einen konsequenteren Trainierer erlebt, sagt der langjährige Auswahlchef Günter Debert heute rückblickend. Doch im Mittelgewicht fehlt es über Jahre auch an Gegnern, die Maskes drohendem Stil Paroli bieten können. Der Kasache Ossubek Kilimow, der im April 1982 beim internationalen Juniorenturnier in der Schweriner Sport- und Kongreßhalle den achtzehnjährigen Maske mit einem Treffer an die Halsschlagader zu Boden schickt, verliert mit zunehmendem Alter seine Überlegenheit und geht unter. Viel-

leicht wäre Eike Walther ein solcher Kontrahent geblieben. Trainer Ulli Wegner erinnert sich jedenfalls noch heute an den Maske-Flachs: »Das Beste, was mir passieren konnte, ist, daß sie dich weggeputzt haben, Ulli.«

Gift aus Kuba

»Henry Maske ist der einzige ausländische Boxer, den ich gern in meiner Mannschaft hätte.« Mit dieser Aussage adelt der erfolgreichste Amateurtrainer der Welt, der Kubaner Alcides Sagarra, einen frischgebackenen Vizeweltmeister. »Bestätigung meines sportlichen Tuns«, artikuliert der daraufhin im lokalen Frankfurter Radio. Vielleicht hätte der wortkarge Genosse von der Insel des Zuckerrohrs und der Faustkämpfer weitersprechen sollen. Doch da er es unterläßt, erfährt die Öffentlichkeit erst viel später vom Schachzug des Boxprofessors. Beim Chemiepokal im März 1987 präsentiert er Angel Espinosa in Maskes Limit. Sagarra hat den zwanzigjährigen Halbmittelgewichtsweltmeister von Reno einfach essen lassen. Mit neuer Kraft bezwingt der in Halle nacheinander die DDR-Boxer Koudele und Ladewig vorzeitig. Henry fehlt in diesem Ring, sieht aber von der Zuschauerbank, was ihn demnächst erwartet.
Europa 1 gegen Nordamerika lautet die 75-Kilogramm-Finalpaarung des fünften Weltcups in Belgrad. Angel Espinosa fordert am letzten Oktobertag 1987 Henry Maske zum ersten Mal im Wettkampf. Beide kennen sich vom Sparring bei deutsch-kubanischen Traningslagern. »Der ist Gift für Henry«, heißt es bei diesen Duellen am Trainingsring. In Belgrad, gleich in der ersten Runde, wird Maske von einem rechten Cross des Kubaners schwer getroffen. Er läßt die Hände sinken.

Das Gift für Henry – Angel Espinosa

Später versucht der Profi einmal, Margarethe Schreinemakers die Gefühle in solchen Situationen zu erklären: »Es ist nichts Schmerzhaftes. Man spürt nur, daß man nicht mehr Herr der Lage ist, daß man selbst für den Bruchteil einer Sekunde nicht ganz klar ist, nicht voll die Kontrolle über sich hat.«

In Belgrad schafft Angels Schlag einen Dornröschen-Effekt. Maske steht benommen, der Ringrichter verschläft die Situation, und Espinosa weidet sich an der Wirkung seiner Faust. Diese hochnäsige Sekunde rettet den Frankfurter. Als der Kubaner dann die Situation erkennt, erwacht auch der Mann mit der Fliege. Er stürzt sich zwischen den taumelnden Maske und den jetzt nachsetzenden Espinosa. »... sechs, sieben, acht ...« Henrys Fäuste schnellen wieder nach oben, der Dreiundzwanzigjährige stemmt sich gegen den ersten Knockout seiner Laufbahn.

Der kaum spürbare Schmerz sitzt tief. Verstärkt wird er durch den Verlust der Kapitänswürde in der Nationalmannschaft, die der Frankfurter seit seiner Olympianominierung 1986 in Rheinsberg innehatte.

Wolke beginnt mit einer umfassenden Fehleranalyse. Daß Maske 1988 noch zweimal gegen Espinosa verliert, spielt für die Zukunft keine Rolle. Die dritte Niederlage gegen den pfeilschnellen Kubaner ist auch die letzte in Maskes Kampfrekord. Bei den Amateuren und den Profis. Dank Wolke!

Eike Walther

Boxer und Diplomingenieur für technische Elektronik (FH), Jahrgang '65, bestritt insgesamt 155 Kämpfe, gewann davon 117, DDR-Jugendmeister 1981, DDR-Meister im Mittelgewicht 1984 nach Finalsieg über Henry Maske

Das erste Mal begegnete ich Henry 1982 während eines Trainingslagers der Juniorennationalmannschaft in Zinnowitz auf Usedom. Ich boxte noch im Halbmittelgewicht, Henry eine Gewichtsklasse höher. Auch über den Horizont der Trainingshalle hinaus verstanden wir uns gut, hatten ein fast kumpelhaftes Verhältnis zueinander. Während ich noch im Juniorenbereich startete, wechselte Henry, der fast genau ein Jahr älter als ich war, zu den Senioren. Somit hatten wir längere Zeit keinen Kontakt mehr zueinander.
Wir trafen uns 1983 zur Vorbereitung auf den Chemiepokal wieder. Mir fiel auf, daß im Gegensatz zu den Juniorentrainingslagern das Verhältnis der Senioren aus den verschiedenen Klubs untereinander bedeutend kälter war und jede Trainingsgruppe weitgehend unter sich blieb. Mir kam es vor, als ob sich alle gegenseitig belauerten. Wir bauten beide einen Schutzpanzer um uns herum auf, um niemandem einen Einblick in unser Inneres zu gewähren. Nach außen hin erweckte das den Eindruck von

Arroganz, dabei bin ich überzeugt, daß Henry, genau wie ich, eher ein sensibler Charakter ist. Uli Beyer, der mich während eines Juniorenturniers vertretungsweise betreute, pflegte ein sehr offenes, freundschaftliches Verhältnis zu seinen Sportlern, Manfred Wolke dagegen blieb auf Distanz. Seine Erfolgsstrategie basierte wesentlich auf der Suggestion des Sportlers.

Seit den DDR-Meisterschaften 1984 in Berlin starteten wir dann beide im Mittelgewicht und waren jetzt unmittelbare Kontrahenten, so daß es zwischen uns nur noch ein »Guten Tag und guten Weg« gab.

Bei Henry schlug in dieser Zeit seine ohnehin hohe Motivation für den Boxsport meiner Meinung nach in eine Art Besessenheit um. Die wollte und konnte ich nicht entwickeln. Für mich stand meine schulische und berufliche Entwicklung im Vordergrund.

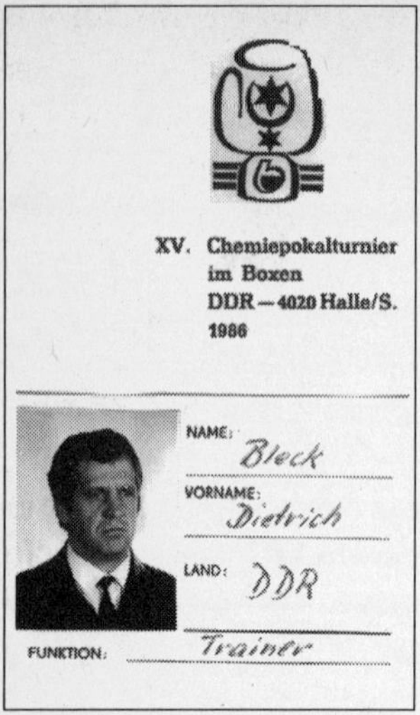

Dietrich Bleck

Jahrgang ’41, seit 1970 Trainer an der Frankfurter Kinder- und Jugendsportschule, von Frühjahr ’85 bis Spätsommer ’87 für Henry verantwortlich

Henrys Erfolge gaben ihm recht. Das war für mich zwar eine bittere Erkenntnis, schließlich habe ich so etwas wie eine Ohrfeige erhalten. Damals, bei der Ablösung ’87.
Doch im nachhinein muß ich sagen, ich bin nicht ganz schuldlos daran gewesen.
Ich habe Wolkes Einfluß, der Henrys Unzufriedenheit zusätzlich nährte, gespürt, aber einfach unterschätzt. Dachte immer, du hast den Jungen an dich gebunden. Er besuchte uns ja eine Zeitlang fast täglich. Auch mit seiner ersten Frau. Aber ich konnte Henrys Ehrgeiz nicht kanalisieren.
Wir haben zwar in dieser Zeit fast alle möglichen Medaillen geholt, nur die Sicherheit, daß seine Leistung auch für den Olympiasieg reicht, die konnte ich ihm wohl nicht vermitteln.
1993, nach dem Profiboxtitel, bin ich dann zu Henry gegangen. Zum ersten Mal wieder beschränkte sich unser Gespräch nicht auf Grußformeln. Ich habe ihm gesagt, wir lassen die Sache von damals ruhen.
Einsicht und Verzeihen trieben mich, nicht Verklärung, wie ich sie jetzt bemerke. Der Förster zum Beispiel, der Henry und mich im Dezember ’86 beim Weihnachtsbaumklau im Müllroser Forst

erwischte, sagte jüngst bei einem zufälligen Wiedersehen: »Hätte ich damals gewußt, was aus dem wird, hätte ich euch ohne Strafe ziehen lassen.«

Henry Maske
Bothe

Am Ring – die Seiten des Manfred Wolke

Manfred Wolke ist ein Besessener, ein Verrückter. Ein Verrückter vom sympathischen Schlage. Vernarrt in den Boxsport. Nach ihm hat er seit der Jugend sein Leben ausgerichtet, und er wird es auf unbestimmte Zeit weiter tun. Nur so läßt sich Außergewöhnliches vollbringen, meint Henry Maske. Er selbst sei schließlich nicht anders als sein Boxlehrer.

Der Erfolg bestätigt Wolke. Er will siegen, möglichst immer. Er ist süchtig danach.

Noch ein Zufall

Mit der Schule nimmt es der wieselflinke Bursche aus der Filmstadt Babelsberg nicht so genau. Lieber trifft er sich mit Klassenkameraden zum Knödeln auf dem Fußballplatz. Noch heute jagt Wolke mit ausdauernder Leidenschaft die Lederkugel, wobei er problemlos den Jüngeren Paroli bietet. Wer weiß, hätten die Kicker von Turbine Potsdam seinerzeit nicht nur einmal in der Woche trainiert, wäre aus ihm vielleicht ein ostdeutscher Franz Beckenbauer geworden. Ambitionen zum Boxen hat er damals jedenfalls keine. Der Zufall steht Pate.

Eines Abends pirscht er in die Halle der Betriebssportgemeinschaft Motor Babelsberg, um von dort drei Mitspieler aus seiner Elf zurückzuholen. Sie hatten ihre Töppen gegen lederne Fäustlinge getauscht. Doch als er in den Boxraum tritt, stehen seine Kumpel schon unter der Dusche. Erstaunt

mustert er die herumhängenden Sandsäcke und Maisbirnen. Aus Gaudi haut er dagegen. Plötzlich fragt jemand: »Warst du schon mal hier zum Training? Ich kenne dich doch gar nicht.«
»Nein, nein«, entgegnet er erschrocken. Er warte nur auf seine Freunde.
»Willst du es nicht mal mit dem Boxen versuchen? Für dein Gewicht bist du ganz schön groß«, meint der Trainer.
»Aber dafür so spack, daß ich unter der Dusche hin- und herspringen muß, um naß zu werden«, erwidert Wolke.
Der Trainer läßt nicht locker, erzählt, wie vielseitig und umfangreich die Ausbildung eines Boxers ist. Und daß sie auch Fußball spielen. Damit trifft Martin Neef den Nerv des Jungen, den er bis zu dessen Karriereende betreuen wird. Manfred überlegt nicht lange und konvertiert wie zuvor seine Freunde.
Dreimal in sieben Tagen heißt es von nun an Kondition bolzen, Reaktion schulen, Technik üben und Muskeln entwickeln. Bereits nach vier Monaten klettert er zu seinem ersten von insgesamt 253 Duellen in den Ring und rettet – obwohl ursprünglich nur Ersatzmann – gleich die Ehre! Mit 2:18 Punkten zieht seine Mannschaft den kürzeren, die beiden einzigen Zähler holt er, Federgewichtler Wolke. Das Boxen hat ihn gefesselt.
Die von seinem langjährigen Trainer und späteren Freund Martin Neef geforderten Belastungen nimmt er bedingungslos auf sich. Er schont sich nie, so wie er es später auch von seinen Eleven verlangen wird. Wenn andere aus der Nationalmannschaft oder aus seinem Armeesportklub in Strausberg, später in Frankfurt/Oder, nach einem Ausdauerlauf oder Sparring ausgebrannt sind, kann das Energiebündel mit dem linksgescheitelten Haarschopf noch eine Kohle drauflegen. Kein Wunder, bezeichnet er doch die

DDR-Radsportlegende Gustav Adolf »Täve« Schur als sein Vorbild.

Zwanzig Jahre vor Henry

Unmittelbar vor den Olympischen Spielen 1968 fällt Wolke bei einem Basketballspiel so unglücklich, daß er sich eine Zerrung und Hautabschürfungen zuzieht. Acht Tage Bettruhe sind die Folge.
Das Mißgeschick entmutigt ihn nicht.
Der Gipfelsturm erfolgt in knapp 2000 Meter Höhe am 26. Oktober in der dünnen Luft von Mexiko City. Nach den vier kraftschlauchenden Kämpfen in der Vorrunde gegen den kubanischen Techniker Molina, das brasilianische Kraftpaket Arrais, den unsauber schlagenden Türken Sandal sowie den aus der Konterstellung agierenden Mussalimow aus der Sowjetunion kann den Schützling von Karl Heinz »Charly« Lüdke und Martin Neef nur noch Joseph Bessala aus Kamerun vom Ersteigen des Olymps abhalten. 15 000 DDR-Mark winken als Prämie. Der Stundenzeiger in der Heimat rückt auf Sonntagmorgen fünf Uhr vor, als sich der fünfundzwanzigjährige Weltergewichtler kurz vor zweiundzwanzig Uhr Ortszeit anschickt, als zweiter DDR-Faustkämpfer – nach dem Berliner Wolfgang Behrendt 1956 in Melbourne – olympisches Gold zu erboxen. Der muskulöse Schwarzafrikaner sucht sofort im Nahkampf sein Heil. Doch der Fighter aus dem ersten selbständigen DDR-Olympia-Team – allerdings wie die bundesdeutsche Mannschaft noch ohne eigene Flagge, Hymne und Symbolik – ist taktisch hervorragend eingestellt, geht mit größter Vorsicht und äußerster Konzentration in den Kampf seines Lebens. »Du darfst Bessala auf keinen Fall an dich rankommen lassen«, hatte

Trainer Neef immer gewarnt. »Er zieht sich die Gegner in die Halbdistanz, um sie dann mit linken und rechten Haken abzufangen. Störe sein Verhalten mit einer gestochenen linken Geraden. Wo der Mann hinschlägt, mußt du gestanden haben. Also, die schnellen Beine nicht vergessen.« Mit der

In dünner Luft – Manfred Wolke dicke da

Linken pariert denn auch der Olympia-Debütant die ungestüm vorgetragenen Angriffe seines zwei Jahre älteren Kontrahenten. Ab der zweiten Runde hängt sich Bessala wie eine Klette an ihn. Dem 67 Kilogramm wiegenden Konditionswunder gelingt es aber, sich immer wieder zu lösen. Als der Schwarzafrikaner in der dritten Runde eine Verwarnung wegen seiner unsauberen Attacken erhält, nährt das die Zuversicht auf den großen Coup. Nach dem Schlußgong in der schwülwarmen, mit gut 14 000 Zuschauern gefüllten »Arena Mexico« ist Wolke von seinem Sieg überzeugt. Doch ob es die Punktrichter genauso sehen? Als der amerikanische Referee Robert Schwartz die Matadore in die Mitte des Seilquadrates bittet, vor der Urteilsverkündung routinemäßig ihre Arme erfaßt, geht ihm nur eines durch den Kopf: »Hoffentlich reißt er meinen Arm hoch.« Der Mann mit der akkuraten Fliege macht es! Wolke schwebt.

Auch ein Kubaner

Vier Jahre später will er das gleiche wiederholen. Seinen spektakulärsten Auftritt hat er aber nicht im Boxring. Bei der Eröffnungsfeier der XX. Olympischen Spiele am 26. August 1972 trägt er die Fahne einer nunmehr als vollwertiges Mitglied der olympischen Familie geltenden DDR-Mannschaft in die mit 78 000 Menschen ausverkaufte Münchner Arena. Mit einem 44:4-Abstimmungsergebnis hatte das Internationale Olympische Komitee das Dilemma bisheriger deutscher Teams endgültig beendet. Vor dem Einmarsch ist seine Aufregung größer als vor einem bedeutenden Kampf. »Schließlich will man ja das entgegengebrachte Vertrauen, das eine gewisse Wertschätzung ausdrückt, nicht ent-

Premiere – Wolke darf als erster

täuschen.« Das geschieht auch nicht. Ganz anders beim Wettkampf. Wiederum fühlt er sich in Bestform. Fortuna meint es bei der Auslosung auch gut mit ihm. Als »Aufwärmpartner« bekommt er den Griechen Therianos vor die Fäuste und zieht problemlos ins Achtelfinale ein. Dort wartet der Kubaner Emilio Correa. Zweimal hat ihn der fünfmalige DDR-Champion zuvor klar beherrscht. Bei einer normalen Leistung sollte nichts schiefgehen. Nach Punkten liegt er bereits klar vorn, als eine Augenbrauen-Verletzung den Ringarzt veranlaßt, das Stoppzeichen zu setzen. Der Athlet aus der Karibik wird später Olympiasieger, Manfred

Wolke reist nach drei Tagen frustriert nach Hause. Der glücklose Titelverteidiger will Abstand gewinnen. Zu tief sitzt der Schmerz, als daß er noch irgendeine Freude unter den fünf Ringen finden kann.

Wolkes Brevier

Seinen beiden Silbermedaillen von den Europameisterschaften 1967 und 1971 hätte er gern noch den kontinentalen Titel hinzugefügt. Doch beim letzten Ausscheid der DDR-Meisterschaft im Februar 1973 zieht er in einem unschönen Gefecht gegen den Berliner Peter Tiepold klar den kürzeren. Die im Deutsch der DDR-Sportmethodik als UWV – Unmittelbare Wettkampf-Vorbereitung – bezeichnete achtwöchige Vorbereitungsphase auf den Jahreshöhepunkt, das Europa-Championat in Belgrad, macht er dennoch mit. Nicht als Kämpfer, sondern – zur eigenen Überraschung – als Trainer. Noch hat er kein Diplom in der Tasche, das wird er erst im darauffolgenden Jahr ablegen. Doch die Verantwortlichen des DDR-Boxverbandes setzen auf Wolke, haben großes Vertrauen zu ihm.
Der Übergang ins Berufsleben klappt nahtlos. Das Credo bleibt: »In den Sport mußt du mit aller Konsequenz die ganze Persönlichkeit investieren.« Fortan tut er es als Lehrender. Er sei ein stets fordernder Mensch, sagt Wolke über sich, doch kein Dogmatiker. Kommt er »auf die Halle« und spürt, die Burschen sind nicht gut drauf, setzt er seine Vorstellungen nicht mit Macht durch. Dem Selbstlauf wiederum überläßt er in seiner Arbeit auch nichts. Bis heute plant er für jeden seiner Athleten akribisch wie ein Buchhalter die individuellen Übungsabläufe Wochen im voraus. In A4-formatigen Tagebüchern lassen sich die täglichen Belastungen

»Auf der Halle« – Axel Schulz, Herr Wolke, Rüdiger und Torsten May, Henry Maske (v.l.n.r.)

schwarz auf weiß nachlesen. Die heiligen Schriften beinhalten Notizen über den sportlichen Werdegang und die charakterliche Entwicklung seiner Jungs. Stagniert einer und weiß sich der Trainer in der aktuellen Situation keinen Rat, schlägt Wolke in seinem Brevier nach, um aus den guten Erfahrungen der Vergangenheit zu schöpfen.

Herr Wolke

Einer wie Manfred Wolke setzt auf Langfristigkeit. Wer mindestens zwei Jahre die hohe Kunst des Boxens von ihm vermittelt bekommt, dem ist der Lohn für die Schinderei fast garantiert. Seine Schäfchen sucht er sich allerdings sorgfältig aus. Der Glückliche muß zuallererst menschlich passen, lautet die entscheidende Prämisse für eine Aufnahme in das Wolke-Camp. So wie der Trainer auf seine Aktiven eingeschworen ist, soll es umgekehrt sein. Eine Duz-Beziehung geht er mit ihnen jedoch nicht ein. Sie, Herr Wolke oder Trainer – so reden ihn Henry Maske und seine anderen drei

Profis – Schwergewichtler Axel Schulz sowie die beiden Leichtschweren Brüder Rüdiger und Torsten May – seit jeher an; dabei möchte er es auch belassen. Eine Grenze müsse es geben. Er könne sich doch von einem neunzehnjährigen Burschen nicht fragen lassen: »Manne, was machst du heute abend?« Nur auf dieser Basis ließe sich mit höchstem Anspruchsdenken arbeiten.

Und er tut das wie kein zweiter im deutschen Boxland. Er führt mit Rudi Fink 1980 und Henry Maske 1988 zwei Aktive zum Olympiasieg. Ein Jahr später schafft Maske als erster Deutscher den Sprung aufs oberste Treppchen bei einer Weltmeisterschaft der Amateure. Insgesamt 23 Medaillen erboxen sich seine Zöglinge bei Olympischen Spielen, Welt- und Europameisterschaften. Außerdem unzählige internationale Turniersiege und 33 Goldplaketten bei DDR- Meisterschaften. Bei Wolkes beispielloser Ausbeute in sechzehnjähriger Tätigkeit als Amateurcoach verwundert es nicht, daß ihn andere aus seiner Zunft neidvoll beäugen. Mittlerweile ist der Steinbock von der Oder – geboren im Januar wie Muhammad Ali, George Foreman und Henry Maske – auch bei den Profis unerreicht. Sein Paradeschützling verteidigt mit dem Sieg über Graciano Rocchigiani am 27. Mai '95 den IFB-Weltmeistergürtel bereits zum siebenten Mal. Und wenn auch kein aktenkundiger Titel – der grandiose Auftritt von Axel Schulz gegen »Big George« im MGM von Las Vegas bastelt zumindest an der Legende des Motivationskünstlers.

Manfred Wolke ist der »Chef am Ring«. Heute wie damals. »Da wir schon bei den Amateuren unseren Job wie echte Profis verrichteten, hätte der fast geradlinige Weg in das Lager der Berufsboxer eigentlich nur diejenigen verwundern dürfen, die uns bis dahin nicht gekannt haben«, sagt der Macher und bekennt: »Ohne die DDR wäre mein sportlicher

Werdegang nicht möglich gewesen.« Der einstige NVA-Oberstleutnant sieht keinen Grund, seine emotionale Beziehung zu diesem Land zu leugnen. Aber er beschönigt auch nichts aus den vierzig selbsterlebten Jahren Sozialismus. Es gab vieles, was dem Genossen Eigenbrötler nicht paßte im Land. Aber letztlich zählte einzig die DDR-Sportoase.

Stillgestanden – Major Wolke am Boxroboter

Diese Bindung schuf aber auch den Nährboden für eine gefährliche Lebenskrise. Seine aktive Laufbahn war beendet, als er plötzlich mit dem Trinken begann. Das ging, wie er es beschreibt, von Null auf Hundert. Mit jener Leidenschaft, mit der er im Sport seinen Mann stand, hielt er sich nunmehr an der Flasche mit Hochprozentigem fest. Die langen Abende in den unzähligen mehrwöchigen Trainingslagern jahrein, jahraus mögen das begünstigt haben. Erst als ihn die

Leitung des ASK Vorwärts im Frühjahr 1985 für zwei Jahre im Tausch mit Dietrich Bleck an die KJS versetzte, wurde ihm bewußt, in welcher fatalen Situation er sich befand. Allerdings war er da immer noch in dem Glauben, nicht alkoholabhängig zu sein. Seit dem Sommer 1989 ist er geheilt. Die Selbsterkenntnis machte ihn unabhängig. Ihm wurde bewußt, daß er dem Maß an Verantwortung, das er für andere Menschen trug, nicht mehr gerecht werden konnte. Das be-

Ein seltenes Bild – Familie Wolke

traf vor allem seine Frau Brigitte und seine drei Kinder. Und die Sportler. Dumm, so seine Einsicht, dumm ist der, der nicht aus dem Leben lernt.

Wolfgang Behrendt

Jahrgang '36, Boxer, erster Olympiasieger der DDR, Sportphotograph und Hobby-Trompeter

Meine Erinnerungen an Manfred Wolke reichen bis in die sechziger Jahre zurück.

Ich sah ihn bei DDR-Meisterschaften und fotografierte ihn auch bei seinem Olympiasieg. Schon als aktiver Sportler war Boxtrainer sein Berufswunsch. Heute denke ich, daß es Mannes Berufung war, daß er zu der Handvoll Menschen gehört, denen der Trainer/Pädagoge mit seiner Vielfalt und der notwendigen Inspiration auf den Leib geschneidert ist. Manfred Wolke vereinigt bei seiner täglichen Arbeit Herzenswärme und Seele sowie Härte und Durchsetzungsvermögen, fachliches Wissen und psychologisches Können. Auf der Trainingshalle, am Wettkampfring, bei der Klärung von privaten Dingen seiner Schützlinge, überall verausgabt und verzehrt sich Manfred Wolke für seine Athleten. Sein alter Trainer Martin Neef war ihm ein großes Vorbild dabei. Manne weiß, was er will, und liebt keine halben Sachen. Nicht nur, daß er sich die jungen Burschen nach ihm genehmen Charaktereigenschaften gezielt für den Hochleistungssport aussucht, er formt und stählt sie auch mit Akribie. Technisch, athletisch und geistig. Er legt großen Wert darauf, daß die superschnellen Aktionen im Ring zuvor im Kopf des Boxers erarbeitet werden.

Manfred Wolke gibt viel, aber er verlangt auch viel, nämlich Disziplin, Bereitschaft, Fleiß und Hingabe. Und trotzdem ist er auch ein Mensch mit Fehlern und Schwächen.

Siege und Finten

Der Chef weint

»... unkontrolliert angreifend der Kanadier, der nur ganz sparsam Treffer landen konnte, im Gegensatz zu Henry Maske, der – wie er ja so oft bezeichnet wurde – der Chef im Ring zu sein scheint. Er wird einen sportlichen Achttausender bezwingen können ...« kommentiert der Reporter am vorletzten Tag der XXIV. Olympischen Sommerspiele. Henrys rotgepolsterte Fäuste bahnen sich auch in den letzten Sekunden der dritten Runde den Weg durch die Deckung des Gegners, die beiden weiß abgesetzten Trefferfelder klatschen auf das schweißnasse blaue Trikot mit der Startnummer 0925, treffen Kinn oder Augenbrauen. Wenig später ertönt der Schlußgong. Maske tänzelt in seine rote Ecke, spuckt den Mundschutz aus, läßt sich Amateurhelm und Handschuhe abstreifen. Zurück zur Ringmitte. Der Mann mit Fliege greift nach den Handgelenken der Kontrahenten. Spannung. Angst vor einem Fehlurteil in Henrys Gesicht. Dann die Erlösung aus dem Lautsprecher. Maske reagiert am schnellsten, wirft Arme und Beine gleichzeitig nach vorn und springt, als wolle er die Qualen von 15 Trainingsjahren abstoßen, in die Luft. »Boxe wie der alte Maske«, hatte ihm der oberste Sekundant vor dem ersten Gong noch zugeraunt. Die Freude ist neu. Erst nach der Landung überläßt der Vierundzwanzigjährige dem Referee seine Schlaghand. Auf den nun nach oben gestreckten linken Arm legt er kurzzeitig seinen Kopf. Der Augenblick gehört Manfred Wolke, der in Frankfurt vor dem

Fernseher jubeln muß. Während der Olympiasieger anschließend die Glückwünsche des Nationaltrainers empfängt, läßt Egerton Marcus den Kopf hängen. Allein für Tapferkeit gibt es kein Gold. Seit dem zweiten Auftritt in Seoul boxt der Mann aus Toronto mit einer Fraktur an der Schlaghand, die er nur ein einziges Mal noch an das Kinn seines Gegners wuchten wollte. Doch wie beim TSC-Turnier 1986 in Berlin hielt Henry seinen schlagstärkeren Kontrahenten auf Distanz, punktete im Rückwärtsgang. Mit der gleichen produktiven Flucht wird Henry auch die ersten ungestümen Attacken beim dritten Aufeinandertreffen sieben Jahre später überstehen.

Es ist Mittag, halb zwölf, im Chamshil-Gymnasium von Seoul. Hier, wo der Frankfurter schon den Weltcup und die vorolympischen Wettbewerbe gewann, steigt er nun auf das Treppchen des Gipfels. Tränen gehören für ihn zur Hymne.

Die Chefetage feiert

Bei Henrys Sprung kommt auch das letzte Geschoß eines Frankfurter Hochhauses den Wolken ein Stück näher. Hier ist es dank zehnstündigem Zeitunterschied früher Samstagmorgen, als das Reality-TV, das der Etagenfernseher aus Seoul überträgt, endlich das Happy-End zeigt: »Fame.«

Ein gutes Dutzend Stühle geben dem Flur Klubcharakter. Die sechs offenstehenden Wohnungstüren gleichen Notausgängen, die auch zum Herbeischaffen von Getränken benutzt werden. Ab und an pumpt sich der Fahrstuhl rauf, kommen neue Gratulanten ins letzte Stockwerk der Prager Straße 34. Anke dankt ihnen.

1. Oktober 1988 – drei Phasen des Glücks

Zwei Tage später erhält der Etagenflur sogar Empfangsparkett: Ein roter Teppich geleitet den Mieter Olympiasieger aus dem Lift über die vier Meter zur Wohnungstür. Die Nachbarn haben für den Blumenliebhaber sämtliche Palmen herausgerückt. Seine Frau schubst ihn ins Bad. Der Champion hat einen Sieg zu betrachten: Die ein Jahr gelagerten Fliesen zieren die Wände. Henry will sofort baden, will in der wohligen Ruhe nachdenken. Über den eigenen Triumph und den seines Freundes Andreas Zülow, dem Leichtgewichtsolympiasieger. Über die extreme Ausnutzung des »Heimvorteils« durch die Südkoreaner, die Andreas Tews die Goldmedaille kostet. Über Skandalurteile, Sitzstreik, Prügeleien unter den Offiziellen und über die zuweilen katastrophale Organisation. Aber daraus wird vorerst nichts. Das Etagenpublikum verlangt den Goldjungen.
Doch aufgeschoben ist nicht aufgehoben. Schließlich bot Seoul, so Henry, »mehr, als ich erwartet hatte«.
In jedweder Hinsicht. Um die 48 Medaillen streiten 441 Boxer aus 106 Ländern. Olympischer Rekord. Zum ersten Mal seit Helsinki 1952 läßt deshalb der Internationale Amateur-Boxverband (AIBA) die Vorrundenkämpfe in zwei Boxringen parallel austragen.
Zehn Schritte sind es von der blauen Ecke des einen Quadrats bis zur roten des anderen.
Nicht nur Beifall und Buhrufe, auch die zum Kampf gehörenden Signale mischen sich. Glocke und Pfeifton hatte die AIBA zur besseren Unterscheidung ausgewählt, doch daran gehen die Ohren von Richtern und Athleten vereint k. o. Gefechte, für die *Pause* angezeigt ist, werden nicht gestoppt, andere nach zwei Minuten unterbrochen. Im Halbweltergewicht bekommt ein Südkoreaner die gegnerischen Fäuste ins Gesicht, weil er einem Pfiff glaubt, der ein Gong war.

In Seoul leidet auch der gute Geschmack. Die Südkoreaner, laut Henry »freundliche Menschen, aufgeschlossen«, treten am Ring aus der guten Kinderstube. Trainer und Funktionäre dreschen auf den neuseeländischen Referee Walker ein, nachdem dieser den Arm des Bulgaren Alexander Christow auf Punktrichtergeheiß gehoben hat. Der Südkoreaner Byúng Jong Jil wählt daraufhin den Ringboden für einen einstündigen Sitzstreik.

Aus der Niederlage des olympischen Gedankens aber wächst ein Gastgeberbonus. Ausländer müssen im Finale die südkoreanischen Gegner schon k. o. schlagen, um auf den Punktzetteln der eingeschüchterten Gutachter eine Chance zu haben. Das gelingt nur Ray Mercer (USA) im Schwergewicht. Zweimal dagegen wird auf dem Siegerpodest »Männchen« gemacht. »Auftrag erfüllt« salutieren Kim und Park im Trainingsanzug zur Nationalhymne.

Auch Henrys Programm gerät in den organisatorischen Strudel. Für den zweiten Vorrundenkampf bereitet er sich kurzzeitig auf Simeon Stubblefield vor. Den Liberianer hatte die Jury kampflos zum Auftaktsieger über Sello Mojela aus Lesotho erklärt, weil dessen Name auf der Wiegeliste fehlte. Doch die Mannschaftsleitung des Königreiches konnte mit Hilfe der Wiegekarte die erfolgte Kontrolle nachweisen. Der Kampf wird neu angesetzt. Mojela gewinnt klar, verletzt sich aber. Die kurze Zeit bis zum Duell gegen Maske reicht nicht zur Genesung.

»Es ist besser, wenn ich weiß, mit wem ich es zu tun habe.« In Seoul bekommt Henry das notwendige Wissen. Erstmalig zeichnet ein Veranstalter alle Kämpfe auf und reicht die Aufnahmen an jedermann zur Präparation weiter. Der DDR-Boxverband hatte mit dieser unbestechlichen Beobachtung in den sechziger Jahren begonnen. Die Videotechnik löste später den Schmalfilm ab, der Recorder den Projektor. Bilder müssen nicht mehr vom Nagel genommen werden, damit des Gegners Stärken und Schwächen auf weißen Hotelzimmerwänden seziert werden können. In Seoul passiert das im eigenen Videoraum.

Ade oben ohne

Organisiert wie die Vorbereitung ist auch die Rückkehr. Henry tritt auf dem Flughafen Berlin-Schönefeld aus dem vorderen Ausgang der Interflug-Sondermaschine. Am Ende dieser Gangway warten Blumen, blumige Worte, Kameras und Objektive. Wer kein Medaillengepäck hat, verläßt die Iljuschin durch die Hintertür. Statt vieler Gesichter glänzt dort das Rollfeld in der Herbstsonne.

Der Erfolg bringt wie immer Bares. Doch erstmalig löhnt der Staat auch in harter Währung. Neben Marx in Blau stecken Forum-Schecks im Kuvert. Undenkbar zu Manfred Ewalds Zeiten, doch längst hat mit Klaus Eichler ein Manager den Funktionär an der Spitze des DTSB abgelöst. Als Zehnkampfolympiasieger Christian Schenk am 19. November '89 im DDR-Jugendradio DT 64 das erhaltene Eintrittsgeld für die Intershops bestätigt, sind die Hörer nur mäßig verblüfft. An solche Mitteilungen haben sich die DDR-Bürger längst gewöhnt, sie sind zu ganz anderen Wechseln bereit. Diese machen auch Henrys Olympiaball im Palast der Republik im November des Vorjahres historisch, denn nie wieder hielt Honecker mit seinen Sportlern hof.

Maskes erster internationaler Titel wird auf niedrigerem Niveau gefeiert. In der siebenten Etage der Gubener Str. 1, in der alten Wohnung der Maskes.

Das fünfundachtziger Europameisterschaftsgold bleibt bis

zum Olympiasieg Henrys wichtigster Erfolg. Trotz Vizeweltmeisterschaft 1986. Zum einen, weil das frischaufgenommene SED-Mitglied damit die sportliche Durststrecke des Vorjahres beendet. Zum anderen, weil ihm im Finale von Budapest nach einem harten Schlag das linke Trommelfell platzt, Henry aber die folgende Gleichgewichtsstörung überspielt und nicht durch Zorn die Linie verliert. Er punktet den Lokalmatadoren Zoltan Füzesy aus.

In der ungarischen Hauptstadt finden auch die letzten kontinentalen Diskussionsrunden zum Kopfschutz statt. Noch lautet manche Paarung »oben ohne« contra »oben mit«. Aber längst weiß der Weltverband AIBA, daß nur der »Hut« dem Amateurboxen die olympische Zukunft sichert. Die Worte von IOC-Präsident Samaranch zum wirksameren Gesundheitsschutz waren unmißverständlich. Trotzdem hat sich Maske lange gegen den Kopfschutz gesträubt. Er ist ein »Flitzer«, der den Fight aus dem Rückwärtsgang bestreitet, und befürchtet nun ein aggressiveres, rücksichtsloses Vorangehen der so Geschützten. Obendrein schränkt der Hut auf dem Kopf die Sicht ein, Haken können aus dem toten Winkel treffen. Doch der schweißaufsaugende, gepolsterte Schutz aus Ziegenleder ist nicht nur eine IOC-Konzession. Der Hallenser Halbschwergewichtler René Suetovius bekommt das eben in Budapest zu spüren. Sein deutscher Kontrahent Markus Bott verletzt ihn durch Kopfstoß. René – ungeschützt – muß in der zweiten Runde des Viertelfinales aufgeben.

Gewichtige Entscheidung

Ob er »Guantanamera« oder »Freude schöner Götterfunken« spielte, daran kann sich Alexander Wolkow nicht mehr erinnern. Fakt ist aber, er hat wie in jeder Pause in die Tasten seiner Orgel gegriffen, während Henry im Seilquadrat von Moskau auf den WM-Bescheid wartete. Kurz geworden ist sie, die Zeit zwischen Schlußgong und Urteil. Elektronik hat die Strichzettel abgelöst. Über einen roten und einen blauen Knopf geben die Punktrichter ihre Treffersicht ein, drücken drei Juroren innerhalb einer Sekunde, wird der Schlag gezählt. Achtzehnmal macht es für Maske klick, nur elfmal für seinen Gegner. Der Frankfurter wird auf den Tag genau ein Jahr nach seinem Olympiasieg Amateurbox-Weltmeister. Und dennoch löst er damit ein persönliches Versprechen nicht ein.

Wird er nämlich auf Angel Espinosa angesprochen, antwortet Henry: »Ich will ihn auch noch bezwingen.« Die Revanche in Südkorea für die drei vorolympischen Niederlagen verhinderte der kubanische Boykott. Ein Jahr später weicht Maske aus. Er hat das ewige Reinhungern ins 75-Kilogramm-Limit, den Verzicht auf die Lieblingsspeise Spaghetti mit Tomatensoße satt. Und so beschließen sein Trainer und er den spektakulären Gewichtsklassenwechsel. Rauf ins Halbschwergewicht. Die Entscheidung fällt unmittelbar nach den Europameisterschaften von Athen, wo Henry als zehnter Boxer den Titelhattrick schafft. Zwei Monate lang darf der »Chef« nun wie ein Chefkoch löffeln, versucht Coach Wolke aus dem Nachschlag Schlagkraft zu zaubern. Die Rezepte dafür liegen vor. Schließlich wird über den Aufstieg schon seit 1987 diskutiert.

Wie schnell Henry in die neue Gewichtsklasse hineinwächst, spürt als erster Orlando Despaigne. Der Kubaner ist über seine Niederlage beim Berliner TSC-Turnier Anfang August 1989 so entsetzt, daß er auf den Ringrichter losgeht. Im Finale dieser Qualifikation für die Weltmeisterschaft wartet dann der landeseigene Europameister. Doch auch Sven

Lange unterliegt dem Emporkömmling. Maske löst das WM-Ticket bei den 81-Kilogramm-Kämpfern.

Nationaltrainer Debert hat Grund zur Freude. Zwar tut ihm das junge Schweriner Talent leid – »aber ein Weltmeistertitel ist besser als vielleicht nur zwei Silbermedaillen«. Für den jedoch kann in den oberen Gewichtsklassen nur Henry Maske und nur gegen Pablo Romero garantieren. Deberts Überzeugung nach Dutzenden Sparringsrunden gegen die Kubaner: »Espinosa bezwingt kein DDR-Boxer.«

Premiere einer Hymne

Der Verkehr zwischen Rotem Platz und Moskwa ist verebbt, in die für Olympia gebaute Zehntausendzimmerburg »Rossija« Stille eingezogen. Die sechs Weltmeister des ersten Tages feiern nicht mehr, doch Henry findet keine Ruhe. Am Ende der Nacht zum 1. Oktober zählt der Halbschwergewichtsfinalist Maske zwei Stunden Schlaf. Das frühe Wiegen Punkt sieben Uhr kommt ihm recht. Dem Frühstück folgt ein hartes Tatzentraining mit Manfred Wolke. Bis zu einhundertachtzigmal pro Minute schlägt dabei Maskes Puls.

Als 17 Uhr Ortszeit der Sprecher die 15 000 Zuschauer in der Olympijski-Sporthalle zum zweiten Finaltag begrüßt, haben noch drei DDR-Boxer die Titelchance: neben Henry Maske auch Andreas Otto und Torsten Schmitz. Neunzig Minuten später lastet die Verantwortung allein auf dem Olympiasieger. Die anderen beiden holen, wie am Vortag Andreas Zülow und Siegfried Mehnert, Silber. Doch in Kampf fünf des Sonntags wirkt Deberts Zaubertrunk. Tee mit Honig hat er seinen Boxern am Nachmittag noch eingeholfen. Schon nach drei Minuten führt Maske gegen den zweimaligen Weltmeister Romero mit fünf Punkten Vorsprung. Am Ende

7–8–9–10–Klasse – Herr Wolke und Henry

sind es noch mehr. »7 – 8 – 9 – 10 – Klasse!«, schreien die 300 DDR-Schlachtenbummler. Zum ersten Mal bei Boxweltmeisterschaften wird die DDR-Hymne gespielt. »Es ist ein wohliges Gefühl«, bekennt Maske mit vier Jahren Abstand. »Da oben zu stehen ist Lohn für die gesamte Arbeit. Ist ja 'ne knallharte Arbeit im Vorfeld, die nicht gezeigt wird, sondern nur der Erfolg. Und die Hymne ist Ausdruck dessen, wo man herkommt.«

Daß der NVA-Offizier aus Frankfurt dieses Gefühl aufgibt, geschieht erst, als sein Land k. o. geht. Dann tauscht er das Nationaltrikot mit der Pluderhose. Den DDR-Trainingsanzug behält er länger. In der typischen Kombination aus hellem und dunklem Blau joggt er noch im Frühjahr 1990 auf den Strandpromenaden Floridas. Zu Hause bläst kühlerer Wind.

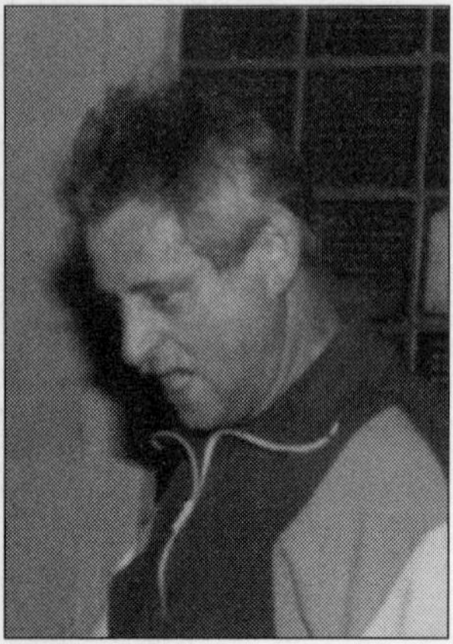

Hans Hörnlein

Boxer und Trainer, Jahrgang '37, betreute Henry von '73 bis '77, gilt als sein Entdecker, ist nach wie vor Trainer in Ludwigsfelde

Henry haßte schon als Kind den Trainingskopfschutz. Aber beim Üben von Haken und Sparring habe ich darauf bestanden. Daß er es ist, der die Ludwigsfelder Boxschule berühmt macht, damit hatte ich nie und nimmer gerechnet. Sicher, er besaß schon damals »ein gutes Auge«, war reaktionsschnell, aber kein Supertalent. Da betreute ich Schüler ganz anderen Kalibers. Rene Ryl zum Beispiel, der dreimal Olympiasieger werden wollte, aber dem Druck dann nicht standhielt. Daß Henry den kompensiert, ist neben akkurater gedanklicher Vorbereitung sein großes psychisches Geheimnis. Natürlich habe ich mich riesig gefreut, daß er als erster und einziger meiner Boxer das Höchste erreichte. Ich stellte den Olympiasieg von Seoul über den Amateurweltmeister, auch wenn der der einzige für die DDR blieb. Als Henry zu den Profis wechselte, war ich skeptisch. Ich hätte ihm nicht zugeraten. Das lag sicher an unserer fehlenden Beziehung zum Profiboxen, an unseren Vorurteilen. Wobei ich sie in manchen Vorkämpfen auch heute noch bestätigt sehe. Als Henry dann zum ersten Mal wirklich in den Ring zu einem Kampf über mehr als drei Runden kletterte, war mir klar, der will auch erneut um die Weltmeisterschaft kämpfen. Daß er es allerdings schafft, ein ganzes Publikum auf seinen Stil einzuschwören, daß er Zuschauer animiert, damit hatte ich nicht gerechnet.

HOTE

Auf eigene Faust

Die richtige Hand

Die Kameras von sieben Fernsehstationen surren. Dutzende Fotografen richten die Linsen auf die drei Subjekte ihrer Begierde. Hochkonzentriert und mit ernster Miene, als schreite man in den Ring zu einem bedeutenden Kampf, bahnen sie sich im West-Berliner Hotel »Hamburg« den Weg durch die dichtgedrängte Journalistenschar. Vornweg läuft Wilfried Sauerland, dahinter Manfred Wolke und Henry Maske. Kurz vor der historischen Pressekonferenz hatte der Manager seine künftigen Arbeitnehmer aus dem Osten noch in einen Herrenausstatter geschickt. Auf modischen Chic von Markendesignern legt er nun einmal gesteigerten Wert. Athlet und Trainer scheinen sich im nagelneuen Outfit wohl zu fühlen.

Doch das ist an diesem 8. März 1990 von zweitrangiger Bedeutung. In wenigen Minuten wollen beide den Schritt in eine völlig andere sportliche Welt vollziehen. Eine Welt, der Henry Maske noch vor wenigen Monaten mit einem: »Niemals werde ich zu den Profis wechseln« eine kategorische Absage erteilte. Wilfried Sauerland, dem zur Rechten Henry Maske, zur Linken Manfred Wolke sitzen, hält die Begrüßung kurz. Als er sich dann erhebt und seine beiden Außen zusammenrücken, ist der spannende Augenblick gekommen.

13.17 Uhr. Mit ruhiger Hand setzt Henry Maske seinen Namenszug unter den mehrseitigen Vertrag. Ein Blitzlichtgewitter erhellt den Saal. Manfred Wolke signiert als Zweiter

und zieht gleichzeitig einen Schlußstrich unter ihre Laufbahn als Amateursportler in der Nationalen Volksarmee. Die neue Ära kann beginnen. In ihren Gesichtern löst sich die Anspannung. Mit einem symbolischen Handschlag besiegeln die drei Hauptdarsteller ihren gemeinsamen, auf vorerst fünf Jahre festgeschriebenen Pakt endgültig. Am 1. April tritt er in Kraft, drei Monate vor der Währungsunion. 100 000 Mark der begehrten Westwährung sind dem Neu-Profi von der polnischen Grenze als Jahressalär zugesichert. Sein monatliches Fixum von 3 000 DM soll mit den Kampfbörsen verrechnet und auf sein Konto in der DDR überwiesen werden. Manfred Wolke erhält als Anfangsgehalt 250 DM weniger. Der Wohn- und Arbeitsort des ersten DDR-Boxprofis seit dem Verbot dieser Sportart in der Ost-Republik vor achtunddreißig Jahren bleibt Frankfurt an der Oder.
Selten zuvor, meinten Freunde von Wilfried Sauerland, sei der im Schaltjahr 1940 am 29. Februar im Wuppertaler Ortsteil Rott geborene Geschäftsmann mit Wohnsitzen in Gstaad, Johannesburg und London so prächtig gelaunt gewesen wie nach dieser Vertragsunterzeichung. Dabei macht stete Freundlichkeit sein Wesen aus. Das Lachen war ihm aber nach den ständigen Querelen mit Graciano Rocchigiani vergangen, obwohl ihm das Enfant terrible aus dem Westteil Berlins am 11. März 1988 mit dem Gewinn der IBF-Weltmeisterschaft im Super-Mittelgewicht den bis dato schönsten Erfolg beschert hatte. Gut achtzehn Monate danach wollte der gelernte Exportkaufmann das Handtuch werfen. Er, der sich in einem Jahrzehnt als Promoter und Matchmaker in dem vornehmlich aus abzockenden Möchtegern-Managern und zwielichtigen Milieu-Gestalten beherrschten Profibox-Geschäft einen seriösen Ruf erworben hatte.
Natürlich möchte auch Sauerland, der joviale Mann mit

dem Hemingway-Schnauzer, verdienen, aber zuallererst sei es für ihn ein Hobby. Ihm widmete er sich jahrelang ohne Gewinn. Anstifter war 1977 der damalige Außenminister von Sambia. Durch seine beruflichen Aktivitäten auf dem Schwarzen Kontinent hatten sich enge Kontakte zu dieser Staatsmacht entwickelt. Eines Tages fragte ihn der Minister, ob er etwas für einen seiner Boxer tun könne. »Ich sagte zu und ließ ihn in England trainieren«, erinnert sich der passionierte Golfspieler. »Er verlor dann zwar seinen Kampf, doch die Box-Szene hatte mich gepackt.« Und sie enthusiasmierte ihn ein zweites Mal. »Es war nach dem Fall der Mauer«, erzählt er. »Meine Frau entdeckte das Bild von Henry in einer Zeitung. Sie war total begeistert. Wenn Frauen so ein Gefühl herüberbringen, dachte ich mir, muß da etwas dran sein. Ich sagte mir, wenn ich noch einmal ins Boxen einsteige, dann nur mit Henry. Über gute Bekannte setzte ich mich dann sofort mit ihm in Verbindung. Am

Ein richtiger Tip – Frau Sauerland mit Mann und Henry

23. Januar 1990 haben wir uns im Berliner Hotel Kempinski kennengelernt.«
In der Woche darauf bricht sich sein Hoffnungsträger beim Judo-Unterricht fürs Sportstudium den großen Zeh des rechten Fußes. Mit Gips am Bein heißt es vorerst auf Sparring zu verzichten. So bleibt Muße, um über Vergangenes nachzudenken.

Im Clinch

Wilfried Sauerland, der vermögende Exporteur von Industrieanlagen mit dem Spürsinn fürs Big Business, spricht nicht als einziger bei dem Duo von der Oder vor. Die Berliner Michael Pohl und Willy Zeller versuchen es und senden ein Telegramm, um in konkrete Verhandlungen treten zu können. Dubiose Typen aus Braunschweig und Dortmund unterbreiten Angebote. Mit dem Hamburger Manager Klaus-Peter Kohl treffen sich Wolke und Maske zuerst in der künftigen deutschen Hauptstadt am 13. Januar 1990. Konspirativ, versteht sich. Niemand darf etwas wissen. Eigentlich wären sie erst an diesem Tag von ihrem, wie sich im nachhinein herausstellte, letzten Trainingslager mit der DDR-Nationalmannschaft heimgekehrt. Doch Manfred Wolke macht seinen Kollegen weis, daß der Bus ihres Klubs sie nur am Freitag – und nicht wie vorgesehen vierundzwanzig Stunden später – vom Camp auf dem Rabenberg im Erzgebirge abholen kann. Die Verantwortlichen glauben ihm und genehmigen die frühere Abreise. Auch deshalb, weil sie eine Konfrontion mit dem ihnen unbequemen Trainer Wolke vermeiden wollen. Seitdem erste Gerüchte über seine Profiambitionen umhergeistern, wird er ihnen noch mehr zum Dorn im Auge. Er wäre der treibende Keil, schwören die

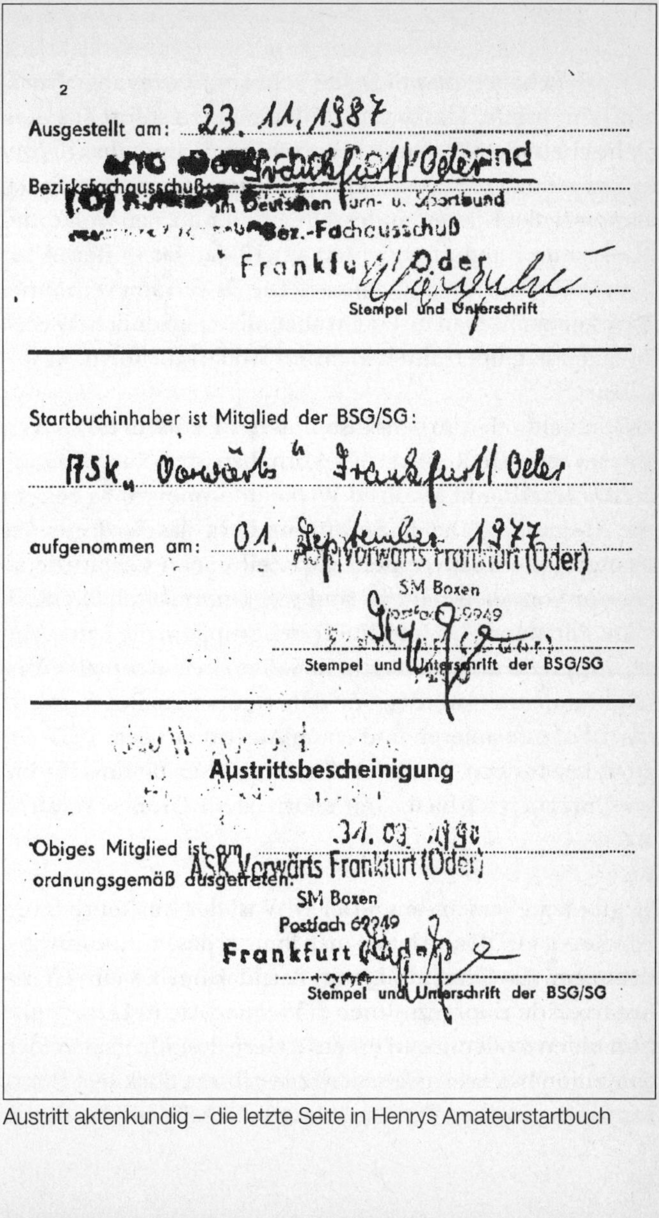
2

Ausgestellt am: 23. 11. 1987

Bezirksfachausschuß: Frankfurt/Oder

im Deutschen Turn- u. Sportbund

Bez.-Fachausschuß

Frankfurt/Oder

Stempel und Unterschrift

Startbuchinhaber ist Mitglied der BSG/SG:

ASK „Vorwärts" Frankfurt/Oder

aufgenommen am: 01. September 1977

ASK Vorwärts Frankfurt (Oder)

SM Boxen

Stempel und Unterschrift der BSG/SG

Austrittsbescheinigung

Obiges Mitglied ist am 31. 03. 1990 ordnungsgemäß ausgetreten.

ASK Vorwärts Frankfurt (Oder)

SM Boxen

Postfach 62949

Frankfurt (Oder)

Stempel und Unterschrift der BSG/SG

Austritt aktenkundig – die letzte Seite in Henrys Amateurstartbuch

Funktionäre des DDR-Box-Verbandes. Nach außen geben sie sich loyal, innerlich schäumen sie. Ihr Denken deckt sich mit den Inhalten der im DDR-Fachblatt *Boxring* abgedruckten Leserbriefe. Maske und Wolke müßten sofort aus dem Deutschen Box-Verband ausgeschlossen und ihnen ihre Amateurtitel aberkannt werden, fordern Abonnenten. Die Genossen des Boxverbandes selbst weisen an, daß Wolke und Maske ihre Zukunftsabsichten am 19. Januar in Berlin vor dem Präsidium erklären müssen. Die als Verräter verhöhnte Zweckgemeinschaft erscheint aber nicht persönlich. Was sie zu sagen hat, übermittelt Manfred Wolke schriftlich. Er formuliert:

»Ich möchte den Arbeitsausschuß des Deutschen Box-Verbandes der DDR über das Vorhaben der Sportfreunde Henry Maske und Manfred Wolke informieren. Es besteht die Absicht, daß beide Sportfreunde in das Boxlager der Professionals überwechseln. Zur Zeit finden Gespräche zu diesem Vorhaben statt. Es sind völlig unverbindliche Kontakte mit Managern und Interessengruppen, die keine Verpflichtungen nach sich ziehen. Sollten sich akzeptable Verträge andeuten, werden wir den Deutschen Box-Verband der DDR informieren und einen Austritt aus dem DBV der DDR beantragen. In der Hoffnung auf Verständnis für unser Vorhaben verbleibt mit sportlichem Gruß – Manfred Wolke.«

Es gibt kein Verständnis. »Der DBV ist der Amateurboxverband in der DDR und lehnt auch künftig das Profiboxen ab«, unterstreicht Generalsekretär Bernd Hönicke am 17. Februar auf dem vorgezogenen 8. Verbandstag in Leipzig und betont: »Wir bekräftigen erneut unsere Position, daß wir den geplanten Wechsel unseres erfolgreichsten Sportlers Henry Maske und seines Trainers Manfred Wolke ins Profilager nicht billigen.« Kurioserweise sind die beiden »Renegaten« am gleichen Wochenende bei Wilfried Sauerland in Gstaad. Ihr Entschluß, einen Neuanfang zu wagen, ist nach dieser Begegnung unabwendbar. Resigniert nimmt der DBV-Generalsekretär die Entscheidung zur Kenntnis: »Beide handeln als Privatpersonen«, so Hönicke. »Sie können demzufolge das tun, was sie für richtig halten.«

Biertrinker und andere Strategen

Aus der Machtzentrale des DDR-Boxsports in der Storkower Straße in Berlin kommt widerwillig grünes Licht. Der Spießrutenlauf aber geht für Maske und Wolke weiter. Jetzt bläst ihnen der Medienwind aus allen Richtungen mit nicht gekannter Schärfe entgegen, und der wird erst nach dem Gewinn des Weltmeistertitels abflauen. Die Schonfristbitte, die Maske bei seiner Vertragsunterzeichnung äußerte, verhallt ungehört. »Ich weiß, daß ich noch viel lernen muß«, gestand er offenherzig. »Doch ich bin sicher, das gemeinsam mit meinem Trainer zu schaffen. Ansonsten wären wir das gewagte Unternehmen nicht eingegangen. Deshalb gebt uns ein bißchen Zeit.«

Mit Häme oder Argwohn quittieren Experten oder sogenannte Insider die Formulierungen des Boxers, den sie für einen üblen Saubermann halten und der ihnen zu wenig in die westliche Profibox-Szene paßt. Das lupenreine Produkt einer sozialistischen Kaderschmiede zieht nicht um die Häuser, sorgt für keinerlei Skandale, lebt in geordneten familiären Verhältnissen und hat am liebsten seine Ruhe – wie sein Trainer auch.

Die Profibox-Zentralen in Hamburg, Düsseldorf und Berlin ergötzen sich an Maske, dem Schattenboxer ohne Schlag-

Zwischenrufe – Wolke am Ring

härte und Punch, und seinem Wolke, dem Angelo Dundee en miniature. Ex-Weltmeister Eckhard Dagge erklärt hämisch:

»Bei der Art zu boxen wird Maske auf dem Weg nach oben verhungern.«

René Weller sagt knallhart: »Ein Klassefighter wird Maske zerreißen. Will er einer werden, muß er von Wolke weg. Ansonsten werden die Leute bei seinem langweiligen Boxstil eines Tages einschlafen oder gar nicht erst hingehen.«

Maskes damaliger Stallgefährte Graciano Rocchigiani spottet: »Nach der ersten Runde kann man ein Bier trinken gehen und nach der achten zurückkommen – verpaßt hat man in dieser Zeit nichts.«

Selbst Maskes Heimatblatt *Neuer Tag* lästert: »Wenn er genug Geld dafür bekommt, würde Henry Maske auch gegen zehn Eskimos auf Grönland boxen.« Und ein anderes Mal heißt es in der inzwischen in *Märkische Oderzeitung* umbenannten Gazette hohnvoll: »Eines konnte und wollte er sich nicht abgewöhnen: Er gibt sich während des Kampfes immer noch selbst Nasenstüber mit der Rechten.«

Die respektlosen Äußerungen nerven. Doch das aus dem Rückzug des Arbeiter-und-Bauern-Staates entstandene Profi-Team bewahrt seine äußerliche Ruhe und vertraut sich selbst. Wolke und Maske verfolgen nur das eine Ziel, es allen zu beweisen, den Nörglern mit Leistung den Mund zu stopfen. Davon bringt sie auch der Clinch mit den Genossen ihrer einstigen Heimstätte beim Armeesportklub nicht ab.

Fünf Tage vor dem Profidebüt am 9. Mai in London verbietet die Klubleitung den Zugang zur Trainingshalle der Amateure. Ursprünglich war ihnen bis zur Fertigstellung des eigenen Übungsraumes eine Nutzung gegen Entgelt zugesichert worden. Stein des Anstoßes ist der Weggang von Schwergewichtler Axel Schulz, der sich Manfred Wolke als zweiter anschließt.

»Manfred Wolke hat sich nicht an unsere Vereinbarungen gehalten«, stellt Klubchef Kurt Stemplinger fest und verweist auf die Absprache, Maskes Profiübertritt sei eine Ausnahme. Eventuelle weitere Wechsel würden erst nach Spitzenleistungen bei bedeutenden Wettkämpfen wie den Olympischen Spielen erfolgen. »Da diese Abmachung nicht eingehalten wurde, dürfen sie ab sofort auch nicht mehr unsere Einrichtungen beanspruchen«, befiehlt der NVA-Oberst.

Die militärische Anweisung, die sogar mit einer Klage wegen Hausfriedensbruch verbunden wird, falls sie es wagen würden, heimlich die Klubanlage zu betreten, trifft sie wie eine lehrbuchmäßig geschlagene Gerade. Das stets akribisch geplante und durchgeführte Training unterliegt fortan keiner Regelmäßigkeit mehr. Manfred Wolke verliert zudem viel Zeit bei Behördengängen, die notwendig sind, um endlich ein eigenes Domizil zu bekommen. Viel Geduld gilt es aufzubringen, ehe er alle Genehmigungen für den Ausbau der ehemaligen Garage eines DR-Lokschuppens am Frankfurter Personenbahnhof erhält. Der »Laufbursche« ist auch Maurer, Maler und Klempner. »Wir haben zwar die West-Mark«, schimpft der Interims-Bauherr, »doch ansonsten hat sich zumindest an der Oder nichts verändert. Die Handwerker gammeln nach wie vor und halten sich an keinerlei Absprachen.« So legt Wolke selbst mit Hand an. Am 1. Juli

Hoch das Gym – Manfred Wolke, Axel, Henry

möchte er das erste ostdeutsche Profibox-Camp einweihen. Daraus wird nichts. Bis zum 3. September 1990 müssen sie sich mit dem Einzug noch gedulden. Dann sind die Wände weiß getüncht und auf einer Seite mit Spiegeln besetzt. Ausgelegt ist die 6 mal 12 Meter große Mini-Arena mit grasgrünem Fließ. Sie bietet Platz für das Seilquadrat, eine Aufwärm- und Kraftecke. Zwei Sandsäcke baumeln von der Decke, eine Sprossenwand vervollständigt das zweckmäßige Interieur. Klein, aber fein – jetzt können sie ungestört und unabhängig von jedermann trainieren. Nun fallen auch die zeitaufwendigen und gefährlichen Touren nach Düsseldorf weg. Ende Juli war es auf der Autobahn in der Nähe von Magdeburg zu einer Karambolage gekommen. Henry zuckelte mit seiner bayerischen Nobelkarosse Marke BMW hinter einem Trabant her, der mächtigen Dreck aufwirbelte, so daß er im wahrsten Sinne des Wortes keine Durchsicht hatte. Plötzlich bremste der Trabifahrer und scherte unerklärlicherweise auf den Grünstreifen aus. Mit etwa 50 Stundenkilometer fuhr Henry auf den vor der »Pappe« rollenden Wagen auf. Ein Ausweichen sei nicht mehr möglich gewesen, berichtete er leicht benommen. Bis auf eine Prellung aber blieb er unverletzt. Seine Frau und sein gut ein Monat altes Töchterchen Lina kamen mit dem Schrecken davon.

Hochzeitsreise im Trainingsanzug

Die Trainingsreisen zweimal wöchentlich in die Rheinmetropole behalten Maske und Wolke aber auch aus anderen Gründen in zwiespältiger Erinnerung. Zwar stellen sich ihnen dort bereitwillig Partner zum Sparring, ihren Ansprüchen von hartem und intensivem Übungsboxen Mann gegen Mann werden sie allerdings nicht gerecht. Über-

haupt muß das Frankfurter Duo rasch erkennen, daß sich vieles im neuen Metier nicht so darstellt, wie sie es vermutet hatten.
Ende März, wenige Tage nach der Hochzeit mit Manuela, einer gelernten Elektronik-Facharbeiterin, düsen Manfred Wolke und der junge Ehemann erstmals für zwei Wochen auf Geheiß des Managers nach Tampa. In »Safety Harbour«, einem typischen US-Camp, sollen sie die rauhe Profiluft schnuppern. Ihre hochgesteckten Erwartungen bleiben im Land der unbegrenzten Möglichkeiten größtenteils unerfüllt. Zu gern hätten sie gesehen, wie die Elite in der langfristigen Vorbereitung auf einen Weltmeisterschafts-Fight trainiert. Doch dort, wo sie sich aufhalten, beziehen die Champs erst unmittelbar vor dem Kampf Quartier. Mit Ausnahme von John Mugabi, dem olympischen Silbermedaillengewinner von 1980, gibt es keine Kontakte zu anderen Spitzenboxern. Über den farbigen Athleten aus Uganda hält auch Wilfried Sauerland die Hand. Vor ihren Augen verliert der Halbmittelgewichtler gegen den Amerikaner Terry Norris seinen Weltmeistertitel nach Version des World Boxing Council. Eine rechte Gerade an sein Kinn setzt bereits nach 2:47 Minuten das Stoppzeichen.
Auch der zweite US-Trip ins Urlaubsparadies Miami am Jahresbeginn 1991 läßt manchen Wunsch offen. Obwohl sie im Gym des weltberühmten Angelo Dundee, der nicht nur Muhammad Ali und Sugar Ray Leonard zur Weltmeisterschaft führte, gerngesehene Gäste sind. Sparringspartner laufen zwar genügend herum. Aber sie kneifen oder handeln die Runden von acht auf sechs oder vier herunter.

Panne, Premiere, Prognose

Sein Profidebüt sehnt sich Henry Maske regelrecht herbei. Es scheint aber unter einem schlechten Stern zu stehen. Innerlich wünscht er sogar, daß der Termin, Mittwoch, 9. Mai 1990, London, verschoben würde. Die Zweifel am eigenen Können sind stärker als der Glaube an den Erfolg. Erst die katastrophale Vorbereitung, dann verpassen sie auch noch den für den 8. Mai gebuchten Flug. Vergebens warten sie auf einen mitreisenden Journalisten, der im Besitz ihrer Visa-Unterlagen ist. Denn der fährt statt nach Tegel zum Airport Schönefeld. Zwar macht er dort postwendend kehrt und prescht in halsbrecherischer Fahrt quer durch Berlin, doch es nutzt nichts. In Tegel angekommen, können die beiden Wartenden ihm nur noch den Kerosin-Streifen ihres Jets am Horizont zeigen. Sie buchen um, müssen in Düsseldorf umsteigen. Zu den in England obligatorischen Untersuchungen vierundzwanzig Stunden vor einem Kampf, zu Aids-Test und Röntgen des Kopfes sowie zum offiziellen Wiegen kommen sie zu spät. Der Streß am Wettkampftag wird somit noch größer. Doch zuvor ereilt sie eine weitere Panne. In London-Heathrow fehlt das Gepäck. Erst am nächsten Morgen können sie es in Empfang nehmen. Am selben Abend klettert der Nobody erstmals in einen Profiring. Sein gewiefter Manager hat bewußt den Einstand in der englischen Metropole ein bißchen abseits organisiert. In Deutschland wären der Rummel und die Anspannung einfach zu groß gewesen, vermutet Sauerland. Etwa 1900 Zuschauer füllen die Wembley-Grand-Hall. Umgerechnet 135 Mark kosten die besten Plätze in unmittelbarer Nähe des Geschehens. Der britische TV-Sender BBC überträgt live. Maske bestreitet den zweiten Kampf der Veranstaltung. Die Aufwärmphase gerät zu kurz. Maske und Wolke müssen sie abrupt beenden, da der vor-

Sekundensache – Maske gegen Arvizu

Sightseeing in London – der Manager links außen

hergehende Fight nur wenige Minuten währte. Noch nicht in der Arena, hören sie bereits ihren Aufruf »From East Berlin – Henry Mask«, kündigt der Ringsprecher an. Manfred Wolke als Mister Cloud und Coach vorzustellen, vergißt er. Schnellen Schrittes marschieren beide zum Ring. Henry erstmals mit Acht-Unzen-Handschuhen, ohne Kopfschutz und mit freiem Oberkörper. Mit strengen Blicken mustert er seinen ein Jahr älteren Gegner aus Mexiko. Teo Arvizu ist zehn Zentimeter kleiner, unaustrainiert und übergewichtig. Dreißig Kämpfe bestritt er, von denen er neunzehn gewann. Der Gong ertönt zur ersten und zugleich letzten des auf sechs Runden angesetzten Duells. Nach gut einer halben Minute erzielt Maske mit einem Körpertreffer Wirkung. Arvizu, in der Normalauslage boxend, ringt sichtlich nach Luft. Der Neuling setzt nach. Seine zweite Linke trifft als Gerade das rechte Jochbein des hilflosen Mittelamerikaners. Der sackt zusammen. Ringrichter Mark McDonnell zählt bis zehn und erklärt Henry Maske nach 54 Sekunden zum K.-o.-Sieger. Noch ehe er richtige Arbeit abliefern konnte, war schon alles vorbei. Bei keinem seiner 181 Amateurkämpfe hatte er einen Gegner so schnell in die Ecke zurückgeschickt. Auf der Rückfahrt zum Hotel läßt er seine hochschwangere Frau über Autotelefon wissen, daß alles super geklappt hat. Mächtig aufgeregt sei er gewesen, gesteht er bei der mitternächtlichen Plauderei im Hotel. »Ich kannte Arvizu nicht. Und dann war es ein Neubeginn. Wer bleibt da schon gern in den Startlöchern sitzen.« Der Kampf war zu kurz, räumt Manager Sauerland trotz der geglückten Premiere ein. Er hätte gern mehr von seinem neuen Lieblingsathleten gesehen. Sein britischer Freund Mickey Duff, Manager, Promoter und Trainer in Personalunion, tröstet ihn. Mit Henry Maske habe er das Los seines Leben gezogen, das ihm viel Freude bereiten werde. »Ich traue ihm den Griff zur WM-Krone zu«, prophezeit Duff.

London wird auch zum Geburtsort des »Weißen Tigers«. Henry benötige einen Nickname, einen Beinamen, wie er in der Branche üblich ist, um an Profil zu gewinnen, sinniert Manager Sauerland in illustrer Runde. Und er braucht nicht lange nachzudenken. Seit ihrem Florida-Aufenthalt hat sich »The White Tiger« in seinem Kopf festgesetzt. »Bei den Ausflügen zu einem der Freizeitparks bewunderte Henry die etwa fünfzig in freier Wildbahn dort herumlaufenden ›Weißen Tiger‹«, erzählt er. Da sei er auf die Idee mit dem tierischen Kampfnamen gekommen. Wohlwollen löst dieser bei Henry nicht aus. Aber er fügt sich. Doch schon bald werden seine Krallen hart. Er läßt keine Gelegenheit aus, um sich gegen den schlagzeilenträchtigen *Weißen Tiger* zu wehren. Das ungewollte Raubtier-Image legt er so allmählich ab und schlüpft dafür in die ihm auf den Leib geschneiderte Rolle des »Gentleman«. »Keine Frage«, bekennt der Manager später einsichtig, »die Geschichte mit dem *Weißen Tiger* war ein Schuß in den Ofen.«
Dreiundzwanzig Tage nach London folgt die Premiere auf deutschem Boden. Die Philipshalle in Düsseldorf ist mit knapp dreitausend Zuschauern gut gefüllt. Sechs TV-Stationen, so viele, wie seit Jahren nicht mehr bei einer hiesigen Profibox-Veranstaltung, wollen den Vielgepriesenen auf Schritt und Tritt filmen. Der dritte Kampf des Abends steht an. Unter Heavy-Metal-Klängen schreitet Henry Maske in einer ärmellosen Kapuzenjacke aus weißem Frottee mit gesenktem Haupt in die blaue Ringecke. In der »roten« wartet Mike Aubrey, ein vierundzwanzigjähriger Engländer, Zwölfter der britischen Rangliste, mit der Erfahrung von fünfzehn Kämpfen. Der Leichtschwergewichtler ist eine Nummer besser als der Latino Arvizu, startet mit gefährlichen Attacken.

Von seinen Sekundanten Manfred Wolke und George Francis ist das deutsche Greenhorn aber bestens vorbereitet. Fast zu gut, denn nach neunzig Sekunden geht Aubrey durch einen Leberhaken in die Knie. Während des Anzählens durch Ringrichter Norbert Krosch aus Merzenich bremst der Trainer die Angriffslust seines Athleten. Hätte er dies nicht getan, wäre der Mann von der Insel wohl auch schon vor dem Schlußgong der drei Anfangsminuten auf die Bretter gegangen. Aubrey erholt sich, kann in den nächsten Runden die teilweise überhasteten Angriffe abwehren. In der Halle wird es ungewöhnlich ruhig. Allmählich durchbrechen Pfiffe und Buh-Rufe die schläfrige Stille. Sie verstummen auch nicht, als Henry in der sechsten und letzten Runde noch einmal einen Gang zulegt. Der Gegner soll fallen! Es geschieht nicht. Er blutet nur aus der Nase, hat ein zugeschwollenes Auge, mehr nicht. Den meisten ist das zuwenig.

Veilchen zum Jubiläum

Henry Maske läßt die Stimmung kalt. Unbeirrt geht er seinen Weg. Er siegt ohne Unterbrechung, erntet dafür aber nur selten vollen Applaus. Das Verständnis für seinen intellektuellen Boxstil ohne Killerinstinkt wächst nur langsam. Zumeist ist von Fallobst die Rede, das er in die Tasche stecke. Nach den Stationen Berlin, erneut Düsseldorf, wo am 5. Oktober auch Trainingskamerad Axel Schulz einen gelungenen Einstand gibt, noch einmal London und Hamburg beschließt der klare Punktsieg gegen den Engländer Glazz Campbell am 7. Dezember in Berlin, das Debütjahr bei den Profis. Zum ersten Mal steht der Name Maske in der Europa-Rangliste. Als Neuntbester des alten Kontinents und

»Deutschlands Profiboxer 1990« fliegt er nach der Silvesterfeier wieder ins Box-Mekka nach Amerika. Während des gut dreiwöchigen Trainingsaufenthalts kreuzt er in einer Hotelhalle am Strand von Miami mit dem sechsundzwanzig Jahre alten Saleem Muhammed die Fäuste. Trotz Live-Übertragung im Fernsehen säumen fast zweitausend Zu–

Gegenwehr – Yawe Davis verlangt Konzentration

schauer die Ränge. Sie schließen den Fighter from East Germany in ihre Herzen, er avanciert zum Publikumsliebling. Für Henry eigentlich nichts Neues, schon zu Amateurzeiten hörte er bei Auslandsstarts mehr Beifallsbekundungen als bei heimischen Darbietungen. Sein Punktsieg ist ungefährdet. Ernsthaft ins Wanken gerät er im zehnten Kampf, zugleich der erste, der über zehn Runden geht. In der Charlottenburger Sporthalle von Berlin bekommt er am 31. Mai mit dem aus Uganda stammenden und seit fast einem Jahrzehnt in Genua lebenden Yawe Davis den bislang mit Abstand besten Boxer vorgesetzt. Der Weltranglisten-Vierte trifft ihn in der zweiten Runde mit einer harten Rechten am Kopf so gefährlich, daß Schlimmstes zu befürchten ist. Doch Maske übersteht die kritische Phase, und mit einem Endspurt in den beiden Schlußrunden sichert er sich einen hauchdünnen Punkterfolg.

Als souverän dagegen präsentiert er sich bei seiner Premieren-Vorstellung auf altem DDR-Gebiet. In Halle an der Saale, wo ihn das Publikum bei seinen Chemiepokal-Triumphen nicht nur bejubelte, stellt er sich am 12. Oktober dem Amerikaner Mike Peak. Nach 40 Jahren und 202 Tagen erlebt die von hoher Arbeitslosigkeit gezeichnete Chemiearbeiterstadt wieder einen Profiboxabend. Am 24. März 1951, so ist aktenkundig vermerkt, fand im Steintorvarieté vor 3000 Zuschauern die letzte derartige Veranstaltung statt. Um allen Interessierten die Möglichkeit zu geben, mit dabeizusein, entschließen sich Wilfried Sauerland und sein technischer Leiter Jean-Marcel Nartz, Eintrittskarten drukken zu lassen mit einem Preis wie vor fünfundzwanzig Jahren. Über viertausend Tickets sind für zehn bis dreißig Mark erhältlich. Gut zweitausendfünfhundert Menschen pilgern dann auch in die traditionsreiche Eissporthalle und sehen in der 9. Runde einen K.-o.-Sieg von Henry Maske. Nach dem vorzeitigen Kampfende greift der Matador zum Mikrofon des Ringsprechers, verbeugt sich und sagt: »Ihr seid ein tolles Publikum. Wir kommen gern wieder.«

Versprechungen

Doch erst einmal wartet in Paris Darryl Fromm. Der Amerikaner übersteht keine zwei Runden. Auch der englische Ex-

Europameister Tom Collins muß vorzeitig die Segel streichen. Ungewohnt kühl, kontrolliert und beherzt fightet der Filigrantechniker in der Düsseldorfer Philipshalle bei diesem letzten Auftritt 1991 den namhaften Insulaner nieder. Der Vergleich, als Ausscheidung zur Europameisterschaft im Halbschwergewicht apostrophiert, endet in der 8. Runde. Ein Cut über dem rechten Auge wird Collins zum Verhäng-

Henry '92 – Warten auf den Zu-Schlag

nis. Nach dem beeindruckenden Gefecht macht Maske seiner Ungeduld Luft. »Ich möchte endlich einen Titelfight.« Deutlich hörbar über das Mikrofon des Hallensprechers appelliert er an seinen Erzrivalen und Europameister Graciano Rocchigiani: »Rocky, ich will gegen dich um die Europameisterschaft boxen. Kneife nicht.« Die Antwort erfährt er aus der Presse. »Wenn er den Titel will, muß er mich schlagen, und dafür müßte er lange trainieren. Ich glaube, so lange, daß er dann für einen Kampf zu alt wäre. Dem Henry werde ich was auf die Maske hauen, daß das Gequatsche endlich aufhört«, kontert der »Bad Boy« des deutschen Profiboxens.

Der ersehnte Kampf des Jahrzehnts zwischen dem Guten und dem Bösen scheint Wirklichkeit zu werden. Doch erst mal trennt sich Wilfried Sauerland kurz vor Weihnachten nach acht Jahren der Zusammenarbeit von Rocchigiani. Zwei Gründe gebe es dafür, erklärt der Manager. »Grace hatte mir vorgeworfen, daß ich mich zu sehr um Henry kümmere. Außerdem mißfiel mir die plötzliche Absage für seinen EM-Titelkampf am 6. Dezember.« Schließlich hatte Rocchigiani schon einmal einen Kampf um die Europameisterschaft platzen lassen und zum großen Ärgernis von Sauerland im September 1989 seinen Weltmeisterschafts-Gürtel wegen Gewichtsproblemen freiwillig abgelegt. »Ich möchte gegen Henry antreten«, ist vom nur acht Tage älteren Rocchigiani immer wieder zu hören. Termine werden gemacht. Entweder am 28. Februar oder am 13. März 1992 sollen die Giganten in der Berliner Deutschlandhalle beweisen, wer der Bessere ist. Einmal schon wäre es fast zum Kampf Henry gegen Rocky gekommen. Vor elf Jahren beim VII. Internationalen Alexander-Polus-Turnier der Junioren im polnischen Gniezno zogen beide in das Finale ein. Die Auseinandersetzung fiel aber aus, Rocchigiani paßte wegen einer Verletzung. Jetzt liegt ihm ein Börsenangebot von 300 000 Mark vor. Doch er schweigt. Als die Gage auf die Rekordsumme von 500 000 Mark erhöht wird, fordert er das Doppelte. »Das ist unverschämt. Grace will gar nicht gegen Henry antreten«, schimpft Wilfried Sauerland und stellt zu Beginn des neuen Jahres all seine Bemühungen ein. Er werde mit Henry einen anderen Weg beschreiten.

Ein Mann, ein Wort. Am letzten Tag im Januar diktiert er den

Journalisten in die Blöcke, daß Henry am 30. Mai 1992 in Düsseldorf oder Berlin den Weltmeister der International Boxing Federation (IBF), »Prince« Charles Williams aus Amerika, herausfordern wird. Ende Februar liegt der unterschriebene Kampfvertrag vor. Der Termin wird allerdings auf den 27. Juni verschoben. Austragungsstätte soll die Berliner Deutschlandhalle sein. Zur Einstimmung auf das Championat muß Henry noch zwei Bewährungsproben bestehen. Beide Male kann der Musterschüler überzeugen. Leslie Stewart aus Trinidad bekommt am 6. März in der Charlottenburger Sporthalle von Berlin zuerst eine unvergeßliche Lektion. Der dreißigjährige Lateinamerikaner war immerhin 1987 für 104 Tage Weltmeister der World Boxing Association. Aber alte Meriten und die Erfahrung von siebenunddreißig Profikämpfen nutzen nichts. In der siebten Runde trifft ihn ein präziser Leberhaken. Aus. Mit ausdauerndem Beifall verabschieden etwa eintausendneunhundert Zuschauer den Knockouter aus Frankfurt in die Kabine. Auch die vermeintliche Generalprobe einen Monat später in der Düsseldorfer Philipshalle endet vorzeitig. Der äußerst unsauber agierende englische Meister Steve Mc Carthy muß nach neun Runden vorzeitig seinen Job quittieren. »Er war nicht der ideale Vorbereitungspartner«, urteilt der Sieger unzufrieden.

Für den Kampf seiner Träume glaubt er sich trotzdem gut gerüstet.

Petra Zieger

Rocklady mit neuestem Album »Alles drin«, geboren an einem 25. März

Bodenständig, natürlich, gefühlvoll – einfach tolle Leute. Dieser erste Eindruck, den ich 1992 bei einer Benefikation für krebskranke Kinder in Timmendorf von Manuel und Henry gewonnen habe, bestätigt sich immer aufs neue. Wenn wir uns bei Talkshows sehen, gemeinsame Auftritte haben, uns am Ring treffen oder einfach miteinander telefonieren, wir verstehen uns. Ganz sicher, es gibt eine intensive Beziehung zwischen Sport und Musik bei uns beiden. Aber entscheidender ist unser gleiches Verhältnis zu Familie, zu Freunden, zu Menschen. Wenn du mit Henry sprichst, und nicht über Boxen, dann stehen immer seine Frau und seine Kinder im Vordergrund. Du merkst, daß sie es sind, die ihm den Halt geben. Ihm ermöglichen, niveauvoll und mit Würde zu boxen, mit der Gefahr vor dem ›Schlag‹ zu leben. Dieses seelische Gleichgewicht gibt und spart ihm Energie. Er muß Power nicht ständig nach außen tragen, sondern nur im entscheidenden Moment im Ring einsetzen. Wenn du dann Manuela in diesen entscheidenden Situationen erlebst, merkst du, daß sie eine Hälfte von ihm ist. Aufgeregt, als müßte sie ihr Gesicht hinhalten und mit eigenen Fäusten kämpfen. Wer so füreinander fühlt, der denkt auch an andere. Wir haben die Möglichkeit, durch öffentliche Auftritte zu helfen, und wir nutzen sie.

Wilfried Sauerland

Jahrgang '40, Maskes Manager, Promoter, Matchmaker, seit '77 veranstaltet er Boxkämpfe, erste Veranstaltung '80 in Köln

»Henry hat einen faszinierenden sportlichen Ehrgeiz, der ihm Erfolg bringen wird.«
(*Deutsches Sportecho*/30. Mai 1990)

»Der 1. April 1990 war für mich kein Scherz-, sondern ein Glückstag. Er bescherte uns mit Henry endlich wieder eine Boxer-Persönlichkeit. Henry ist ein toller Mensch, mit dem man gut zusammenarbeiten und auf den man sich vor allem verlassen kann.«
(*Junge Welt*/10. Dezember 1990)

»Beim Henry habe ich keine Sekunde die Befürchtung, daß der hier mal abrutschen könnte.«
(*FAZ*/11. Januar 1991)

»Vor zwei Monaten konnten wir Rocky umarmen, jetzt war es Henry; die Zuschauer in Düsseldorf müssen umdenken.« (*Boxsport*/18. Dezember 1991)

»Henry und Axel sind für mich ein Traum, ich dachte nicht, daß es so etwas noch gibt.«
(*Süddeutsche Zeitung*/9. März 1992)

»Henry ist ein kluger Stilist, ein Schachspieler im Ring, der kühl kalkuliert und entschlossen kontert.«
(*Die Woche*/18. März 1993)

»Henry wird mit jedem Kampf ein Stückchen größer.«
(*Märkische Oderzeitung*/21. September 1993)

»Ich bin seit langem davon überzeugt, daß das Berufsboxen nur überleben kann, wenn sich die technische Seite wieder stärker durchsetzt. Und dafür ist Henry ideal.«
(*Junge Welt*/6. Juni 1994)

»Henry und ich liegen auf einer Wellenlänge. Außerdem verbindet uns nicht nur das reine Manager-Boxer-Verhältnis. Wir sind Freunde. Wir treffen uns öfter mal mit den Familien, wir sprechen fast täglich am Telefon eine halbe Stunde. Das Verhältnis Maske/Sauerland ist schon ein bißchen mehr als nur das reine Geschäft.«
(*Westfalen-Blatt*/8. Oktober 1994)

»Eine Niederlage würde Henrys Ehrgeiz noch einmal richtig anstacheln. Solange er immer gewinnt, ist die Gefahr groß, daß er irgendwann keine Lust mehr hat.«
(*Westfalen-Blatt*/8. Oktober 1994)

»Ich glaube, daß es um Henry nie einen Skandal geben wird. Er ist einfach eine bodenständige Person, die sich auch nicht von seiner geraden Linie abbringen läßt. Und ich glaube auch nicht, daß man Negatives in Zukunft von ihm hören wird.«
(*Das Erfolgsportrait*/Januar 1995)

»Ich würde schon sagen, der Henry ist der Boris Becker des Boxens.«
(*Das Erfolgsportrait*/Januar 1995)

Prager Straße

Ringe und Heimvorteil

Der Ausweis

Die glasüberzogene schwarze Schrift auf güldenem Grund verrät mehr als den Namen des Mieters. Wer hier wohnt, will Kinder. Diese Ehe hat ein Oberhaupt, das sie schützt. Familie Henry Maske. Exakt mittig angebracht, nicht zu hoch und nicht zu tief. Das Türschild ist ein Ausweis.

Welchen Spleen haben Sie?

»Genauigkeit.«

Ihr Hauptcharakterzug?

»Ernsthaftigkeit.«

Was bedeutet für Sie Glück?

»Gesundheit in der Familie.«

Vermutlich hätte der Vater die *Kicker*-Fragen gleichlautend beantwortet. Von ihm übernahm Henry auch das Ritual am familiärsten deutschen Fest. Am Morgen des Heiligen Abends schließt er die Wohnzimmertür, wühlt unter Kerzen, Kugeln und Sternen, schmückt den Weihnachtsbaum. Allein. »Ich hab' das von meinem Vater gelernt, daß der Mann das macht, und ich habe es bislang immer getan.«

Familie Henry Maske. Als 1987 der Europameister und Weltcupsieger sein Namensschild in der Prager Straße 34 anschraubt, erwartet ihn, seine Frau Anke und den dreijährigen Steven eine festgefügte Etagengemeinschaft. Maskes passen. Gemeinsam sucht man Pilze in den Wäldern um Müllrose, schippert mit der Weißen Flotte über den Müggelsee, tanzt Aerobic im fünfzehnten Stock oder quatscht auf dem Flur. Ist Henry zu Hause, ist er dabei, lehnt im Tür-

rahmen oder sitzt mit den anderen auf den Schlitten der Kinder.
Den Penthouse-Charakter erhält Maskes Hochhausetage erst 1992. Vier Sommermonate lang modernisiert die Wohnungsgesellschaft. Fenstererneuerung, Heizkörperwechsel und Sanitärumbau machen das Leben in den kleinen Wohnungen zur Qual. Sitzmöbel werden zuerst auf den Flur gestellt. Ein Fernseher folgt. Dann machen kleine Schränke den Eindruck vom Wohnzimmer mit Fahrstuhl komplett. Die Einrichtung überdauert die Rekonstruktion, weil sie die Atmosphäre in jeder Hinsicht verbessert. Ab sofort rauscht kein Jugendlicher mehr mit dem Lift ins oberste Geschoß, um dort in die Ecke zu pinkeln.

Rocky im Neubau

Anke und Steven erleben die Verbesserung nicht mehr mit. Sie ziehen 1989 aus. Henry ist anfangs kopflos und leer, trinkt, nach eigener Aussage, eine Nacht lang. Die Nachbarn merken davon nichts.
»Ich bin ein Typ, der ungern alleine ist.«
Henry läßt diesen Worten Taten folgen. Manuela Sahr zieht in den letzten Stock. Nach der Heirat im März 1990 und der Geburt von Töchterchen Lina im Juni des gleichen Jahres kann das Türschild wieder richtig geputzt werden.
Die Etage schluckt auch die neue Familie Henry Maske. Manuela tritt für Anke in den Frauenkreis. Der Profi lebt weiterhin amateurhaft. Zurückhaltend. Abwartend.
Mitunter auch wartend. Denn selbst für Weltmeister brechen Fahrstühle nicht aus ihrem Trott. Zwei fanden im Gebäudeschacht Platz. Zwei Kabinen für ein kleines Dorf. Für 300 Einwohner nur zwei Wege. Nach oben oder nach unten.

Bringt Henry früh halb acht den Nachwuchs in den Kindergarten, werden auf einem Dutzend anderer Stockwerke Knirpse in ihre Jacken gehievt. Tippelt er in Laufschuhen zum Sechs-Personen-Aufzug, greifen Rentner zur Einkaufstasche. Ruft nachmittags um vier das zweite Training, kommen die ersten zurück. Am Fahrstuhlknopf sind alle Etagen gleichberechtigt. Egal, ob Manfred Wolke, ein Abteilungsleiter, das Arbeitsamt oder gar keiner wartet.
Als im zweiten Nachwendejahr die Männer über eine Schüssel nachdenken, stockt nicht nur den anderen Bewohnern der Atem. Fünfstellig ist der Preis für den gemeinsamen Empfang der Satellitenprogramme. Die luxuriöse Verbindung zum Himmels-TV wird noch in der Planung gekappt. Trotz garantiertem 100 000-DM-Jahressalär schrauben auch die Boxerhände ein billigeres Produkt an die eigene Fassade. Die Lieblingsfilme gibt es eh im Video-Shop. Rocky I bis IV und gleichartige Streifen. Das Bekenntnis gleicht dem Outing eines Callboys. Monologe wie »Schlag ruhig weiter, bis du nicht mehr kannst« seien zwar »unecht, unwahr, erlogen, erstunken«, aber »die Art und Weise, wie ein Mann ein Ziel verfolgt, gefällt mir und motiviert mich«.
Es macht dennoch keinen Sinn, Henry in die Filmwelt des Rocky zu versetzen, ihn sich in einem Schlachthof schnaufend vorzustellen. Seine Handschuhe trommeln nicht auf einen Leib rohen Fleisches. Kein Blut spritzt, wenn er im umgebauten Lokschuppen heißläuft. Nur Schweiß tropft. Henry Maske aus Frankfurt an der Oder gleicht nicht im mindesten seinem Filmhelden Rocky Balboa aus Philadelphia, nicht dem Großmaul Apollo Creed oder anderen fiktiven Gestalten. Während der reale WM-Herausforderer Anthony Hembrick mit der aggressiven Musik von M. C. Hammer aus den Umkleidekatakomben zum Ring stampft, auf dem Fernsehschirm das Zitat »Ich habe eine Ghetto-

Der stolze Vater – Henry und Steven

. . . Henry, Linda und Sara

Mentalität« erscheint, schreitet Henry mit der klassischen Carmina-Burana-Musik zum Streit. Die Bildregie untertitelt: »Ich bin der Mann aus dem Osten, der zeigt, was er kann.«

Saras Wohnung

Maske lebt den Stallone-Van-Damme-Lundgren-Verschnitt inkognito. Versteckt unter Normalbürgergarderobe. Und die ist sportlich – nicht ohne Eleganz, geradlinig – nicht ohne Phantasie, farbenfroh – aber beileibe nicht die eines Paradiesvogels, urteilt das ZDF. Maske selbst schneidert

Ein glückliches Paar – Henry und Manuela

sich Karl Lagerfeld zurecht: »Es gibt kein *out* und kein *in*. Es gibt das, was gefällt, und das ist Mode.«
Die Wohnung im fünfzehnten Stock ist modern möbliert. Trophäen selten. Schon 1986 machte er den entscheidenden Schnitt. Weg mit dem Traditionskabinett aus den eigenen vier Wänden. Über eine Woche fuhren die weniger wichtigen Erfolgsbelege im grauen Trabi spazieren, dann fanden sie im Klub Platz. Die Wohnung muß Entspannung bieten. »Irgendwo will ich auch ein bißchen Privatleben haben, mal abschalten können.«
Der Ruheraum erstreckt sich über 68 Quadratmeter. Betonplatten teilen ihn in drei Zimmer, ein fensterloses Bad und die Küche, die Tageslicht durch Glasscheiben aus dem Wohnzimmer empfängt und dafür den Vorgeschmack auf den Braten abgibt. Hier freuen sich Manuela und Henry auf den weiblichen Nachwuchs, nachdem ihnen der Doktor auf dem Ultraschall das Bild zeigte. Hier fiebert die Hochschwangere mit ihrem Mann, der siebenhundert Kilometer entfernt nach dem Weltmeistergürtel greift. Hierher gehen 43 Minuten nach Mitternacht am 21. März 1993 die ersten Worte des Siegers, der die Reporterfrage übergeht und zuerst seine Frau grüßen will. »Schatz, ich hoffe, du hast dich nicht zu sehr aufgeregt.« Und von hier aus ruft es Henry am ersten Aprilmontag '93 in die Telefonhörer seiner Freunde: »12.35 Uhr – 4000 Gramm – 54 Zentimeter, Sara, ich war dabei und habe geweint.«
Ruhe. Sara ist nur ein Grund, daß die immer öfter gestört wird. »Was gibt's Neues, Henry«, lautet die allgegenwärtige Journalistenfrage am Telefon. Schulkinder klingeln auf dem Weg zum Unterricht nach einem Autogramm. Zwar helfen die Nachbarn bei deren Abwehr, aber das parkende Auto straft sie Lügen. Ein 3er BMW fällt auf im Neubaugebiet …

Familie Henry Maske. Erst im Dezember '94, nach fünffacher Titelverteidigung, schraubt der Profiboxweltmeister sein Schild von der Preßspantür. Die Stadt hat ihrem Ehrenbürger endlich die Ehre erwiesen. Eine rekonstruierte Jugendstilvilla ist gefunden. Vier Maskes beziehen die untere Etage – zur Miete, die ein Sponsor an sich selbst bezahlt. In Fußwegentfernung wohnen weiterhin Manfred Wolke und seine Mitkämpfer, trainieren Amateurcracks und Nachwuchs auf dem früheren ASK-Gelände. Dorthin spazieren könnte Henry wann und mit wem er will. Nichts und niemand hielte ihn auf. Die Stahltore des Bundesleistungszentrums stehen offen, die Loge des Wachhabenden ist verwaist. Einzig die schmutzigen Scheiben vermitteln das Gefühl der Undurchsichtigkeit, das früher dem gesamten umzäunten Areal anhaftete. Jetzt liegen diese Geheimnisse des DDR-Sports blank. Separate, an einem langen Gang wie an einer Perlenschnur aufgereihte Trainingshallen. Für Turner, Handballer, Judoka, Gewichtheber und Boxer. Jede so groß wie die eines mittleren Gymnasiums. Dazu Räume für Physiotherapie und Videotechnik. Die Anlage war geheimsinnig. Von nur zwei Kabuffs an jedem Ende des rechtwinkligen, schmalen Flures konnte der Zugang zu fünf Übungskomplexen gecheckt werden. Radsportler und Schützen benötigten vor ihren Hallen extra Wächter. Heute genügen Schlüssel zur Sicherheit. Dennoch ist Henry hier ein seltener Gast, seit Weggefährten ihm 1990 den Zutritt verwehrten und er mit Manfred Wolke zur Vorbereitung auf den ersten Profikampf seines Lebens kurzerhand umziehen mußte.

»Ich bin ein Mensch, der Sicherheit liebt.« Frankfurt/Oder bietet sie. Hier kann Henry erkannt abtauchen. Er weiß die Menschen zu nehmen und sie ihn. Vom Nachbarn unterscheidet ihn der Kontostand, nicht die Geschichte. Kurzzeitige Umzugspläne nach RTL-Köln sind schnell vom Tisch. Manfred Wolke und Axel Schulz wären wohl auch nicht gefolgt. Der Wohnort 15234 Frankfurt/Oder zieht im August '94 sogar einen Hauptgewinn. Zweihunderttausend Mark schüttet die »Land Brandenburg Lotto GmbH« in Maskes Taschen. Der Beistand von Deutschlands erfolgreichstem Boxer soll zwischen Prignitz, Lausitz und Uckermark zum Tippen animieren. Ein Wohnort im Brandenburgischen ist Vertragsklausel.

Der deutsche Profi hat sich wie der DDR-Amateur verhalten. »Zum Weggehen hatte ich nicht den Mut und nicht die Gründe«, sagt er heute über den Spätsommer '89, als Zehntausende ihre Heimat verließen. Damals band ihn zusätzlich der Fahneneid der Volksarmee, jetzt nur noch der Familienschwur. Für sie das Beste!

Maskes neues Heim

Die Lennéstraße ist es auf Dauer wahrscheinlich nicht. Vier Buslinien brummen unablässig an Maskes Haustür vorbei von einem Neubaugebiet ins andere. Aber die gelbweiße Villa gewährt ihm neben einem neuen einen zauberhaften Blick auf die Oderniederung im Osten und die Vertrautheit im Westen. Die nächste Kaufhalle heißt nach wie vor »Minimal«, die nächste Sparkassenfiliale bleibt die im Sockel seines alten Wohnhochhauses. Aber nur noch beim Müllrausbringen sieht er die Fenster seiner früheren Nachbarn.

Evelin Hentschel

Jahrgang '53, langjährige Nachbarin Maskes in der 15. Etage der Prager Straße 34

Ich finde, Henry verhält sich im Leben wie im Boxring. Wenn die Männer draußen auf der Etage flachsten, startete er selten selbst einen Witz. Aber gekontert hat er vom feinsten. Er konnte immer noch einen obendrauf setzen. Stuß erzählte er dabei nie, jede Pointe saß.

Ich habe ihn auch nie rauchen sehen. Nicht mal aus Spaß in der dicksten Feier.

Und Spaß hatten wir genügend.

Nach seinem Profititel zum Beispiel haben wir uns alle nacheinander den roten Weltmeistergürtel angelegt. Mein Gott, war der schwer. Ich schätze, sieben bis acht Kilo. Das ging immer ›ratsch‹ Klettverschluß auf, ›ratsch‹ Klettverschluß zu, Foto, der nächste.

Olympia '88. Unsere Etage war sich einig, daß wir uns den letzten Kampf gemeinsam auf dem Flur ansehen. Ein Tisch war schnell angeschleppt, auch der Fernseher. Da das Antennenkabel nicht so weit reichte, mußte eine Zimmerantenne herhalten. Den ganzen Kampf über drückten wir uns die Daumen blau. Als

dann das Siegerurteil verkündet wurde, brach ein Jubel los, der dem in der dortigen Halle fast gleichkam.
Als bei Henrys Rückkehr der Sektkorken gegen die Decke knallte und dort einen Fleck hinterließ, mußte dieser natürlich geschmückt werden. So ist heute noch an der Flurdecke zu lesen:

Olympia-Gold
H.M.
1. 10. 88

In der letzten Zeit blieb die Wohnungstür von Manuela und Henry häufiger zu. Kein Wunder bei dem Streß. Denen rannten ja Autogrammjäger und Journalisten die Bude ein. Außerdem brauch-

ten Lisa und Sara ein bißchen Ruhe. Ich weiß noch genau, als Henry nach Saras Geburt – er war ja dabei! – aus der Klinik kam. Der war stolz wie ein Spanier und noch einen halben Meter größer.

Kampf um den Gürtel

Linke Geschichten

Der sonnige Frühling des Jahres ’92 steigert jedwedes Lustempfinden. Maskes Sinn richtet sich nur auf eins: Er will den farbigen »Prince« von seinem hohen Roß boxen, das er seit 1987 mit dem Gürtel des Weltmeisters um den Bauch würdevoll sattelt. Versprochen ist das Duell um den Titel der IBF, der ungeduldige Herausforderer aber erhält einen ersten Dämpfer. Champion Williams hat sich die linke Hand gebrochen, heißt es in den Funksprüchen Anfang Juni aus Übersee. Was tun? In den Urlaub zu fahren ohne Arbeitsergebnis war für ihn immer undenkbar. Doch muß er sich damit abfinden. Schlimmer – schließlich sei er ja nicht mehr der Jüngste und müsse das Geldverdienen sichern, schmollt er.

Vier Wochen nach der verletzungsbedingten Absage gibt der Williams-Stall bekannt, daß der Titelverteidiger dem 2. Oktober als neuem Termin zustimmt. Bis dahin wäre »Prince« Charles Williams mit Sicherheit wieder fit. In den letzten Julitagen kommt aber die nächste Hiobsbotschaft. Williams kabelt, wiederum nicht antreten zu können – die Linke sei noch immer »out of order«. Manager Sauerland ändert umgehend die Kursrichtung und steuert auf die vakante Weltmeisterschaft der World Boxing Association (WBA) zu. Der Amerikaner Frank Tate soll Kontrahent sein, nachdem Virgil Hill einen Fight gegen diesen Landsmann aufgrund einer zu geringen Börse zunächst ablehnte. 100 000 Dollar sind unter der Würde des achtzehn Monate zuvor entthronten WBA-Champions, der 1984 im olympischen Finale gegen Joon Sup Shin unterlag, jenen Südkoreaner, den Henry zwei Jahre später bei der Amateur-Weltmeisterschaft in Reno im Achtelfinale bezwang. Als das Einverständnis von Tate vorliegt, kommt es zu einer erneuten Kehrtwendung. Hill kann sich mit Tate auf bessere Konditionen einigen. Für Henry heißt das: Wieder ein Traum geplatzt. Hill erkämpft sich am 29. September '92 den Titel zurück. Henry steigt derweil im Rahmen der weltberühmten Gegenwartskunstmesse »documenta IX« von Kassel in das Seilquadrat.

Vor anderem Publikum

In der Sporthalle am Königstor stellt sich ihm der Amerikaner Samson Cohen. Nach sechs Runden verkündet Ringsprecher und Kunstliebhaber Andreas Witte dem jungen, avantgardistischen Publikum den achtzehnten Maske-Sieg. Ein Erfolg ohne Glanz. Der Frust sitzt zu tief. Auch deshalb, weil die Manager aus den konkurrierenden deutschen Boxställen in Hamburg und Berlin dem unqualifizierten Berliner Leichtschwergewichtler Ralf Rocchigiani und dem Zweite-Klasse-Fighter Markus Bott aus Hamburg Kämpfe um höchste Weihen im Cruisergewicht organisieren. Der Bruder von Graciano Rocchigiani soll am 2. Oktober in Berlin gegen den Titelverteidiger der World Boxing Organization, Tyrone Booze aus Hartford, seine Chance erhalten. Der norddeutsche Vielredner Bott darf denselben Gegner nach dessen Punkterfolg gegen »Rocky II« im neuen Jahr am 13. Februar in Hamburg herausfordern.
Die »documenta«, die Diskussion über die Beziehung von Kunst und edlem Faustkampf, bewegt Henry trotzdem. Im Mittelpunkt des sportlichen Interesses steht das Duell zwi-

schen Axel Schulz und dem aus Neuwied stammenden ehemaligen Bodybuilder Bernd Friedrich. Der dynamische Blondschopf von der Oder sichert sich die deutsche Schwergewichts-Meisterschaft nach zehn Runden mit 99:92 Punkten und amüsiert sich köstlich, als er vom Chef der »documenta«, dem Belgier Jan Hoet, eine Siegessäule aus Pappmaché mit einem boxenden Schlumpf obendrauf erhält. Auch Henrys strenge Gesichtszüge durchzuckt ein Schmunzeln.

Zwei Wochen später steht er in der Berliner Deutschlandhalle bereits wieder im Seilquadrat. Gegner sind Frankie Minton und die eigene Enttäuschung. Denn eigentlich sollte der 2. Oktober Henrys großer WM-Tag sein. Nun schmückt er den Weltmeisterschaftsabend des Verlierers Ralf Rocchigiani. Henrys eigener Widerpart, Frankie Minton aus Indianapolis, findet schon zu Beginn der 2. Runde nach zwei präzisen, aber nicht sehr harten Rechten an den Kopf keine vertikale Haltung mehr. Mit verbitterter Miene steigt der Gewinner aus dem Ring, als ihm sein Manager versichert, noch in diesem Jahr, am 18. oder 19. Dezember, in Berlin gegen den Weltmeister der WBA, Virgil Hill, antreten zu können.

»Ich hoffe, das war heute tatsächlich mein letzter Kampf vor der WM«, entgegnet Henry mißtrauisch. Sein Wunsch wird sich erfüllen, doch anders.

Kommentare

Der avisierte Dezember-Termin platzt. Nachdem sich Hill einige Videos vom nur »schwer berechenbaren Rechtsausleger« angesehen hatte, erklärt er, die gewichtsklassenübliche Gage von einer halben Million Dollar sei ihm zu gering, um sich in einen deutschen Ring zu stellen. Hills Manager Bill Soerensen, zugleich Bürgermeister von Bismarck im Bundesstaat North Dakota, bietet Maske im Gegenzug 300 000 Dollar, wenn er am 6. Februar in seiner Heimatstadt antreten würde. Eine verlockende Offerte. Bei eigenem Heimvorteil würde Henry lediglich ein Drittel der angepriesenen Summe erhalten. Er weiß aber auch, daß es doppelt schwer wird, in Übersee zu gewinnen. Es kommt zu keiner Einigung. »Danach wäre ich fast durchgedreht«, gesteht Henry ihm später und klagt: »Immer nur hoffen, immer nur trainieren, immer diese brutale psychische Anspannung, immer wieder nur Enttäuschungen, das ist alles äußerst beschissen.«

1992 wollte er unbedingt ganz nach oben; unterm Strich stehen nur fünf Kämpfe, die kaum gefordert haben. Ein verlorenes Jahr ist es trotzdem nicht. Erlebnisse abseits des Boxringes sorgen dafür. Die Medien reißen sich um den Frankfurter, im November frischt er während einer vierzehntägigen Sprachreise nach London seine Englischkenntnisse auf. Der in Paris ansässige TV-Sender »Eurosport« engagiert ihn für den 2. Dezember als Co-Kommentator. Wenn schon nicht selbst Weltmeisterschafts-Lorbeer ernten, sagt er sich, dann wenigstens andere dabei beobachten. Wie den Australier Jeff Harding, der seinen Gürtel des World Boxing Council (WBC) gegen den Amerikaner Dave Vedder in der französischen Hauptstadt erfolgreich verteidigt. Der Trip an die Seine erweist sich im nachhinein als besonders wertvoll, denn 374 Tage später steht er selbst dem US-Boy gegenüber. Nachhaltig setzt sich aber der 7. August in seinem Gedächtnis fest.

Max Schmeling öffnet die Tore zu seinem Grundstück am Sonnenweg 1 in Hollenstedt. Einlaß erhalten die Familien Maske und Wolke, dann Axel Schulz und der hierzulande profilierteste Matchmaker Jean-Marcel Nartz sowie Sepp Scherbauer – journalistischer Wegbegleiter Schmelings seit Jahrzehnten. Er hat das Treffen ermöglicht. Vier Stunden fachsimpeln die Experten an der Kaffeetafel. Henrys Augen leuchten. »Fleißiges, regelmäßiges Training und solider Lebenswandel haben sich fast immer ausgezahlt. Für gute weiße Boxer liegt das Geld auf der Straße«, bestärkt der Schwergewichts-Weltmeister von 1930 und 1931 Maske und Schulz in ihrem Tun. Henry solle sich durch die Absage von Williams nicht entmutigen lassen, macht ihm der vitale Senior Mut. Bei der Verabschiedung schenkt der Sechsund-

Drei Generationen – ein schlagstarkes Quartett: Axel Schulz, Manfred Wolke, Max Schmeling, Henry Maske

achtzigjährige jedem seine »Erinnerungen«, selbstverständlich mit persönlicher Widmung. Die Gäste sind fasziniert. »Ich bin tief beeindruckt von der Persönlichkeit, die der Mensch Max Schmeling auf mich ausgestrahlt hat«, bekennt Henry Maske nach diesem Sommertag.

Sportliches Glück dagegen offeriert erst das neue Jahr. Im vierten Anlauf darf sich der Geselle endlich an seinem Meisterstück versuchen. Zum dritten Mal wird »Prince« Charles Williams als Prüfstein gewählt. Am 18. Januar unterschreiben sie in Düsseldorf den Kontrakt. Die nordrhein-westfälische Landeshauptstadt ist am 20. März auch die Stätte des Examens. Das Gesamtbudget beträgt 1,34 Millionen Mark, inclusive der Börsen. Maskes Kampf ist die bis dato teuerste deutsche Box-Veranstaltung. Die siebenstellige Summe rechnet »Die Woche« nach: 70 000 Mark für die Trainingslager in St. Moritz und Wuppertal, einschließlich der Sparringspartner, 50 000 Mark für PR-Kosten, jeweils 40 000 für Pressekonferenzen und Banketts, Tanzcombo und Hallensprecher sowie für die Hallenmiete, jeweils 30 000 Mark für Werbung und Plakate, Ringrichter und Offizielle sowie die Ausfallversicherung, 10 000 Mark für Wachdienst und Kassenpersonal, 10 0000 Mark für die Börsen der Rahmenkämpfer sowie 900 000 Mark als Salär für den Hauptkampf. Der »Prince« verdient fürstlich, denn Henry muß sich mit einer Gage von 100 000 Mark bescheiden, von der nach Abzug des Manageranteils, des Trainerlohns und der Steuern lediglich ein Fünftel übrigbleiben wird. Doch das Geld ist jetzt nicht das Wichtigste. Er will den prunkvollen Gürtel des Weltmeisters besitzen. Das 650 Dollar wertvolle Stück ist vom Schmuck-Designer Phil Valentino aus Weehawkin in New Jersey gefertigt. Also heißt Henrys oberste Devise jetzt: Raus aus dem Motivationstief und bedingungslos arbeiten.

Höhen und Tiefen

Williams gilt als der Beste aus dem Quartett der Titelträger der vier Weltverbände. Acht Herausforderer rüttelten bislang vergebens an seinem Thron. Die bemerkenswerte Standhaftigkeit kann Henry nicht abschrecken. Er packt seine Sachen und verschwindet für zwei Wochen ins noble St. Moritz. Mit dabei sind Trainer Wolke und Axel Schulz, der nach dem Unentschieden am 19. Dezember im Kampf um die vakante Europameisterschaft gegen den Engländer Henry Akinwande für seinen Wiederholungsfight am 1. Mai Kraft tanken soll. In 1810 Meter Höhe schwitzt und keucht das Trio zweimal täglich durch die Loipen, bis zu 50 Kilometer am Tag. Für die Schönen und Reichen, die durch die zugeschneiten Straßen flanieren, haben sie keinen Blick. Es gilt, die konditionelle Basis zu legen. Dafür verausgabt sich Maske. Seine roten Blutkörperchen sind mit höhenluftigem Sauerstoff prall gefüllt.

Der Countdown läuft nach Plan. Allerdings nur so lange, wie sie unabhängig von anderen ihr Training gestalten. Die Probleme beginnen, als die ersten Sparringspartner im Heimat-Camp eintreffen. Die beiden Amerikaner Willi Edwards und Dino Stewart mögen nette Kerle sein, doch belastungsverträglich, wie es sich die Frankfurter vorstellen, sind sie nicht. Schon nach zehn Tagen bekommen die entkräfteten Burschen kein Bein mehr aus ihren Betten und gestehen: »Wir können nicht mehr.« Sie reisen ab. Zum Sparren bleibt nur noch Axel, der aber fast vierzig Pfund mehr auf die Waage bringt. Die Laune ist dementsprechend mies. Zudem leidet Maskes Frau unter ihrer zweiten Schwangerschaft. Unendlich nerven auch die Medien. Seitdem der Kampf perfekt ist, rennen sie ihm mit Stift oder Mikro die Bude ein. Und nicht zuletzt wurmt es Henry, daß sich vor ihm Markus Bott nach seinem Punktsieg gegen Tyrone Booze mit einem Weltmeisterschafts-Gürtel schmücken kann. »Der Ami war sehr schwach, als Weltmeister lächerlich. Gegen den konnte er gar nicht verlieren«, äußert er gereizt. »Doch Bott ist jetzt Weltmeister, und er hat natürlich recht, wenn er posaunt, Maske muß das erst einmal nachmachen.«

Einbrüche und Diebstahl

Aus dem ausnahmsweise aufregenden Frankfurt reisen Maske, Wolke und Co. am Aschermittwoch '93, etwas eher als vorgesehen, nach Düsseldorf. Sie nehmen Quartier im Norden, in der Villa Viktoria. Für ihr eifriges Schaffen dürfen sie die Trainingseinrichtung der Elberfelder Turngemeinde nutzen. Das baufällige, schwer beheizbare Gebäude mit seinen verdunkelten Fenstern und abgerissenen Vorhängen entspricht keinesfalls ihren Erwartungen. Die schmucklose Betonhalle ist so eisig, daß sie sich Gasöfen besorgen. Auch die beiden neuen amerikanischen Sparringspartner sind kaum besser als ihre Vorgänger. Obwohl mit Cruisergewichtler James Pritchard aus Louisville der Achte der Weltrangliste gegenhält, der in lediglich sieben seiner bis dato 36 Kämpfe den kürzeren zog. »Pritchard ist ein Top-Athlet«, versichert auch der Technische Leiter Jean-Marcel Nartz. »Er verkörpert den Boxstil von Williams, den sogenannten Crouching-Slugger-Stil, bei dem nahezu pausenlos aus allen Lagen geschlagen wird.« Henry vermöbelt Pritchard und Darryl Spain, den zweiten Sparringspartner.

Mit dem Jamaikaner Bruce Scott und dem Engländer Glazz Campbell, den er in seinem siebenten Kampf klar ausge-

Henry in action

punktet hatte, werden zwei neue Partner eingeflogen. Auch sie können nicht die gewünschte Gegenwehr leisten. Allmählich findet sich Henry Maske damit ab.

Der Schock kommt nach dem Frühstück. Als Henry am 2. März die Übungshalle betritt, sucht er vergeblich seine Sportsachen. Erst Ende des Jahres waren Unbekannte ins Camp in Frankfurt eingedrungen und hatten Trainingsutensilien entwendet. Henry ist in Rage, seine Boxhandschuhe und sechs weitere Paar, sein Kopf- und Tiefschutz, seine Boxstiefel, die Tatzen vom Trainer, die Zeitnehmeruhr und einige Kopfschützer sind verschwunden. Die erneut Beraubten vermuten dahinter eine gezielte Aktion. »Das kann kein normaler Diebstahl gewesen sein, denn sonst hätten die Gauner nicht meine alten ausgegurkten Stiefel mitgehen lassen, sondern ungetragene, die auch herumstanden.« Die nagelneuen T-Shirts, der Trainingsanzug und die Sporttasche blieben unangetastet. Das einzig Wertvolle, was er noch besitzt, ist sein Mundschutz. Manfred Wolke erstattet Anzeige bei der Polizei. Ohne Erfolg – die Täter können niemals gestellt werden. 72 Stunden vor dem Showdown lockert sich Henrys permanente Unzufriedenheit.

Der von ihm verehrte Max Schmeling äußert an diesem Tag, »daß Maske den schwierigsten Boxkampf seines Lebens gewinnen wird«. Das Boxidol scheut seit langem die mediale Öffentlichkeit. Doch im Falle Maske beantwortet der rüstige Altmeister gern die Fragen eines Berliner Journalisten. »Maskes Vorteil ist die Rechtsauslage. Es ist ein Greuel für jeden Gegner, wenn er auf solch einen Mann trifft«, meint Schmeling, der seinem »Enkel« ansonsten keine besonderen Tips zum Siegen gibt. »Er weiß, was er will«, sagt Schmeling. »Er wird sich, wie ich seinerzeit auch, den Gegner zwei, drei Runden angucken und dann entscheiden, welche Linie ihm den Erfolg bringt.«

Tägliche Aufmunterungen bekommt Henry per Telefon von Manuela. Allabendlich, unmittelbar nach dem Sandmännchen, klingelt es. Erst ein paar Worte mit Töchterchen Lina, dann nimmt Manuela den Hörer. Über sportliche Probleme reden sie kaum. Damit möchte Henry seine Frau nicht auch noch belasten. Manuela spürt ohnehin, wie angespannt ihr Mann ist. »Er wird es aber packen.« Sie weiß es. »Danach bereiten wir uns auf das nächste Großereignis vor. Am 7. April soll meine Entbindung sein, und der Weltmeister wird mir zur Seite stehen.«

»Maske wird keine Chance haben. Ich werde ihn in der dritten Runde k. o. schlagen und den Titel mit nach Hause nehmen«, tönt »Prince« Charles Williams beim Eintreffen auf dem Düsseldorfer Flughafen eine Woche vor dem Kampf.

Vorgeplänkel – Henry und »Prince« Charles

Seine linke Hand, frohlockt er beim verbalen Schlagabtausch mit seinem sechs Zentimeter größeren Herausforderer, wäre wieder total gesund. In gewohnt sachlicher Manier kontert Henry: »Ich werde den Kampf von oben herab kontrollieren und ihn mit meiner Strategie beherrschen.«
Beim obligatorischen Wiegen am Vorabend in der Sportabteilung des Karstadt-Kaufhauses unterbleiben markige Sprüche. Aus gutem Grund. Williams und seinem Anhang verschlägt es die Sprache, sie glauben ihren Augen nicht zu trauen: Mit 79,9 Kilogramm liegt der »Prince« exakt 522

Gramm über dem geforderten Limit. Gelingt es nicht, diese innerhalb von zwei Stunden abzuschwitzen, muß er den Titel kampflos abtreten. Der Titelinhaber kocht ab und schafft es.
Henry kennt keine Gewichtssorgen – bei 78,9 Kilogramm bleibt die Anzeige stehen. Rasch verschwindet er wieder in seiner Villa. Mit geschwollener Brust läßt derweil sein Manager wissen, daß die Philipshalle bis auf den letzten Platz ausverkauft sei. Die Kartennachfrage sei so überwältigend wie zuletzt bei Karl Mildenbergers legendärer Niederlage am 10. September 1966 im Frankfurter Waldstadion gegen Muhammad Ali.
5600 Zahlende sowie 600 Medienvertreter und Ehrengäste werden die Halle fast zum Bersten bringen. »Alle teuren Karten waren so schnell wie noch nie vergriffen«, freut sich Sauerland. »Und diese hat nicht, wie sonst üblich, das Milieu erworben. Sie gingen an richtige Geschäftsleute.« Die goldbehangenen und solariumgebräunten Typen aus der Halb- und Scheinwelt mit den langen Fönfrisuren und einem Brilli im Ohr räkeln sich an diesem Sonnabend tatsächlich nicht so zahlreich wie gewohnt in den Champagner-Rängen. Sie seien eh nur gekommen, geben einige offen zu, um zu sehen, wie Maske eine aufs Maul kriegt. Sie sehen in dem Ossi noch immer den personifizierten Langweiler, den Technokraten mit Abitur, der keine Massen begeistern kann.

Auf zum Ring

Derart viele Trabanten und Wartburgs verpesteten Düsseldorf noch nie mit Kohlenmonoxyd. Ganze Hundertschaften lenken zum Frühlingsanfang ihre antiquarischen Automobile von der Oder an den Rhein. Jene, die die sechshun-

Vabanquespiel – die ganzseitige Anzeige für den Sieg ist schon seit Tagen fertig

dertfünfzig Kilometer nicht auf harten Federn zurücklegen wollen, nutzen die Bequemlichkeit der Reisebusse. Der auch in Frankfurt an der Oder wohnende Ringer-Olympiasieger Maik Bullmann knüpft die organisatorischen Fäden. Über 400 Fans aus Brandenburg wollen »ihren«, bei den englischen Buchmachern als 1:5 Außenseiter notierten Henry siegen sehen, heizen die Stimmung mit minutenlangen »Henry, Henry«-Sprechchören an. Der Matador vernimmt davon in seinem Aufwärmraum kaum einen Laut. Zu tief hört er in sich hinein. Selbsthypnose. Der entschlossene Blick geht ins Leere. Kleine Schweißperlen befeuchten die Haut. Der Worte zwischen Sportler und Trainer sind genug gewechselt. Die Atmosphäre ist zum Zerreißen gespannt. RTL überträgt bereits live. Die ersten Töne aus Carl Orffs Carmina Burana erklingen. Für Henry und seinen Coach das Signal. Auf diesen Moment hatten sie fast ein Jahr warten müssen. Nun darf Henry endlich sein Können beweisen. Der königsblaue Seidenmantel des Herausforderers glänzt im Scheinwerferlicht. Die Massen johlen, kaum einen hält es mehr auf seinem Platz. Bodyguards brechen Bahn. Eine Woge der Sympathie trägt Henry zum Ort seines Handelns. Akustischer Umschwung, als »Prince« Charles Williams angekündigt wird. Seinen Beinamen, der auch im Reisepaß steht, erdachte sich sein ehemaliger Manager Gerry Stapelton nach dem Lesen der endlosen Story von Prinz Charles und Lady Diana. Unter Pfiffen tänzelt er im paillettenbestickten silbernen Outfit nach dem Rap-Song von L. L. Cool j. »Mama said knock you out« zur Ringmitte. Auf dem rechten Hosenbein ist »Love Jesus« zu lesen, daneben prangt ein schwarzes Kreuz. Williams zappelt ungeduldig, schlägt fortwährend Luftlöcher, Maske scheint in Trance zu sein.

Runde um Runde

Erst als der einundsiebzig Jahre alte amerikanische Ringrichter Allen Rothenberg, ein ehemaliger Jagdflieger, beide nach dem Abspielen der Nationalhymnen zu sich bittet, nehmen sie sich ins Visier.

23.54 Uhr. Der erste Gong. Jeder glaubt an ein vorsichtiges Abtasten – davon kann keine Rede sein. Henry zögert nicht, verschafft sich auf schnellen Beinen und mit häufig präzisen Schlägen Respekt.

Ein Kunstprofessor läßt 2000 Mark ausloben. Doch was mehr zählt: Die Auftaktrunde geht an Maske.

Williams, dem man Dynamitfäuste bescheinigt, wirkt nach siebzehnmonatiger Zwangspause nicht austrainiert. Aber jetzt legt er zu. Mit allen, auch unsauberen Tricks versucht der gefährliche Puncher aus Columbus, den unbequemen Rechtsausleger unter Druck zu setzen. Und er trifft. Henry muß Nehmerqualitäten beweisen. Schrecksekunde nach der zweiten Runde: Aus Henrys linker Augenbraue tropft Blut. Das goldene Händchen des erfahrenen Engländers Dennie Mancini, der Wolke als Sekundant zur Seite gestellt wurde, ist gefragt. Mit einem Mittelchen kann er die Wunde schließen, nach dem Kampf muß sie mit zwei Stichen genäht werden. Selbstbewußt hält Henry an seiner taktischen Linie fest. »Du darfst ihn nicht in den Infight kommen lassen, mußt ihn unentwegt beschäftigen, vor allem mit langen Händen«, hatte ihm der Trainer eingebleut. Henry ergreift die Initiative. Als Williams wiederholt mit dem Kopf voraus auf ihn zumarschiert, wird er verwarnt. So wie Williams die Silberimitate von der Hose bröckeln, fallen seine Chancen auf eine erfolgreiche Titelverteidigung. Der beweglichere Techniker und gescheitere Verteidiger hat den Triumphpfad eingeschlagen. Auch Williams'

»zweite Luft« kann ihn nicht aufhalten, obwohl dieser in den Runden sechs und acht einige gefährliche Aufwärtshaken verbuchen kann. Die leidenschaftlichen Anfeuerungsrufe des Publikums stärken Henry den Rücken, helfen ihm über den Berg. In den folgenden drei mal drei Minuten dominiert er wieder eindeutig. Der als Langweiler Gescholtene wandelt sich zum Entertainer. Nur ein K. o. kann das Frankfurter Konditionswunder noch aus den Titelträumen reißen. Wild entschlossen, alles auf eine Karte zu setzen, stürmt Williams im Schlußdurchgang aus seiner Ecke. Nach gut einer halben Minute schlägt jedoch sein Elan in Resignation um. Er kommt nicht dicht genug an den langarmigen Maske heran, um ihm den »lucky punch« zu verpassen. Der »Prince« steht vor der Entmachtung, sein Nachfolger steigt zum König auf.

Durchgeboxt – Henry ist Weltmeister bei den Profis

0:43 Uhr

Die offizielle Verkündung des Urteils durch Ringsprecher Jochen Hageleit geht nach den Worten: »Der neue Weltmeister im Halbschwergewicht ...« im Jubel unter. Williams steht deprimiert in seiner Ecke. Henry reckt seine rechte Faust geballt in die Höhe. Er ist am Ziel, er hat sich durchgeboxt! Das Punkturteil ist sonnenklar: Der Belgier Marcel Roulox wertete 118:110, der Amerikaner Robert Exton 115:111 und Heinrich Mühmert aus Dinslaken 116:111.

»Werden wie Sugar Ray Leonard«, der amerikanische Mehrfachchampion, hatte der NVA-Oberleutnant beim ersten offiziellen Eingeständnis seiner Profiambitionen am 16. Januar 1990 in der *Jungen Welt* geäußert. Nach Max Schmeling, Eckhard Dagge, Graciano Rocchigiani und Markus Bott erboxt er sich als fünfter Deutscher den Gürtel eines Weltmeisters. Erstmals stellt Deutschland mit ihm und Markus Bott zwei aktuelle Titelträger.

Selbst eingefleischte Kritiker äußern sich anerkennend.

Erschöpft, aber überglücklich, fällt Maske seinem Trainer in die Arme. »Wir haben gemeinsam gewonnen«, bedankt er sich. Manfred Wolkes Augen werden naß. Er schämt sich seiner Tränen nicht.

Schweißgebadet strahlt Manager Wilfried Sauerland übers ganze Gesicht und sprudelt heraus: »Diesmal habe ich einen Champion mit einem klassischen Titel. In den nächsten drei Jahren wird er Millionen scheffeln.«

Im Ring geht es zu wie auf einem Ameisenhaufen. Henry stört dies nicht. Mit seinen feuerroten wulstigen Boxhandschuhen greift er nach dem Telefonhörer, den ihm ein Journalist reicht, und spricht in aller Ruhe mit seiner Frau. »Sie sagte«, berichtet er anschließend, »daß sie sich wohl fühlt und unendlich glücklich ist. Daraufhin entgegnete ich ihr, daß sie mit der Entbindung warten soll, bis ich wieder zu Hause bin.«

Der Weg zur Kabine gestaltet sich zum Triumphmarsch. Ein jeder möchte gratulieren. Autogrammsammler, wo der Blick hinfällt. Kaputt und ausgelaugt schiebt sich Henry durch die Menge. In einer Ecke des drei mal vier Meter großen, fensterlosen Aufwärmraumes fällt er auf einen Stuhl nieder. Der ausgebrannte Körper dürstet nach Wasser. Seine brennenden Fäuste taucht er noch bandagiert in ein Gefäß mit Eiswürfeln. Nach Lösen der Bandagen schauen rund dreißig Journalisten, dazu ein halbes Dutzend sperriger Kameras auf die zerschundenen Hände.

Williams will niemanden sehen. Blutergüsse an Wangen, Hals und Armen werden ihn noch einige Zeit an die schmerzhafte Niederlage erinnern. Am 8. November 1984 hatte er in Indianapolis gegen seinen Landsmann Marvin Johnston zum letzten Mal verloren. Seine zwei Leibwächter haben die Order, keinen in sein Kabuff zu lassen. Sie öffnen erst die Tür, als Kinder von Bekannten klopfen und seinen Namen rufen.

Niemand ahnt, daß sich zeitgleich vor der Halle eine Tragödie mit tödlichem Ausgang abspielt. Auf dem Weg zu seinem Auto, so wird man es am nächsten Tag in der Zeitung lesen, wird der Düsseldorfer Profiboxer Darko Stojanovic, der Zuhälterkreisen angehören soll, bei einer Schießerei auf dem Parkplatz schwer verletzt. Am Nachmittag verstirbt er.

Auskünfte eines Weltmeisters

Die Siegesfeier steigt im Kuppelsaal der Rheinterrassen. Henry läßt sich Zeit. Um 2.33 Uhr schlendert er im neuen

Smoking und mit einer blauen Fliege noch einmal zum Ring, in dem er seine bisher wichtigste Boxprüfung glanzvoll bestand. Den Gürtel trägt der Manager geschultert hinterher. Der Weltmeister verharrt, ungläubig schaut er in die gähnende Leere. Er kann nicht fassen, was er vollbracht hat. Draußen läuft schon der Motor des Wagens, der ihn zu den zweihundert geladenen Partygästen chauffieren soll. Sie empfangen ihn mit überschwenglichen Ovationen. Aus den Lautsprecherboxen dröhnt der Queen-Hit »We are the champions«.

»Laßt mich erst etwas essen«, bittet Maske die ungeduldige Medienschar um Nachsicht. Er bekommt kaum etwas hinunter. Doch auch mit halbleerem Magen ist er bei seinem ersten ausführlichen Interview um keine Antwort verlegen.

Frage: Wie fühlen Sie sich?

Henry Maske: Ich bin total satt, absolut hohl. Der Kampf hat mir physisch und psychisch alles abverlangt. Aufgrund meiner momentanen Schwäche kann ich auch noch nicht richtig einschätzen, was ich eigentlich vollbracht habe. Der riesige Rummel um mich herum unterstreicht wohl am besten meinen Erfolg.

Frage: Haben Sie vor und während des Fights irgendwann an Ihrem Triumph gezweifelt?

Henry Maske: In den letzten Wochen war sicherlich nicht alles toll, trotzdem war ich aber immer irgendwo optimistisch. Seitdem ich boxe, lebe ich auch mit Problemen. Erst haben sie mir zu DDR-Zeiten den Trainer weggenommen, dann lösten sie mich in den achtziger Jahren aus unerklärlichen Gründen als Kapitän der Nationalmannschaft ab ... Doch ich habe stets die Schnauze gehalten und mir gesagt: Junge, ziehe durch, du wirst am Ende der Lachende sein. Zumeist hat das geklappt. Nicht anders habe ich es dieses Mal gemacht, nachdem vieles im Vorfeld anders als vorgestellt verlief. Und es ist wieder alles gutgegangen.

Frage: Wo lagen die kritischen Phasen während des Kampfes?

Henry Maske: Ich mußte in jeder Sekunde voll dasein, hatte allerdings auch keinen Moment, wo ich vielleicht die Kontrolle verloren hätte. Nach der dritten Runde spürte ich bereits, wie er sauer wurde. Darum habe ich ihn auch an mich rangelassen. Er sollte arbeiten, sich ausschlagen, und so konnte ich ihn Stück für Stück aufrollen. Die Aktionen von mir auf den Körper waren energisch und hart, schon die Aufwärtshaken in der zweiten Runde haben gezogen. Da merkte ich, daß er mir ganz anders gegenüberstand, er Respekt vor mir bekam. Meine Taktik ist voll aufgegangen.

Frage: Wie hat der entthronte Champion auf seinen Titelverlust reagiert?

Henry Maske: Mit Stil, eben wie ein Profi. Er hat mich umarmt und mir gratuliert. Dabei sagte er mir, daß ich eine absolute Leistung geboten und einen großen Kampf gemacht habe. Seinen WM-Gürtel, den ich im Ring bekommen hatte, habe ich ihm auch wieder zurückgegeben, denn er darf ihn ja behalten. In den nächsten Tagen werde ich den neuen, meinen ersten eigenen, von der IBF erhalten.

Frage: Hat Sie die Euphorie des Publikums beeindruckt, als Sie in den Ring traten?

Henry Maske: Im Gegenteil – mich hat das völlig kalt gelassen, denn ich hatte den Rummel erwartet. Er hat mich zusätzlich motiviert.

Frage: Leitete Ihr WM-Erfolg eine neue Ära im deutschen Profiboxen ein?

Henry Maske: Davon bin ich überzeugt. Wenn Axel Schulz am 1. Mai noch den EM-Titel im Schwergewicht holt, könnte es hierzulande einen Boom geben, wie einst zu Max Schmelings Zeiten.

Frage: Was wiegt mehr: Ihre Erfolge bei den Amateuren oder der erste Titel bei den Berufsboxern?

Henry Maske: Der bei den Profis ist die Spitze. Ein Olympiasieg ist zwar etwas ganz, ganz traumhaft Schönes, doch bei einer WM wie heute in Düsseldorf stehen über 6000 Zuschauer wie ein Mann hinter dir, Millionen sitzen an den Bildschirmen, das ist einfach Wahnsinn. Und alle warten auf diesen einen Kampf, und da mußt du einfach der Größte sein.

Frage: Seit Ihrem Eintritt ins Profilager mußten Sie und Ihr Trainer wegen Ihres Boxstils und Ihrer Art zu leben viele unschöne Bemerkungen über sich ergehen lassen. Empfanden Sie Ihren Sieg deshalb auch als eine Art Genugtuung?

Henry Maske: Mir ist es egal, was andere über mich denken. Ich gehe meinen Weg, und der ist auf Erfolg ausgerichtet.

Frage: Nach dem Gewinn der Amateur-Weltmeisterschaft am 1. Oktober 1989 hörten Sie letztmals bei einem Wettkampf die Nationalhymne der DDR. Was empfanden Sie, als in der Philipshalle Ihnen zu Ehren erstmals die deutsche Hymne gespielt wurde?

Henry Maske: Wenn du die DDR-Hymne als Sportler gehört hast, ging ein Traum in Erfüllung. Da schmolz alles in dir, diese Augenblicke waren einfach unbeschreiblich. Die heutige Nationalhymne kann ich nur Stück für Stück annehmen. Der oberflächliche Mensch nimmt sie sofort an, doch wer wie ich fühlt, der braucht schon einige Zeit dafür. Ein Kribbeln ist zwar vorhanden, aber das ist noch nicht dieses Bewußtsein, wie es früher war.

Frage: Wie wertvoll ist für Sie Ihr Trainer Manfred Wolke?

Henry Maske: In dieser Hinsicht hatte ich ein unheimliches Glück. Ich bin ein komplizierter Boxer, und er ist ein sehr

B 11789 A

Unser Weltmeister
Sir Henry stieß Prince Charles vom Thron

Düsseldorf – Über 7000 Zuschauer in der Halle, Millionen an den Fernsehern – ganz Deutschland jubelte, als Henry Maske (Frankfurt/Oder) gestern morgen, 0.44 Uhr, einstimmig zum Profi-Boxweltmeister gekürt wurde. Nach einem großen Kampf stieß Sir Henry den amerikanischen Titelverteidiger Prince Charles Williams (USA) …

Schmeling-Prognose erfüllt: Sir Henry auf dem Thron
Der Frankfurter Ausnahmebox…

Leibesübungen ■ die tageszeitung. Montag, 22. März 1993

Henry wird zum Wessi-Held

EXTRA Oderzeitung
Märkische Presse · Brandenburger Zeitung für das Land von Berlin bis zur Oder · Neue Märkische
Sonntag, 21. März 1993

Henry Maske bestieg WM-Thron!
Frankfurter schlug heute morgen in Düsseldorf IBF-Titelträger „Prince" Charles Williams (USA) und ist der fünfte deutsche Profibox-Weltmeister

Henry Maske: Sachlich, intelligent
Neuer Weltmeister im Halbschwergewicht – Dankeschön an Trainer Manfred Wolke

Unser Henry Weltmeister!

Presseecho: Seite 1 für Henry

komplizierter Trainer. Wir haben beide einen äußerst hohen Leistungsanspruch. Was er mir in unseren zwölf Jahren gemeinsamer Arbeit vermittelt hat, war unheimlich wertvoll und einprägsam. Vor kurzem habe ich das erste Mal Kämpfe von ihm gesehen. Und da wurde mir bewußt, daß wir einfach zusammenpassen mußten. Meine Art zu boxen ist eine Vervollkommnung seines früher selbst geprägten Stils. Ich denke, ich bin für ihn ein Sportler, in dem er sich selbst verwirklicht sieht.

Wahnsinn

In dieser Nacht bekommt er kein Auge zu. Der neue Tag kündigt sich an. Maske sehnt sich nach Alleinsein, nach Ruhe. Ein unerfüllbarer Wunsch. Am frühen Sonntagnachmittag treffen der übermüdete, aber freudetrunkene Champion und sein strahlender Trainer in Frankfurt/Oder ein. Ihr erster Weg führt sie geradewegs in die Halle ihres einstigen Armeesportklubs, wo beide vor zwölf Jahren auf Erfolgskurs gingen.

»Hoch soll'n sie leben«, schallt es aus über 1500 Kehlen durch die Arena, in der die Boxstaffeln Brandenburg und Berlin um Bundesliga-Punkte kämpfen. Händeschütteln, Umarmen, Schulterklopfen und Autogrammeschreiben ohne Ende. »Das ist ja die reinste Schwerstarbeit«, stellt der Weltmeister fest. Die Gratulationscour setzt sich abends fort. Im Kongreßhotel lädt Sponsor Travimpex zu einer opulenten Party. Oberbürgermeister Wolfgang Pohl bittet die Helden von Düsseldorf, sich ins Goldene Buch der Stadt einzutragen. Viele Vereinskameraden, Freunde und Bekannte füllen den Saal. Wer nicht kommen konnte, der meldet sich telegrafisch. Wie Brandenburgs Ministerpräsident Manfred

Stolpe oder die wegen Dopingmißbrauch gesperrte Doppel-Weltmeisterin Katrin Krabbe. Sie kabelte nur ein Wort: »Wahnsinn!«

Ein ganz besonderer Zeitgenosse aber meldet sich über ein Tonband: »Lieber Henry Maske. Nun sind Sie Weltmeister geworden. Weltmeister sein ist eine große Verpflichtung. Und ich persönlich freue mich wahnsinnig darüber, daß Sie es geworden sind. Denn niemandem hätte ich es mehr gewünscht als Ihnen, diesen großen Titel zu besitzen. Noch mehr würde ich mich freuen, wenn Sie von den vier derzeitigen Weltmeistern in Ihrer Gewichtsklasse der einzige wären. An dieser Stelle darf ich mich auch gern an Ihren Besuch bei mir in Hollenstedt erinnern. Ich hoffe, daß Sie diesen Besuch recht bald wiederholen. Oder ich werde Sie bald einmal in Frankfurt/Oder besuchen. Alles Gute, mein lieber Henry Maske, und bleiben Sie gesund.«

Henry glaubt seinen Ohren nicht zu trauen. Wie geschockt steht er da, Tränen steigen auf, als er die Sätze von Max Schmeling vernimmt.

Gunnar Meinhardt, der auch die Frankfurter Sportschule besuchte und später als Sportjournalist arbeitet, hatte diese legendäre Aufnahme besorgt. »Dafür bin ich ihm sehr dankbar; denn das war die absolute Krönung eines unvergeßlichen Wochenendes«, sagt Maske.

Kurz vor Mitternacht geht der Weltmeister in die Knie. Total übernächtigt fällt er neben seiner Frau ins Bett. Mit dem Ausschlafen wird es auch in den folgenden Tagen nichts. Das ZDF-Sportstudio möchte ihn haben, in den Talkshows von Alfred Biolek, Margarethe Schreinemakers, Thomas Gottschalk und Wolfgang Lippert soll er auftreten, die Printmedien geben sich die Klinke in die Hand. Eine Freibier-Fete mit den Fans aus nah und fern ist vorgesehen. In der Prager Straße 34 klingelt das Telefon unentwegt. Glückwünsche

Jetzt erst recht – Vorbild für den Nachwuchs

über Glückwünsche erreichen ihn. Getrost könnte er eine Blumenhandlung eröffnen. Er weiß nicht mehr, wohin mit all den Sträußen. Eine Wanne voll verschenkt er an die Hausbewohner. Auch das Zählen der Briefe und Telegramme hat er längst aufgegeben. Junge und alte Menschen aus Ost und West überhäufen ihn mit Komplimenten. Die Familie Kulicke aus dem Oder-Dorf Müllrose widmet ihm gar ein Gedicht mit dem Titel »Ode an Henry«. Vollkommen ist sein Glück aber erst am Sonntag, dem 4. April. Zwei Tage vor dem errechneten Termin schenkt ihm Manuela die zweite Tochter. Am liebsten würde er sich jetzt richtig treiben lassen. Im Sessel sitzen, sich an Musik berauschen, wie an Carl Orffs Carmina Burana oder Songs von Hermann van Veen – das wär's. Zeit für Muße ist aber nicht.

Laut Reglement der International Boxing Federation muß man seinen Titel innerhalb von 120 Tagen pflichtverteidigen. Noch vor Ostern, kündigt der Manager an, wird der Herausforderer feststehen. Das Überraschungs-Ei heißt Anthony »Hollywood« Hembrick. Wiederum in Düsseldorf soll der Amerikaner am 18. Juni der nächste Gegner sein.

Zwischen den Runden

Jan Hoet

Jahrgang '39, belgischer Kunsthistoriker und Museumsdirektor, Chef der »dokumenta IX«

Schon von Kindheit an hat der Boxsport eine eigenartige Faszination auf mich ausgeübt. Ich habe es immer bewundert, wie selbst der Unterlegene, der manchmal schwere Schläge einstecken mußte, dem streng geordneten Ritual eines Boxkampfes bis zum Ende treu bleibt. Darin liegt eine große Souveränität des einzelnen Kämpfers, der über den physischen Schmerz und die aufwallenden Emotionen hinaus einem Regelwerk folgt, welches gegen das Chaos unserer alltäglichen Auseinandersetzungen die Ordnung des Rings setzt. Gerade in einem Sport, der so offensichtlich die Verletzung und Erniedrigung des Gegenübers ermöglichen könnte, findet der Kampf zu einer Form, die den Respekt vor dem Menschen zum Prinzip macht. Henry steht in meinen Augen genau für diese Haltung. Indem er die Echtheit vor die Pose setzt, Taktik und Geschick gegen die Heimtücke, hat er diese Begegnungen im Ring wieder herangeführt an den alten Gedanken vom »edlen Boxsport«, der die reine Form des Kampfes ritualisiert und zum Modell einer menschlichen Ordnung erhebt.

»Boxen ist keine Metapher des Lebens, sondern das Leben selbst«, hat Joyce Carol Oates einmal formuliert. Und gerade weil der Boxer es gelernt hat, absolut auf die Integrität und Fairneß des Gegenübers zu vertrauen, ist er auch immer in Gefahr, außerhalb des Rings Opfer von Manipulationen und den Machenschaften jener »Freunde« zu werden, deren einziger Antrieb der Hunger nach Geld ist. Ich wünsche Henry Maske, daß er sich seine Aufrichtigkeit und Klarheit bewahrt und auch im wachsenden Erfolg ein offenes Auge behält für das, was der Boxsport schon immer verkörpert hat.

Renate Taufmann

Jahrgang '40; seit über 30 Jahren Lehrerin an der Kinder- und Jugendsportschule Frankfurt/Oder. In der Abiturstufe war sie zwei Jahre Henrys Klassenleiterin und Biologielehrerin

Henrys Aussehen nach dem Weltmeisterschaftskampf erinnerte mich sofort an die Schulzeit. Auch damals gelang es ihm, montags nach dem Kampfwochenende so auszusehen wie am Freitag davor. Im Gegensatz zu anderen. Ohne Beulen, Schrammen oder Blessuren oder gar Veilchen.
Ich glaube, er hat irgendwie eine besondere Begabung, die kritischen Situationen zu umgehen.
Begabung zeigte er auch in der Schule. Er hat eine schnelle Auffassungsgabe, war aber kein Streber. Manchmal blendete er sich sogar gedanklich etwas aus, tat dann in der Schule nur das Nötigste. Seine Hausaufgaben jedoch erledigte er immer fleißig. Und davon gab es früher eine Unmenge an der KJS. Schließlich waren die Sportler ja dauernd unterwegs und mußten den gleichen Anforderungen wie an jeder anderen Erweiterten Oberschule genügen.
Wenn ich Henry jetzt in der Sparkasse oder Kaufhalle treffe, reden wir wie früher miteinander. Dabei habe ich den Eindruck gewonnen, daß er sich selbst wundert, wie glatt alles geht. Ich sehe auch all seine Kämpfe. Die damit verdienten Millionen neide ich ihm nicht. Ich weiß, wie hart man dafür arbeiten muß.

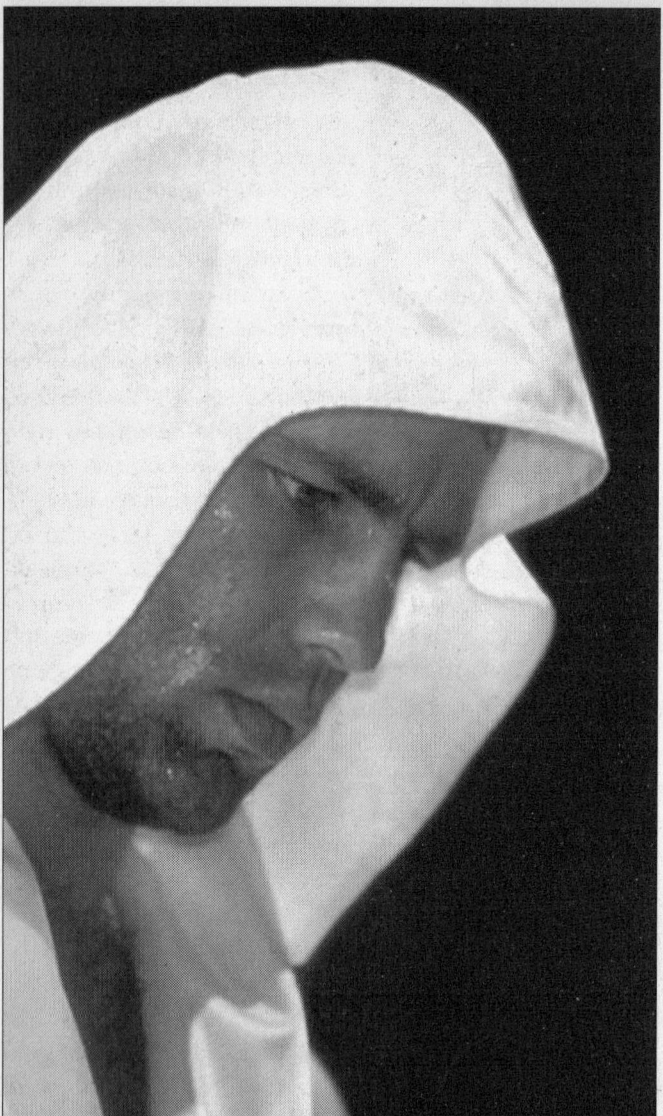

Ein Profi durch und durch

Aus! Vorbei!

Dienstag, 8. Juni, 15.48 Uhr, Fitneß-Zentrum »Body Gym« Bad Neuenahr-Ahrweiler. Die Presse ist zum Training geladen. Dutzende scharen sich um den Flachring, verfolgen gebannt Henrys schweißtreibende Aktivitäten. Bruce Scott, seinem englischen Sparringspartner, fliegen die Fäuste nur so um die Ohren. Doch plötzlich, wie aus heiterem Himmel, erwacht der farbige Brite, schlägt eine pfeilschnelle rechte Gerade direkt auf Henrys Kinn. Reflexartig knickt er zusammen. Blut rinnt aus dem Mundbereich. Das Sparring wird sofort abgebrochen. Wenige Minuten darauf, ohne einen Arzt zu konsultieren, teilt Matchmaker Jean-Marcel Nartz mit: »Aus! Vorbei! Die Titelverteidigung für den 18. Juni muß verschoben werden. Das Risiko ist einfach zu groß, mit dieser Verletzung anzutreten.« Bereits vor zwölf Tagen hatte ihm ebenjener Scott an der inneren Unterlippe eine klaffende Wunde zugefügt. Der Riß wurde mit zwei Stichen genäht, schien gut zu verheilen. Dank eines speziellen Kopfschutzes konnte Henry ohne Unterbrechung weiter an seiner Form feilen. Jetzt ist eine Zwangspause unumgänglich. Der Trainer grollt: »Erst die Niederlage von Axel Schulz gegen Henry Akinwande in der Neuauflage um die Europameisterschaft im Schwergewicht und nun auch noch dieses Malheur.«

Anthony »Hollywood« Hembrick sitzt auf gepackten Koffern, als ihn die schlechte Nachricht erreicht. Mit einem international bekannten Kraftausdruck schreit er sich die Verärgerung von der Seele. Die Abrechnung mit Maske bleibt wieder offen. Neuer Termin: 18. September.

Funker überhört Signale

»Amerikas dümmster Boxer.« Statt goldener Lettern erntet das wegen seiner Showeinlagen und seines gepflegten Äußeren von den Kameraden mit dem Spitznamen »Hollywood« bedachte Talent von den Medien nur Hohn und Spott. Olympiasieger will Hembrick 1988 in Seoul werden. Der Kapitän der US-Staffel gilt als sichere Bank für den Triumph im Halbschwergewicht. Die weltweit auflagenstärkste Sportzeitschrift *Sports Illustrated* widmet ihm in ihrer olympischen Ausgabe die Titelgeschichte. Trainer Hank Johnson wird mit den Worten zitiert: »Niemand kann Anthony schlagen.« Wie wahr! Bei den Spielen boxt sein Schützling überhaupt nicht. Der damals 22 Jahre alte Funker vom 82. Luftwaffen-Stützpunkt in Fort Bragg/North Carolina überhört die Signale seines Weckers, verschläft und verpaßt den Bus, der ihn vom olympischen Dorf zur Boxarena Chamchil bringen soll. Als er mit dem nächsten eintrifft, ist die Karenzzeit verstrichen. Der Südkoreaner Jong-Ho Ha marschiert kampflos ins Achtelfinale, Hembrick ist zum Heulen zumute. Er verflucht Gott und die Welt. Seine sicher geglaubte Goldplakette läßt sich Henry Maske umhängen. Auf ihn wäre er nach der Auslosung erst im Finale getroffen.
Bereits zwei Jahre zuvor verhinderte ein tragischer Umstand ein mögliches Duell Hembrick kontra Maske. Endausscheid für die Weltmeisterschaften in Reno. Einen Tag vor der inneramerikanischen Selektion wird Anthonys jüngerer Bruder Damon in Detroit, wohin sie mit ihrem Vater gezogen waren, als dieser die Mutter verließ, auf offener Straße von

einer Jugendgang durch mehrere Messerstiche ermordet. Der schmerzhafte Verlust lähmt die Explosivität, Anthony unterliegt Darin Allen umstritten nach Punkten. Sein Bezwinger besiegt im letzten Gefecht Henry Maske – wird Weltmeister. Bei den Olympic-Trails für Seoul wiederum scheitert Allen klar an Hembrick ...

Jetzt, so frohlockt der Pechvogel, wäre seine Stunde endlich gekommen. Die Philipshalle ist erneut restlos ausverkauft. Mit einer Gesichtsmaske erscheint der Herausforderer im Ring. Show gehört zum Geschäft. Spaß muß sein – Hembrick wird er aber rasch vergehen. Einmal Verlierer – immer Verlierer. Eine bittere Erkenntnis, sein Loser-Image kann er nicht ablegen. Dabei stemmt er sich mit allen Mitteln dagegen. Einmal will er seinen Gegner mit Catcheinlagen zu Fall zu bringen, das andere Mal attackiert er ihn einem Stier gleich, der auf ein rotes Tuch zurast. Blindlings, konzeptlos, ungestüm – der variantenarme »verrückte Streetfighter« macht Henry die 12-Runden-Titelverteidung unerwartet einfach. Nach Belieben bestimmt er Rhythmus und Tempo

Der ewige Verlierer – Anthony Hembrick

der einseitigen Auseinandersetzung. Maske gehöre zu den außergewöhnlichen Boxern unserer Welt, von seiner Grundtechnik her besitze er alles, was die Großen aus den sechziger und siebziger Jahren vorzuweisen hatten, schwelgt der berühmte Hembrick-Coach Angelo Dundee im Fazit. Lediglich in der sechsten und siebenten Runde droht dem Vielgelobten etwas Gefahr. Die klaffende Augenbrauenverletzung nach einem Kopfstoß bringt ihn von seiner Linie ab. Kurzzeitig, dann hat er die Orientierung wieder gefunden. Nicht zuletzt auch wegen der exzellenten Arbeit von Cut-Man Dannie Mancini, der auf wundersame Weise in Sekundenschnelle die Wunden schließt.

Wunderheiler

Eigentlich wollte Manfred Wolke ihn gar nicht zur Seite haben. In seiner Trainerlaufbahn sammelte er genügend eigene Erfahrungen, um Platzwunden und Prellungen kurzerhand selbst zu verarzten. Vor Henrys erstem Titelfight entspricht er jedoch dem Wunsch seines Managers, der von den Qualitäten eines Dannie Mancinis seit vielen Jahren überzeugt ist. »Mit ihm«, versichert Wilfried Sauerland seinem skeptischen Trainer, »wirst du es leichter haben und dich noch besser auf das Geschehen im Ring konzentrieren können.« Schon nach dem ersten Weltmeisterschaftskampf ist Henry dem Manager unendlich dankbar für seine Empfehlung. Mancini setzt er ein verbales Denkmal. Der kleine, füllige Engländer mit dem listigen Lächeln ist Cut-Man aus Passion – seit über drei Jahrzehnten. Er gehört fraglos zu den Weltbesten seiner Branche. Indiz seiner Tätigkeit ist ein Plastikeimer, den er stets eigenhändig aus dem heimischen London zum Veranstaltungsort mitbringt. So manches Mal gucken die Fluggäste dumm, wenn sie ihn mit seinem ungewöhnlichen Handgepäck auf Reisen gehen sehen. Den vielgefragten einundsechzigjährigen Wunderheiler, der auch als Coach, Manager und Matchmaker kein Unbekannter ist, interessiert dies nicht. Er weiß um die Bedeutung seines Jobs. Von seinen Handgriffen binnen einer Runde des Sekundenzeigers können Titel und Millionenbeträge abhängen. Nichts überläßt er dem Zufall. Die dringend benötigten Utensilien liegen immer griffbereit neben dem Wasserbehälter: ein Eisbeutel, Watte aus Baumwolle, ein Schwämmchen, Q-Tips, reine weiße Vaseline sowie Adrenalin im international vorgeschriebenen Mischungsverhältnis

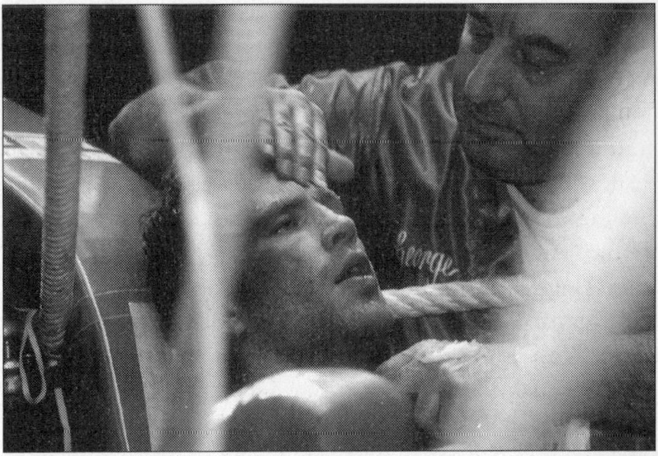

Für Henry unersetzbar – Dannie Mancini

1:1000. »Henry ist ein hellhäutiger Typ und deshalb besonders anfällig für Cuts«, meint »Magic«-Mancini. In den Staaten werden die Spezialisten seiner Art oftmals besser honoriert als die Fighter. Der unentbehrliche »Notarzt« verdient sich keine goldene Nase. Seinen Stammplatz in der Maske-Ecke behält er dennoch. Wie »Wasserträger« Hako. Der szenebekannte Gastronom aus Frankfurt am Main mit dem gutbürgerlichen Namen Hagen Sevecke ist als zweite handlangende Institution an der Seite von Manfred Wolke auch nicht mehr wegzudenken. Der Erfolg hat viele Väter.

1000 Runden

Perfektion in der Ringecke, Perfektion in der Vorbereitung. Für Henry etwas Grundsätzliches, etwas sich periodisch stets Wiederholendes, was er nicht immer mit Lust, aber dafür mit um so größerer Akribie anstrebt. Nicht anders hat er es als Staatsamateur der DDR gelernt. Nur wenn er glaubt, alle Eventualitäten durchdacht zu haben, und glaubt, auf sie vorbereitet zu sein, kann er zuversichtlich in den Ring klettern. Eine winzige Unachtsamkeit reicht, und er stürzt erbarmungslos vom Thron. Eine Welt würde für ihn zusammenbrechen. Tennisstar Boris Becker habe es da viel leichter. »Wenn er heute bei einem Turnier verliert, kann er den gleichen Gegner ein, zwei Wochen später wieder besiegen und steht ganz oben.« Vierzig Stunden pro Woche, vier, fünf, sechs Stunden täglich trainieren, einschließlich Samstag und Sonntag, bedeutet härteste Arbeit. Vergleichbar vielleicht mit den Kumpeln, die sich unter Tage abrackern. Körperlich ganz unten fängt Henry nie an. Auch nach einem Fight hält er sich fit. »Die neue, zielgerichtete Vorbereitung können wir eigentlich immer auf einer relativ hohen Ausgangsbasis beginnen«, erklärt der Trainer. Kraft, Kondition, Schnelligkeit, Ausdauer und Beweglichkeit gilt es gleichermaßen gut auszuprägen. Die Anforderungen an einen erfolgreichen Boxer sind sehr komplex. Wer nicht zwölf Runden auf etwa gleichhohem Tempo gehen könne, sagt Manfred Wolke, werde nie ein Weltklassemann. In der Grundlagenphase quält sich Henry deshalb drei-, viermal pro Woche an den Eisenhanteln und absolviert die gleiche Anzahl Laufeinheiten. Seine Bestzeit über zehn Geländekilometer von knapp unter 38 Minuten ist beachtlich. Die Stadionrunde sprintet er in 56 Sekunden. Zweieinhalb Zentner stehen als Bestwert im Bankdrücken zu Buche. Das befähigt ihn, seinen Punch mit einer Endgeschwindigkeit bis zu 14,4 Meter pro Sekunde, was fast 52 Kilometer pro Stunde entspricht, auf den Gegner niederprasseln zu lassen. Acht bis neun Wochen vor dem nächsten Fight, in der finalen Wettkampf-Vorbereitung, heißt es, die allgemeinen Fähigkeiten in spezielle umzumünzen. Über 1000 Runden im Dreiminutentakt gilt es durchzustehen. Gut 150 im Sparring, die anderen im Seilspringen, am Punchingball, mit Medizinballstoßen oder im Schattenboxen. Videos decken gnadenlos Fehler und Schwächen auf. Henry weiß genau, nicht das vielbeschriebene Talent zu sein, sondern ein Arbeiter, der für seinen Ruhm bedingungslos malochen muß. Nicht nur körperlich. Auch visuell-geistig. Abschalten von seinem Beruf? Für Henry kaum denkbar. Wenn er sich nicht Boxübertragungen im TV ansieht, studiert er seinen Kontrahenten auf Video. »Andere schieben das Problem Gegner weit weg, bis zum Wiegen. Sie kollabieren dann, kommen mit dem Problem nicht mehr klar«, sagt Henry Maske. Er indes beschäftigt sich gedanklich lange vorher damit. »Ich stelle mir vor: Wie wird er auf mich reagieren? Wie wird er sich auf mich eingestellt haben? Wenn er das macht, wie würdest du reagieren, hast du eine Lösung? Vielen ist das zu anstrengend.« Sein Credo ist leicht verständlich: Lieber in den Kampf gehen und feststellen, so schlimm war es gar nicht, als hinterher mit offenem Mund dastehen. Zum Ritus gehört auch, etwa die letzten zwei Wochen fernab von der Familie zu verbringen. Absolute Ruhe als ein Quell für das Sammeln eines Höchstmaßes an Konzentration. Schließlich könne er seinen Kindern nicht sagen: »Ich bin zwar jetzt da, aber ich bin nicht für euch da.« Und trotz aller Gewissenhaftigkeit behauptet der Trainer, daß es den perfekten Maske nicht gäbe. »Boxen ist eine Philosophie, eine Wissenschaft, da gehört eine sehr lange Ausbildung dazu, auch in der Persönlichkeit.«

Gottschalk statt Schmeling

Im Vorfeld auf die zweite Titelverteidigung am 11. Dezember in Düsseldorf wird Maske seiner Maxime selbst untreu. Sechzehn Tage vor dem Duell mit dem neunundzwanzigjährigen Amerikaner Dave Vedder lächelt er in die Kameras bei der Gala in Baden-Baden. Die deutsche Sportjournalisten wählten ihn zum »Sportler des Jahres«. Zwei Tage da-

Gute Wahl – der Weltmeister mit Frau als Sportler des Jahres

nach: Hauptakteur beim ZDF-Quotenrenner »Wetten, daß …«. Öffentliche Auftritte fünf, sechs Wochen vor einem Kampf galten für Henry bislang als Tabu.
Zwanzig Tage vor dem dann geplatzten Hembrick-Kampf bat er selbst sein Idol Max Schmeling um Verständnis, daß er am Pfingstsamstag nicht nach Benneckenstein kommen könne. In dem ostdeutschen Harzkurort hatte »Maxe« einst trainiert, hier wurde er 1936 zum Ehrenbürger ernannt. Mit der deutschen Teilung brachen die Kontakte ab. Vier Jahre nach Öffnung der Mauer sollen sie wiederbelebt werden. Max Schmeling kommt auch in die einstige Grenzgemeinde, sein »Enkel« schwitzt derweil beim Sparring.
Fünf Monate sind seither vergangen. Manfred Wolke schmollt. Er sieht es ganz und gar nicht gern, wenn Henry von einer gesellschaftlichen Verpflichtung zur anderen tingelt. Zumal er sowieso im Trainingsrückstand ist. Wegen einer Angina und vereiterter Mandeln können sie ihre wichtigste Phase der Wettkampfvorbereitung nicht planmäßig beginnen. Mit seinem eisernen Willen glaubt Henry das Versäumte nachzuholen. Er unterliegt einem Trugschluß. Nur gut, daß die boxerischen Fähigkeiten seines Herausforderers aus San Jose begrenzt sind. In asiatischen Kampfsportarten kennt sich Vedder offensichtlich um einiges besser aus. Mitte der zehnten Runde unterläuft der in seinem Hauptberuf als Busfahrer tätige Ex-Karateka eine Gerade des Weltmeisters und befördert ihn mit einem Schwung über die Schultern in hohem Bogen auf den Ringboden. Großes Entsetzen auf den erneut vollbesetzten Rängen. Die regelwidrige Einlage bleibt jedoch Vedders einzige spektakuläre Aktion. Mit makellosem Konterfei, als käme er soeben aus einer Talkshow und nicht von einem Zwölf-Runden-Kampf, präsentierte sich Henry nach der geglückten Titelverteidigung seiner Anhängerschar. »Okay«, gesteht Maske selbstkritsch,

»es mag nicht mein attraktivster Kampf gewesen sein, er beschließt aber mein sportlich bislang erfolgreichstes Jahr.«

Zähne gezeigt

Ernesto Magdaleno, der in 19 Kämpfen ungeschlagene Kraftmeier aus dem kalifornischen Westminster, ist als »Bullfighter« verschrien. Henry ist vor seiner zweiten Pflichtverteidigung am 26. März 1994 ausreichend gewarnt. Die »schludrige« Vorbereitung auf den Vedder-Fight ist abgehakt. Zwölf Tage tanken sie Energie in einem Nobelcamp am Tegernsee. Erstmals heißt es, die Kumpel aus dem Ruhrpott für sich zu gewinnen. 13 000 Zuschauer faßt die Dortmunder Westfalenhalle. Ob auch sie ausverkauft sein wird? Sie ist es. Die ehrliche Arbeit des Heros aus dem Osten magnetisiert. Unter anderem auch Udo Lindenberg. Er produzierte eigens eine limitierte CD: »Fäuste aus Stahl« – Dedicated to Henry Maske.

Härte gegen sich selbst beweist Maske noch unmittelbar vor dieser insgesamt dritten Titelverteidigung. Ein Weisheitszahn beginnt zu rumoren. Und das »Tuckern« läßt nicht nach. Die Erholungspausen im Hotel Lennhof am Stadtrand Dortmunds, wo sich für gewöhnlich auch die Borussen-Fußballer am Abend vor einem Heimspiel einfinden, werden zur Qual. Deswegen vor Mag-

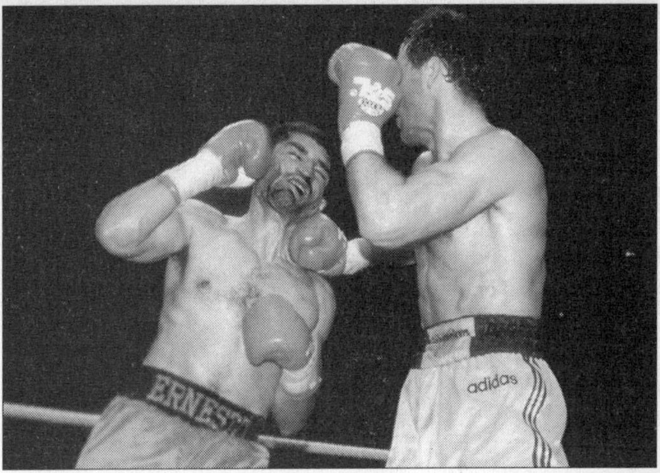

Ein starkes Stück – Henry Maske und Ernesto Magdaleno

Ringseilakrobatik – ein Ende eines starken Stückes

daleno kapitulieren? Niemals! Immerhin winken auch diesmal über 300 000 Mark, womit er die von seinem Manager nach den ersten drei Titelverteidigungen versprochene Million zusammenhätte. Der Ruf nach einem Experten aus der Zahnmedizin ist unabdingbar. Er saugt die Vereiterung aus dem Oberkiefer ab – ohne zu betäuben. Henrys Angst, ein auf der Dopingliste verzeichnetes Mittel gespritzt zu bekommen, ist größer als sein elender Zahnschmerz. Er beißt sich durch. Im Vergleich zu seiner Herausforderung im Ring gewiß ein Klacks.

Der eingebürgerte Latino erweist seinem Nickname »Raging Bull« alle Ehre. Wie ein wilder Stier stürzt sich der einen Kopf kleinere und zwei Jahre ältere »Ernie« mit dem ersten Gongschlag auf Henry. Er teilt aus, ungestüm, so in der fünften Runde, als er einen brutalen Schwinger an Henrys Kopf plazieren konnte. Henry bekommt trotz des Ablegens seiner letzten amateurhaften Zurückhaltung noch einiges mehr ab. Soviel wie in keinem Kampf zuvor. Das meint nicht nur sein Trainer. »Das war ein Fight zwischen einem Klasseboxer und einem Straßenkämpfer«, befand der prominente französische Filmschauspieler Alain Delon, der selbst Boxerfahrungen gesammelt hat. Die vielen rot geschwollenen Stellen im sonst so glatten Gesicht sprechen eine beredte Sprache. Und dennoch: Seine härteste wird zugleich seine kürzeste Titelverteidigung. Magdalenos Schwellung auf dem rechten Auge reduziert das zu einem Sehschlitz. Nach zwei Minuten und vierzehn Sekunden in der neunten Runde klaffte auch eine Wunde unter seiner linken Augenbraue. Auf Anraten von Ringarzt Dr. Stefan Holthusen bricht der amerikanische Ringrichter Sam Williams das Gefecht ab. Flugs steigt Henry in die Seile an einem Ringpfosten, reckt die Arme jubelnd den euphorischen Massen entgegen. Gleiche Gesten wiederholt er in der diagonal entgegengesetzten

Ecke. Das Auskosten des Triumphes, wer will es ihm verdenken, läßt sich der »andere Henry Maske« nicht nehmen.

Bodenberührung

Die Ärzte warnen: Henry müsse kürzertreten. Er verschleiße sich. Doch vorerst schlägt er alle gutgemeinten Ratschläge in den Wind. Die Zeit zum Geldverdienen, gibt er zu, drohe ihm davonzulaufen. Er habe auch kein Gefühl, daß er sich übernehme. Kaum sind seine Blessuren aus der Materialschlacht gegen Magdaleno auskuriert, plagt er sich für die nächste Titelverteidigung – terminiert auf den 4. Juni, wiederum in der Dortmunder Westfalenhalle. Den siebenundzwanzig Jahre alten Italiener Andrea Magi, die Nummer acht der Weltrangliste, hat sein Management als Widerpart auser-

Schrecksekunde – der Weltmeister liegt Magi zu Füßen

koren. Kein Arrivierter, dazu ein Europäer – nicht gerade ein Kassenschlager. Tatsächlich bleiben rund 3000 Plätze unbesetzt. Erstmals ist eine Titelverteidigung nicht ausverkauft. Henry aber plagen andere Sorgen. In seinem rechten Ellenbogen spürt er seit geraumer Zeit heftige Schmerzen. Kleine Knorpelabnutzungen rufen Blockierungen und Muskelverspannungen hervor. Sie lassen nicht nach. Die Unruhe wächst, je näher der Wettkampftag heranrückt. Und wieder stellt sich die Frage: Absagen oder antreten? Es gab Momente, heißt es hinterher, da wollte er tatsächlich passen. Doch die Vision, mit einem erneuten Sieg als erster deutscher Profi den Weltmeistertitel zum vierten Mal zu verteidigen, war zu verlockend. Magi, der tüchtige Geschäftsmann aus dem Adria-Städtchen Pesaro, meinte, Maske mit dem Köpfchen zu schlagen. Ihm fehlten aber die zündenden Ideen – mit zwei Ausnahmen. Sechste Runde: Durch einen Kopfstoß schlitzt er Maskes linkes Augenlid auf. Ein Abbruch droht. Doch wie gut, daß Henry einen Mancini in seiner Ecke hat. Und schließlich Runde zehn: Nach einem rechten Cross zum Kinn findet sich der Weltmeister plötzlich auf dem Hosenboden wieder – Henrys erster unsanfter Umfaller als Profi. (Zuletzt hatte ihn der Niederländer Peter Zwerijnen 1988 bei einem Turnier in Saint Nazaire von den Beinen geholt.) »Eine alte Schwäche«, kommentiert der Trainer den unerwarteten Bodenkontakt seines Athleten mit Verärgerung. »Im Gefühl des sicheren Sieges läßt er in seiner Konzentration nach.« Ebensoschnell wie es ihn in die Waagerechte reißt, steht er wieder senkrecht. Am Ende ist auch dieser 12-Runden-Erfolg ungefährdet. Die Medizinmänner reden Henry trotzdem noch mal ins Gewissen. Jetzt entschieden lauter. Binnen 442 Tagen bestritt er fünf Weltmeisterschaften. Die Terminhatz gehe an seine Substanz. Verschleißerscheinungen blieben auch bei einem so durchtrainierten Athleten wie Henry nicht aus. In der Woche nach dem Gefecht muß er in Köln »unters Messer«. Durch Arthroskopie werden aus dem lädierten Ellenbogen feine Gelenkkörper beseitigt. Der geplante Sommerurlaub kommt wie gerufen.

Stumpfe Klinge

Regenieren, relaxen, einfach alle viere gerade sein lassen. Henry genießt die Zeit mit der Familie. In der letzten Juli-Woche ruft ihn jedoch wieder die Pflicht – dieses Mal aber zum Titelkampf der Modewelt. Ein sechstägiger USA-Trip steht auf dem Plan. Schon interessant, doch auf Dauer zu stressig, stellt der Hobby-Dressman bei seiner Rückkehr genervt fest. Seine Sinne sind längst wieder aufs Boxen fixiert. Über den Pay-TV-Kanal »Premiere« sieht er, wie sich der gebürtige Pole Dariusz »Tiger« Michalczewski vom Hamburger Konkurrenz-Unternehmen am 10. September im Halbschwergewicht den Weltmeistertitel der World Boxing Organization (WBO) durch einen Punktsieg gegen den Amerikaner Leonzer Barber erboxt. Gute drei Monate später läßt er sich in der Hansestadt gegen Nestor Giovannini aus Argentinien durch einen technischen Knockout in der zehnten Runde als erster Deutscher einen zweiten Gürtel umschnallen. Diesmal im Leichtschwergewicht der WBO. Michalczewskis ersten Triumph kommentiert Maske wohlwollend: »Das ist gut fürs deutsche Profiboxen, denn dadurch wird es populärer. Jetzt richten sich die Blicke nicht mehr nur auf mich allein.« Zu diesem Zeitpunkt sind mit dem 8. Oktober im westfälischen Halle Zeit und Ort für seine fünfte Titelverteidigung bereits gebucht – und noch ehe sein Gegner feststeht, ist die vom Modemacher Gerhard Weber

Vorzeitiges Aus – schon zu spät für Iran Barkley?

für 100 Millionen Mark errichtete Tennis-Arena auch schon nahezu ausverkauft. Ende August wird der Name des Herausforderers publik. Er verspricht Klasse: Iran »Blade« Barkley, 1960 geboren im legendären New Yorker Stadtteil Bronx, aufgewachsen in Brooklyn, gilt als unerschrockener »Brawler«. Der Hauer legte unter anderem seinen Landsmann Thomas Hearns flach, von seinen zweiundvierzig Kämpfen gingen einige in die Geschichte ein. Dreimal hat er sich den Weltmeister-Gürtel umlegen lassen. Selbstredend möchte er dieses Erlebnis nun zum vierten Mal auskosten. Doch die »Klinge« ist stumpf geworden. Die zwei Operationen an der Netzhaut des linken Auges haben seinen Blick eher getrübt denn geschärft. Nicht alle der 13 400 Zuschauer können sich bei empfindlicher Abendkühle an der einseitigen Auseinandersetzung erwärmen. Obwohl eine gigantische hollywoodreife Lasershow auf das Spektakel einstimmt. Auch Henrys neue Antrittsmusik, das gregorianisch-angepoppte »Conquest of Paradise« vom Griechen Vangelis geht unter die Haut. Michael Schumacher, der wenige Wochen später als erster Deutscher die Formel 1 gewinnt, ist begeistert. Erstmals erlebt er einen Boxkampf live. Henry läßt von der ersten Minute an keinen Zweifel aufkommen, wer Herr im Ring ist. Immer und immer wieder malträtiert er mit seiner explosiven Linken den kahlgeschorenen Amerikaner. In der zweiten Runde platzt dessen Unterlippe auf, ab der fünften schwellen die Augen zu. Nur noch instinktiv hält es Barkley auf den Beinen. Nach der neunten Runde setzt Ringrichter Robert Ferrara aus Tucson, Arizona, das Stoppzeichen. Eigentlich zu spät. Tom Virgits, Trainer des völlig zerstörten Ex-Weltmeisters, urteilte anerkennend: »Ich habe Maske in vielen Videoaufzeichnungen gesehen, doch in Wirklichkeit ist er noch viel besser. Es sieht so aus, als wäre Henry leicht zu treffen, aber keiner schafft es.«

Hattrick

Egerton Tobias Marcus tritt als sechster Herausforderer an, um Maske den Nimbus der Unbesiegbarkeit zu nehmen. Am 11. Februar des neuen Jahres will er in der Festhalle von Frankfurt am Main der Strahlemann sein. Beide kennen sich genau. Zweimal schon kreuzten sich bei den Amateuren ihre Wege. Doch zum ersten Mal wird Manfred Wolke in Maskes Ringecke sitzen. In Berlin 1986 wurde er von Dietrich Bleck sekundiert. Beim Olympiasieg in Seoul halfen DDR-Chefcoach Günter Debert sowie der Hallenser Boxlehrer Jürgen Witte.

Wolke beschleicht ein ungutes Gefühl. »Alle sagen, Marcus ist so stark. Doch im Video erkenne ich seine Stärken nicht«,

Im Versuchsstadium – Egerton Marcus in Seoul und in Frankfurt am Main

grübelt er. Irgendwelche gute Fähigkeiten müsse der ein Jahr jüngere und einen Kopf kleinere Normalausleger doch besitzen. Ansonsten wäre er nicht die Nummer eins der Weltrangliste. Seine Bilanz weist nach vierzehn Kämpfen noch keine Niederlage auf. Mit seinem Mundwerk unterscheidet sich Marcus nicht wesentlich von seinen gedemütigten Vorgängern. »Ich werde siegen«, verkündet er. »Denn diesmal kann ich ihn mit zwei Fäusten bekämpfen.« Damit spielt der in Guayana gebürtige Kanadier auf die Verletzung bei Olympia an. Henry hält sich wie immer mit Worten zurück. Er ahnt aber, daß ihn keine Streicheleinheiten erwarten. Bedingungsloser als je zuvor unterwirft er sich deshalb den Trainingstorturen. Sie lassen sich etwas leichter ertragen, als definitiv feststeht, daß Axel Schulz am 22. April in Las Vegas Schwergewichts-Weltmeister George Foreman herausfordern darf.
»Diese Geschichte stachelt auch mich noch mal zusätzlich an«, gibt er zu. Für Axel freue er sich, denn das sei die Chance seines Lebens. »Ich traue ihm zu, daß er sie nutzt.«

Vorher muß Maske seinen Mann stehen – im 250. Kampf um die Halbschwergewichts-Weltmeisterschaft der Geschichte. 9200 Leute haben auf dem Schwarzmarkt zum Teil das Drei- und Vierfache bezahlt, um glückliche Besitzer eines Tickets zu werden. Eintausend und mehr Mark blätterten sie hin. Sie wollen nur den einen sehen – oder dabei gesehen werden. Dabei hat auch Marcus mit seinem makellos modellierten Körper und seinen streichholzkurzen Rasta-Locken einiges zu bieten. Siegentschlossen attackiert der BAD BOY, wie auf seinen schwarzen Boxershorts steht, den sichtlich konsternierten Weltmeister. Eine Runde, zwei Runden. »So explosiv begann noch keiner«, staunt Henry im nachhinein. Er versucht lediglich, sich den Gegner mit seiner rechten

Die Frage: Wer kann ihnen den Gürtel nehmen?

Führhand vom Leibe zu halten. Doch schon in der dritten Runde leitet er die Wende ein. Minute für Minute bekommt er Marcus besser unter Kontrolle. Mit seiner Rechten trifft er oft am Kopf, mit der Linken kontert er auf den Körper. Stück für Stück zwingt er ihm auf unnachahmlich eindrucksvolle Weise seinen Geist auf. Ab der fünften Runde beginnt Marcus an der boxerischen Intelligenz von Maske zu verzweifeln, nimmt dessen Stil an. »Das war ein entscheidender taktischer Fehler«, schimpft Trainer Lou Duva. Sein Schützling gerät endgültig auf die Verliererstraße. Marcus' Angriffe werden unkontrolliert und unsauber, den Kopf hält er oft zu tief. Ein Aufwärtshaken an den Kopf, Ende der siebenten Runde, befördert ihn zu Boden. Marcus' letzte Moral ist gebrochen. Er spekuliert nur noch auf die K.-o-Lösung – bis zur letzten Sekunde der sechsunddreißig reinen Kampfminuten. Doch vergebens.

Marcus hatte alles gegeben, konnte nicht einmal zur Pressekonferenz kommen. Er war dehydriert – ausgetrocknet, mußte sich beim Trinken in der Kabine übergeben. »Das war ein Schulbeispiel dafür, wie der Geist das Boxen bestimmt«, resümiert Wolke zufrieden. Sein Musterschüler läßt sich die brillante Darbietung mit rund einer Million Mark honorieren. Nach dieser Meisterleistung stellt sich nur eine Frage: Welcher Mensch mit einem Körpergewicht bis 79,378 Kilogramm auf dieser Welt kann Henry Maske schlagen? *The Ring*, das älteste und renommierteste Boxmagazin der USA, schreibt: »Maskes schwieriger Rechtsausleger-Stil, kombiniert mit dem Heimvorteil, könnte dazu führen, daß er bis ans Ende des Jahrhunderts amtiert.«

Sabine Weber (Mio)

Nummerngirl bei mehreren Boxweltmeisterschaften, Model (unter anderem »limited girl« bei der Fernsehshow »Mann-oh-Mann«) und Diplom-Sozialpädagogin, Jahrgang '71

Insgesamt 14mal bin ich zu Henry in den Ring geklettert, bei fünf WM-Kämpfen haben wir uns Tür an Tür umgezogen, und dennoch – da bin ich mir sicher – würde mich Henry nicht wiedererkennen. Denn auf dem Weg in den Ring, vor dem Kampfbeginn generell, sieht er nicht, was er sieht. Eine unsichtbare Haube läßt ihn nichts wahrnehmen. Sein Blick ist abwesend, nicht auf einen Punkt gerichtet, das Gesicht regungslos, aber nicht starr. Erst mit dem Gongschlag scheint er zu erwachen.

Beim Gang mit der Zifferntafel durch den Ring – immer schön entgegen dem Uhrzeigersinn, immer mit anderer Gaderobe, nicht zuviel und nicht zuwenig geschminkt – habe ich in der Regel die ersten Reihen im Blick. Ich finde, die Anzahl der wirklichen Promis hat nach dem Sieg über »Prince« Charles Williams beständig zugenommen. Besonders gefreut habe ich mich über das Augenzwinkern von Alain Delon. Trotz dieser Fixierung bekommst du natürlich mit, was in beiden Ecken abläuft, registrierst Veränderungen im Vergleich zu vorangegangenen Runden. Denn die Runden verpaßt du ja durch das Umziehen. In Henrys blauer Ecke habe ich nie Hektik erlebt.

Manfred Wolkes Stimme ist immer ruhig bestimmt, bei Dannie Mancini sitzt jeder Handgriff. Und eine Minute Pause kann sehr, sehr kurz sein. Eine Kollegin hatte sich mal verschätzt und ist mit Ach und Krach nach dem Rundengong noch durch die Seile entronnen.

Während einer meiner Runden rief einmal jemand aus den hinteren Reihen: »Ich liebe dich!« Als ich daraufhin in diese Richtung winkte, tobte die ganze Halle. Es muß für Henry ein geniales Gefühl sein, mit einer winzigen Bewegung bei Tausenden eine Reaktion auszulösen. Denn das Publikum fängt jede Emotion auf und gibt sie explosionsartig zurück.

Jens Weißflog

Skispringer, Jahrgang '64, mehrfacher Olympiasieger und Weltmeister

Eigentlich kenne ich Henry persönlich kaum – und dennoch muß ich sagen, zwischen uns besteht ein durch Achtung geprägtes Verhältnis. Mir hat schon imponiert, welche Mühen er unternommen hat, um mir nach den Olympiasiegen in Lillehammer seinen speziellen Glückwunsch übermitteln zu lassen.
Ich selbst versuche, jeden seiner Titelkämpfe am Fernseher zu verfolgen. Den Fight gegen Barkley sahen wir sogar im Nationalteam während eines Trainingslagers im Spreewald. Vor allem die Ostdeutschen fieberten regelrecht mit. Es gibt zwar keine unmittelbare Verbindung zwischen Boxen und Skispringen, aber beides sind Extremsportarten. Das Risiko ist nur kalkulierbar, solange du auch nicht für den Bruchteil einer Sekunde die Aufmerksamkeit verlierst. Sonst lauern Sturz und Niederschlag.
Zu DDR-Zeiten hatten wir Oberwiesenthaler Skispringer einen guten Kontakt zu den Schweriner Boxern. Sie trainierten am Fichtelberg, und wir wohnten während unserer Vorbereitungslager im Internat ihrer Kinder- und Jugendsportschule. Leider hat sich dieser Kontakt verloren. Wie ich überhaupt sagen muß, daß mein Interesse an den Leistungen anderer Sportarten zurückging. Mir fehlt einfach die Zeit. Henry ist mittlerweile einer von wenigen, deren Entwicklung ich beständig im Blick habe.
Viel Erfolg!

Die deutsche Weltmeisterschaft

Frühjahre

Die Welt schreibt den 14. Mai 1908, als sich mit Rudi Unholz zum ersten Mal ein deutscher Boxer anschickt, Weltmeister zu werden. Das Vorhaben mißlingt. Der amerikanische Leichtgewichtler Joe Gans ist ein zu schwerer Brocken. Die erste Boxkrone für Deutschland holt erst 22 Jahre später Max Schmeling mit seinem Frühlingsauftritt gegen Jack Sharkey in New York. Auch die nächsten Weltmeistertitel werden im II. Quartal erkauft. Am 25. März 1938 siegt Adolph Heuser und am 17. Juni 1976 Eckhard Dagge. Die Frühjahrsserie bricht erst René Weller. Der Pforzheimer greift an einem Oktobertag 1983 nach dem Gürtel. Wenn auch in einem unbedeutenden Verband, so ist er doch vierter deutscher Profiweltmeister.

Das kalendarische Frühjahr 1994 soll nun wieder zu einem boxerischen Frühling reifen. Premiere in der Geschichte des professionellen Faustkampfes: Ein Deutscher fordert einen gekrönten Landsmann – das ist die Maßgabe des Vertrages, der am 29. März im Berliner Hotel Interconti unterschriftsreif vorliegt. Henry Maske contra Graciano Rocchigiani. Mit der Rekordbörse von 1,6 Millionen Mark für den Weltmeister soll der Megafight für den 4. Juni festgemacht werden. Henry Maske, Trainer Manfred Wolke und Manager Wilfried Sauerland finden sich an diesem Märztag pünktlich um 16.00 Uhr zur Vertragsunterzeichnung ein. Der Medienrummel ist enorm. Wer fehlt – Rocchigiani. Sein Manager Klaus-Peter Kohl vertröstet die ungeduldig War-

tenden. Es vergehen fünf, zehn, fünfzehn Minuten. Plötzlich heißt es, »Rocky« ist da. Doch in den Saal eintreten will er nicht. Er verbleibt in der Lobby und läßt über Kohl ausrichten, daß er gegen Maske zwar boxen möchte, aber nicht um den Titel, um so die für einen Weltmeisterschaftskampf üblichen Optionen zu umgehen. Im Falle eines Titelgewinns müßte er laut Vertrag nämlich noch mindestens einmal unter der Regie seines Ex-Managers Sauerland antreten, und das will Rocchigiani zu diesem Zeitpunkt partout nicht. Überdies scheint der eigenwillige Fighter an einen Triumph gegen Maske auch nicht so recht zu glauben. Sonst hätte er den »Gentleman« in den Ring geholt, als dieser noch mit dem Beinamen »Weißer Tiger« kämpfte. Sein ewig demonstriertes Selbstvertrauen muß zudem einen herben Knacks erlitten haben, nachdem er am 5. Februar in Berlin gegen Titelverteidiger Chris Eubank aus England im Weltmeisterschaftskampf des Supermittelgewichts erstmals in siebenunddreißig Vergleichen den kürzeren gezogen hatte – wenn auch umstritten.
»Um hochzukommen«, sagt Henry in seltener Deutlichkeit über seinen potentiellen Gegner, »wollte ich gegen ihn boxen, aber er hat mich am langen Arm stehen lassen. Und heute brauche ich ihn nicht mehr ... Ich bin Weltmeister. Ich mache den Kampf nur des Geldes wegen, da steckt 'ne Menge drin. Deutschland interessiert sich für diesen Kampf. Da kann man vieles klarer und populärer machen, aber dieser Kampf bringt mich in vielen Fragen nicht weiter.« Die Unterzeichnung platzt. Manager Sauerland grollt unüberhörbar nach dieser unliebsamen Episode. Im Fernsehen heißt es am Abend, Graciano kneife. Ein Feigling zu sein, trifft das Enfant terrible ins Mark. Wenige Stunden später bereut »Rocky« seinen Blackout und läßt mitteilen, daß er alle Bedingungen für einen Kampf gegen Maske akzeptiere. Sau-

erland reagiert jedoch vergnatzt: »Jetzt muß sich Graciano wieder hinten anstellen.«

Neuer Kampf – neue Kämpfe

Der Sommer geht ins Land, der Herbst zählt seine letzten Tage. Weihnachten steht vor der Tür. Da beginnen Wilfried Sauerland, hocherfreut nach drei Maske-Weltmeisterschaften 1994, und Graciano Rocchigiani, noch gezeichnet von seinem unentschieden endenden Duell im Supermittelgewicht gegen Europameister Frederic Sellier aus Frankreich, das Überraschungspäckchen erneut zu schnüren. Konspirativ, versteht sich. Dringt auch nur ein Mucks darüber vor Henrys nächster Pflichtverteidigung im Februar 1995 an die Öffentlichkeit, falle die Bescherung aus, warnt der Macher. Die Schweigepflicht einzuhalten fällt dem Klienten leicht. Zum einen will Rocchigiani am 6. Januar, also am 31. Maske-Geburtstag, die langjährige Freundin Christine heiraten, steckt mithin in den Vorbereitungen, zum anderen möchte er sich nicht durch eigene Dummheit den lohnendsten Zahltag seines Lebens noch einmal vermasseln. Am 11. Februar wird er nach eigenem Geständnis sogar für Stunden zum Maske-Fan mutieren. Schließlich darf er nur bei dessen erfolgreicher Gürtelverteidigung gegen Marcus auch mit Henry die Fäuste kreuzen.

Daß in der zweiten Woche des neuen Jahres nicht nur die Boulevardblätter in dicken Lettern den geheimen Sauerland- Coup offenlegen, geht denn auch nicht auf »Rockys« Konto. Wer tratscht, ist sein Trainer Wolfgang Wilke. Die Lunte, die er damit legt, entflammt sofort. Vor allem das Gemüt von Rocchigianis Manager Klaus-Peter Kohl erhitzt sich heftig. Der betuchte 50jährige Hamburger Kaufmann, der seine Millionen mit Immobilien, Spielhallen und in der Gastronomie verdient, sperrt sich dagegen, daß sein zweites Zugpferd neben Dariusz Michalczewski unter der Regie seines ärgsten deutschen Manager-Konkurrenten und damit bei RTL boxt. Mit allen legalen und illegalen Mitteln trachtet er danach, den Fight selbst unter der Ägide seines TV-Vertragspartners »Premiere« zu veranstalten. Als ersten Köder bietet er den beiden Matadoren höhere Gagen als Sauerland. Maske soll 2,1 Millionen Mark brutto erhalten. Bei Rocchigiani packt er auf die versprochenen 1,15 Millionen Mark plus Mehrwertsteuer noch einhunderttausend drauf. Doch weder der Weltmeister noch der Herausforderer beißen an. Rocchigiani läßt sich auch nicht umstimmen, als ihm Klaus-Peter Kohl Mitte Februar gar ein auf den ersten Blick verlockendes 4,1 Millionen-Mark-Angebot unterbreitet. Die Summe würde er für die kommenden fünf Kämpfe erhalten. Kohls Geschäftsführer Peter Hanraths rechnet vor: »Zuerst soll es am 29. April in der Berliner Waldbühne zur Revanche mit Chris Eubank kommen. Dafür bieten wir Graciano eine Million. Wird er Weltmeister, erhält er für die dann möglichen drei freiwilligen Titelverteidigungen je 700 000 Mark und für den nächsten Pflichtkampf noch mal eine Million«. Der Hamburger »Universum Boxstall« offeriert weitere finanziell lukrativ erscheinende Alternativen, aber »Rocky« bleibt stur. Er will nur gegen Maske antreten! Dafür würde er sogar aus seinem Vertrag mit Klaus-Peter Kohl aussteigen. Allmählich nämlich öffnen sich seine Augen, und auch er erkennt, daß sein Manager keinerlei Interesse an der ersten deutschen Weltmeisterschaft hegt.

Als Wilfried Sauerland im Februar seinen früheren Kompagnon und nunmehrigen Widersacher Klaus-Peter Kohl ultimativ auffordert, sich bis zum 25. des Monats zu entscheiden, hat sich Rocchigiani längst mit dem prominenten Berliner Anwalt Hans-Joachim Rust über die Modalitäten einer Vertragsauflösung verständigt. Dieser betont zwar in der Folgezeit wiederholt, daß es wahrlich am sinnvollsten wäre, wenn sich die Manager und die beiden Fernsehsender auf vernünftiger Basis einigen würden, doch da dies zumindest in Norddeutschland keiner zur Kenntnis nehmen will, kommt es, wie es nach »Rockys« Ansinnen kommen muß. Am Vormittag des 4. März kündigt der Ex-Weltmeister sein eigentlich bis zum Jahresende festgeschriebenes Arbeitsrechtsverhältnis fristlos, um 24 Stunden später im Berliner Hotel Hamburg vor den Kameras von RTL sowie im Beisein seines Anwalts und des Technischen Leiters der Sauerland-Promotion, Jean-Marcel Nartz, den Kontrakt für einen Kampf gegen Henry Maske zu unterschreiben. Am 27. Mai soll dieser in der Dortmunder Westfalenhalle steigen. »Mir wäre es lieber gewesen, wenn ich weiter unter Kohl geboxt hätte. Aber er wollte einfach sein Okay nicht geben. Gegen Maske anzutreten ist die Chance meines Lebens. Wer das nicht einsieht, versteht nichts vom Profiboxen«, äußert Rocchigiani unmißverständlich. Sauerland zeigt sich derweil heilfroh, »diese Sache endlich unter Dach und Fach zu haben, denn die Leute wollen diesen Fight seit langem. Gern hätte ich ihn schon ein Jahr früher gehabt, doch nun kommt er mir noch mehr gelegen, denn es wird ja immer schwieriger, für Henry interessante Gegner zu finden.« Sein Vorzeigeathlet erfährt erst am späten Abend vom perfekten Deal, der auch für ihn eine ganz besondere Herausforderung dar-

stellt. »Das wird kein normaler Kampf. Alle Leute kennen beide Kämpfer. Das ist anders als bei meinen bisherigen WM-Duellen gegen Amerikaner«, meint der Champion, ohne dabei seinen Humor zu verlieren: »Sicher wird es hoch hergehen, vielleicht beißen wir uns sogar.«
Bissig reagiert nach Athleten- und Kampflust der Verlierer Klaus-Peter Kohl. Umgehend beauftragt er mit Rückendekkung des Pay-TV-Kanals Premiere eine Hamburger Anwaltskanzlei, mit einer Einstweiligen Verfügung bei der 18. Kammer des Berliner Landgerichts den Kampf noch zu verhindern. Unter anderem heißt es darin, »daß es Rocchigiani unter Androhung von 500 000 Mark Geldstrafe und sechs Monaten Haft untersagt wird, am 27. Mai gegen Henry Maske zu boxen«. Zugleich tönt der vor allem in seinem Stolz Verletzte vergrätzt: »Graciano ist nicht mehr der Superboxer der achtziger Jahre. Er kann nie und nimmer gegen Maske gewinnen.« Während der angeblich Chancenlose mit seinem Trainer Wolfgang Wilke und seiner Ehefrau Christine ins österreichische Trainingscamp nach Bad Ischl zieht, legt sein Anwalt Widerspruch gegen das juristische Vorgehen von Kohl ein. Und hat damit Erfolg. Auf den Tag genau zwei Monate vor dem seit fünf Jahren im Raum stehenden prestigeträchtigen Faustgefecht schmettert das Berliner Landgericht die Einstweilige Verfügung ab. Seinen gerichtlichen K.o. will Kohl noch immer nicht einsehen und kündigt umgehend Berufung an. Die Wogen glätten sich aber schon 48 Stunden später, als sich das verstrittene Manager-Duo zu einem einstündigen Gespräch in Hamburg trifft. Allerdings vergehen noch einmal 30 Tage, bis Kohl sich endgültig von seiner Vernunft leiten läßt. »Nach reiflicher Überlegung habe ich mich entschlossen, die Berufung im Verfahren zur Erlangung einer Einstweiligen Verfügung vor dem Berliner Kammergericht zurückzunehmen. Der Box-

kampf Henry Maske gegen Graciano Rocchigiani mag daher am 27. Mai 1995 stattfinden«, teilt er in einer Presseerklärung mit. Weiter heißt es darin: »Ausschlaggebend für diese Entscheidung war, daß der Termin vor dem Berliner Kammergericht vermutlich erst kurz vor dem 27. Mai 1995 stattgefunden hätte. Der Boxsport-Interessierte wäre also lange im ungewissen darüber geblieben, ob der Kampf stattfindet oder nicht. Dieses möchte ich aber allen Beteiligten ersparen. Auch die Geltendmachung von Schadenersatzansprüchen gegenüber Herrn Rocchigiani beabsichtige ich nicht. Ich gebe der Hoffnung Ausdruck, daß diese Angelegenheit für den Umgang zwischen Veranstaltern, Managern und Boxern keine Schule macht! Gleichwohl drücke ich Graciano Rocchigiani die Daumen für diesen sicherlich sehr schweren Kampf gegen Henry Maske.« Als Dankeschön für sein Umdenken und Einlenken erhält Klaus-Peter Kohl Ehrenkarten.

Chaoskarrieredaten

Henry Maske gegen Graciano Rocchigiani. Klischees für beide Hauptdarsteller ließen sich locker soviel finden, wie Runden für eine Weltmeisterschaft angesetzt sind.
Gentleman Henry – der Gute ohne Fehl und Tadel, der elegante Yuppie aus dem Establishment, Gewinner der Wiedervereinigung, der intelligente Talk-Gast, der schillernde Werbe-Millionär, das gesellschaftliche Phänomen, der treusorgende Familienmensch, Everybodys Darling, dessen makelloses Konterfei die Titelseiten aller einschlägigen Zeitschriften ziert.
Rauhbein Graciano haftet dagegen das Böse an. Der aggressive, ewig verhämte Underdog mit dem Gassenjargon ist

gesellschaftlicher Außenseiter. Das unberechenbare Idol der untersten 10 000, wie ihn RTL-Kommentator Werner Schneyder popularisiert, bezeichnet sich selbst als »schlimmen Finger«. Rockys Reality-Leben gleicht einer Chaos-Karriere.

Der am 28. Dezember 1963 in Duisburg-Rheinhausen geborene Sohn eines sardischen Eisenbiegers und einer Berliner Hausfrau schmeißt sowohl die Realschule als auch die Lehre als Gebäudereiniger vorzeitig. Sportlich marschiert er zuerst geradlinig durch, wird Deutscher Amateur-Meister der Jugend, holt 1982 den nationalen Titel im Halbmittelgewicht bei den Erwachsenen und debütiert am 10. September 1983 vorzeitig bei den Profis mit einem technischen K.o.-Sieg in Köln gegen den Österreicher Esperno Postl. Doch nach seinem 4. WM-Erfolg am 27. Januar 1989 in Berlin im Supermittelgewicht der IBF gegen Thulane Malinga aus Südafrika stürzt der Bursche mit dem narbenübersäten Gesicht wieder ab. Die Ursache liegt im Überfluß: Er hat so viel Geld wie noch nie. Mit 25, so sein späteres Eingeständnis, ist er größenwahnsinnig. In seinem ausschweifenden Leben widersteht er auch Gewalttätigkeiten nicht. In Diskotheken oder gegenüber einem Taxifahrer läßt er sich zu Handgreiflichkeiten hinreißen. Einen Führerschein erhält er nicht, weil der Junge mit dem kratzbürstigen Charme nach eigentlich bestandener Prüfung dem Fahrlehrer – »aus einem dummen Mißverständnis heraus « – unsanft zu Leibe rückt. Schließlich wird er 1990 wegen angeblichen Menschenhandels zu zweieinhalb Jahren Haft verurteilt. Zusammen mit einem türkischen Freund soll er eine ehemalige Prostituierte für 20 000 Mark an einen Zuhälter in Italien verkauft haben. Wegen Fluchtgefahr erfolgt trotz Berufung sofort nach der Urteilsverkündung seine Abführung. In der Revision wird er wegen erwiesener Unschuld freigesprochen. Die vom Finanzamt geforderten 47 500 Mark muß das verschuldete Sorgenkind, »das im Kern ein lieber Kerl ist«, wie Sauerland behauptet, dennoch zahlen.

Bergung eines Wracks

Der Absturz wird zum freien Fall. Drei Jahre später droht Rocchigiani aufzuschlagen. »Ich hatte mir angewöhnt, einen Joint zu rauchen, ab und zu eine Tüte. Ich lebte mit Christine in einer 38 Quadratmeter kleinen Bude. Sie arbeitete in der Gastronomie, verdiente für uns, ich hing nur vor der Glotze, vergeudete den ganzen Tag mit Videospielen. Meine einzige Sorge: Wo kriegst du ein Stück Shit her.« Die Abhängigkeit, so outet sich Rocchigiani nach dem Maske-Kampf in der *Bunten*, war bereits so stark, »daß ich nicht mal wußte, wo vorn und hinten ist!« Seine Lebensgefährtin stellt ihn vor die Wahl: Entweder aufhören oder Trennung. Sie könne es jedenfalls nicht mit ansehen, wie er dahinsieche und eines Tages unter der Brücke lande. Die Bindung ist stärker als seine Rauschsucht. Rocchigiani hört »mit dieser Scheiße« auf und kehrt auch nach zwei Jahren Pause in den Ring zurück. Mit neuem Manager und altem Trainer, einem Gastronomen und Hotel-Besitzer. Ein Leben aus »Glotze schauen, 'n bißchen bumsen, 'n bißchen Anerkennung« bekommt neue Züge. Der »reifer gewordene« Vater einer unehelichen, zehnjährigen Tochter, der Fan von Boris Becker, mit dem er einmal Geburtstag feierte, will weg »vom Image des doofen, primitiven Boxers«.

Beim Premieren-Auftritt mit Henry Maske in einer Pressekonferenz in Dortmund am 27. April 1995, exakt einen Monat vor dem Kampf, wird Rocchigianis angestrebter Sinneswandel erstmals öffentlich. Nachdem beide bekunden, »daß sie noch immer nicht das beste Verhältnis zueinander haben«, schlägt der Herausforderer nicht die üblichen rauhen Töne an. Ungewohnt moderat und zurückhaltend gibt er seine Statements, beantwortet er Fragen. »Ich bin nicht neidisch auf Henry. Er hat sich seine Erfolge hart erarbeitet. Das respektiere ich«, bezeugt er achtungsvoll seinem Gegner. Auch Henry spart nicht mit Komplimenten: »Graciano ist ein starker und attraktiver Kontrahent. Es ist schön, daß ich erstmals als Profi auf einen Deutschen treffe.« Beide geben sich, ganz selbstverständlich, auch äußerst siegeszuversichtlich. Gleichwohl ihre Vorbereitungen bis dato keineswegs wunschgemäß verliefen.

Unter Rädern und anderen Zwängen

Zu kalt. Mit dieser Begründung bricht Rocchigiani bereits nach wenigen Märztagen sein Trainingslager in Tirol ab. Er zieht sich vor die Tore Berlins zurück, doch auch da stellt sich die erhoffte Eintracht nicht ein. Schließlich schindet er sich unter striktem Ausschluß der Öffentlichkeit wieder in den maroden Räumlichkeiten von Lok Berlin-Mitte. Getreu dem Vereinsnamen rattert über Rockys Trainingshölle die Stadtbahn. Die Sparringspartner erweisen sich als wenig geeignet. Engagiert sind drei Russen. Der erste bricht sich die Nase, der zweite ist zu klein. Lediglich Dimitri Wibornow entspricht in etwa den Vorstellungen von einem Double des Weltmeisters. Trotzdem entgegnet Rocchigiani trocken: »Unterm Strich ist das alles egal, denn so richtig kopieren kann Maske sowieso niemand. Was die Sparringspartner nicht abbekommen haben, kriegt er eben ab.« Drei Monate lang lebt der neun Tage vor seinem Gegner geborene Berliner wie ein Mönch. Alkohol und Nikotin sind tabu. Allmor-

gendlich holt ihn sein Coach und zuweilen väterlicher Freund um halb sieben von zu Hause ab, um ihn zuerst zehn Kilometer durch die Prärie zu scheuchen.
Maske indes vermißt seinen Trainer. Manfred Wolke kümmert sich vor dem 22. April vor allem um Axel Schulz. Zum einen braucht der beliebte Schwergewichtler die Führung, zum anderen fiebert auch Wolke um die Krönung seiner zweiten Laufbahn: Coach eines Athleten zu sein, der 65 Jahre nach Max Schmeling den Weltmeistertitel in der Königsklasse wieder nach Deutschland holt. Die Konstellation zerstört die gewohnte Rangordnung im Frankfurter Quartett. Zum ersten Mal soll der Champion einem Trainingskameraden in dessen Vorbereitungscamp folgen, um dort mit Wolke und dem Rest der Gruppe zu schwitzen. Maske lehnt Las Vegas ab, jettet nur zum Kampftag in die amerikanische Wüste. Als Fernseh-Co-Kommentator lobt er Schulz' überzeugenden Kampf gegen »Big« George Foreman.
Auch die Rückkehr aller ins Frankfurter Gym bringt nicht die notwendige Einkehr. Der Medienrummel nach Axels Fastsieg ist enorm, aber auch Henry läßt sich öfter als je zuvor aus dem Hallen- ins Rampenlicht bitten. Mal präsentiert er sich als Schirmherr bei den Amateur-Weltmeisterschaften in Berlin, dann parliert er beim hauptstädtischen Avusrennen in der VIP-Lounge. Für den 30-Sekunden-Werbespot eines Herstellers für Haar- und Körperpflegeprodukte produziert er sich stundenlang vor der Kamera. In seiner Heimatstadt eröffnet er eine ihm gewidmete Fotoausstellung.
Das Trainingspensum versucht er dennoch mit der gewohnten Hingabe durchzuziehen. Doch erst, als sie, wie bei einer Dortmunder Veranstaltung üblich, in der Woche vor dem Kampf das abseits gelegene Hotel Lennhof beziehen, findet Henry die innere Ruhe.

Feiner Zwirn neben einer abgewetzten Jeansjacke. Das Bild während der Abschlußpressekonferenz am 24. Mai spricht ohnehin Bände. Doch jetzt, drei Tage vor der Auseinandersetzung im Ring, liefern sich die beiden Akteure noch einen verbalen Schlagabtausch. »Rocky« mit Baseballcap und dunkler Sonnenbrille eröffnet ihn, als schon niemand mehr damit rechnet. Eigentlich hat er »keinen Bock auf Jequatsche«, doch plötzlich platzt es im Berliner Dialekt heraus: »Die Weltmeisterschaft steht im Hintergrund, det jeht um Ost-West, so muß man det sehn.«
»So muß man es nicht sehen«, kontert Henry gelassen.
»Bei den Leuten heißt et, hau dem Ossi uff de Schnauze, hau dem Wessi uff de Schnauze.«
»Ich bin jetzt 14 Tage hier, aber so etwas habe ich noch nicht gehört.«
»Da biste aber der Einzije. Ick weeß ja, du nimmst sone Worte nich in den Mund.«
»Für mich ist es ein WM-Kampf. Mir ist es egal, ob der Gegner ›Prince‹ Charles Williams heißt oder Graciano Rocchigiani.«
Auf eine Ablichtung mit den beiden Streithähnen hoffen die Fotografen danach vergebens. Auch beim obligatorischen Wiegen vor rund 300 Schaulustigen und Medienvertretern im Spielcasino der Hohensyburg gibt es danach kein Shakehand. Nicht einmal eines Blickes würdigen sie sich 27 Stunden vor dem Fight. Die so entstandenen Solovorstellungen dauern knapp 10 Minuten. Maske bringt 79,2 Kilogramm auf die Waage, bei Rocchigiani zeigt das Pendel 300 Gramm weniger an.
Die deutsche Weltmeisterschaft hat einen Tag vor ihrer Austragung einen klaren Favoriten: Henry Maske. Der kondi-

tions- und willensstarke Titelverteidiger liegt auch bei den Buchmachern in London klar vorn. Bei einem Sieg von ihm gibt es für jede investierte Mark nur 15 Pfennige zusätzlich zurück. Triumphiert der für seine großen Nehmerqualitäten bekannte Herausforderer, dessen aktive Stärken in Rechts-Links-Kombinationen und geradlinigen Schlagserien liegen, lautet die Gewinnquote hingegen 17:1. »Rockys« Anhänger aus dem Milieu verwetten sechsstellige Beträge – aus Sympathie, denn von ihnen glauben auch nur die wenigsten ernsthaft an einen Erfolg des Heißsporns. Für Insider ist der Ausgang klar. Konkurrenz-Weltmeister Dariusz Michalczewski, der am Wochenende zuvor in Hamburg seinen WBO- Titel gegen den zweitklassigen Amerikaner Paul Carlo durch K.o. in der vierten Runde zum zweiten Mal verteidigte, sieht den Throninhaber mit 70 : 30 vorn. RTL-Kommentator Werner Schneyder billigt Rocchigiani allenfalls eine Außenseiterchance zu. Manager Wilfried Sauerland prophezeit gar ein vorzeitiges Ende: »Henry wird etwa in der 10. Runde durch technischen K.o. gewinnen. Denn er hat eine starke Führhand. Mit der hat er bisher fast jeden Gegner zermürbt. Graciano ist auch einer, der sich schnell eine Augenbrauenverletzung zuzieht.« Axel Schulz läßt zwar nicht unerwähnt, daß Graciano das Profiboxen in Deutschland am Leben erhielt, als vom »Oderensemble« noch niemand sprach, kann sich aber nicht vorstellen, daß Henry den Titel verliert, »denn er boxt technisch besser«. Und auch Altmeister Max Schmeling ist von einem Sieg des Champions »felsenfest überzeugt«. Maske boxe einfach klüger. Er habe eine beeindruckende Entwicklung genommen, er sei in jeder Hinsicht so versiert, daß ihn niemand bezwingen könne.

»Wir hätten locker das größte Stadion Deutschlands füllen können«, behauptet Matchmaker Jean-Marcel Nartz und träumt vom nationalen Zuschauerrekord. Dieser datiert vom 26. Juni 1934. Seinerzeit ließ der deutsche Promoter Walter Rothenburg innerhalb weniger Wochen in der Nähe des Hamburger Tierparks Hagenbeck eine Freiluftarena errichten. Dort kämpften der nach seinen Niederlagen gegen Max Beer und Steve Hamas sich auf dem absterbenden Ast befindende Max Schmeling und der aufstrebende Bochumer Schwergewichtler Walter Neusel. Es ging um keinen Titel. Sie sollten lediglich ermitteln, so schreibt es Schmeling in seinen *Erinnerungen*, »wer der Bessere von beiden ist«. Über 90 000 Zuschauer machten an jenem glutheißen Sonntag das provisorische Stadion zu einem Hexenkessel. Und sie bejubelten einen überlegenen Sieg des Ex-Weltmeisters. In der neunten Runde brach der Ringrichter diese Frage der Ehre ab.

61 Jahre danach ist eine andere Bühne zum Showdown gerichtet. Eintrittskarten gibt es nur noch auf dem Schwarzmarkt, bereits einen Tag nach Bekanntwerden des Fights war die Westfalenhalle restlos ausverkauft. Die teuersten Tickets kosteten offiziell 1100 Mark. Doch wer sich noch unter die VIPs mischen und an deren kulinarischem Rahmenprogramm teilhaben will, mußte noch 250 Mark dazulegen. Ob mit oder ohne zusätzliche Gaumenfreude – das Interesse an den Vorkämpfen ist gering. Mit einer Ausnahme: Als Leichtschwergewichtler Torsten May gegen den Amerikaner Fred Adams zu seinem zehnten Profiduell ins Scheinwerferlicht schreitet und in der dritten Runde gewinnt, steigt das Stimmungsbarometer. Die ersten Begeisterungswogen in der schwülwarmen und mit stickiger Luft durchzogenen Halle

löst Ringsprecher Wolfgang Ley aus, als er den neuen Boxliebling der Nation, Axel Schulz, in den Ring bittet, um dort eine Auszeichnung des Bundes Deutscher Berufsboxer entgegenzunehmen. Minutenlange Ovationen verheißen dem Blondschopf, daß er als der eigentliche Gewinner des Kampfes gegen Foreman gilt.

Dann übernimmt Michael Buffer das Mikrofon, eine spannende Dramaturgie zieht in den Abend ein. Die gigantische, 120 000 Mark teure Lasershow mit Feuerwerk läßt das Publikum den Atem anhalten. Untermalt wird sie von der Stimme des englischen Musical-Stars Sarah Brightman, die die eigens komponierte Hymne »a Question of Honour« singt. Nur noch wenige Augenblicke, dann wird Graciano Rocchigiani, der mit zehn Bodyguards das unter dem Dach der Westfalenhalle gebaute Parkhotel bewohnt, zu den Klängen von Morricones »Spiel mir das Lied vom Tod« einmarschieren. Die Pfiffe überwiegen, als die ersten Takte der Filmmusik sein Kommen ankündigen. Das Gesicht ist verdeckt von einem weißen Frotteehandtuch, der Körper eingehüllt in einen schwarzen, mit Troddeln abgesetzten Seidenmantel, auf dessen Rückseite sein Name in Schreibschrift eingestickt ist. Graciano in Rot, »Rocky« in Weiß, Rocchigiani in Grün – die italienischen Landesfarben. Der Herausforderer geht behutsamen Schrittes durch eine von Sicherheitskräften abgeschirmte Gasse zum Ring. Im Windschatten sein Trainer, »Wasserträger« Wolfgang Groth und Anästhesist Otto Lucky. Sie steuern die rote Ecke an. Die blaue ist wie immer für Henry Maske reserviert. Unter euphorischer Begeisterung, zur Hymne »Conquest of paradise« bahnt sich der Champion in einem vielfarbigen, vom Hamburger Pop-Art-Künstler Andora entworfenen Bademantel den Weg durch die Menge. Vor ihm, wie nun schon sechsfach geprobt, marschiert Walter Knieps, den Weltmei-

Vorstellung des Weltmeisters

stergürtel über dem Kopf haltend. Rechts von Maske geht Wolke, dahinter Cutman Dannie Mancini und natürlich Co-Assistent Hagen Sevecke. Letzterer hätte auf seinen Part aber liebend gern verzichtet. Zwei Herzen schlagen in seiner Brust an diesem Abend. Denn in der Vor-Maske -Ära verrichtete »Hako« seinen Hobby-Job stets an Rocchigianis Seite. Deshalb wollte er diesmal als ganz normaler Beobachter von der ersten Sitzreihe aus das Duell verfolgen. Doch nach fast vierzehntägigen Maske-Anrufen ließ er sich breitschlagen. Ein Pluspunkt für Henry? Er scheint jedenfalls bis in jede Nervenfaser konzentriert. Während »Rocky« im Ring nicht stillstehen kann, verharrt er wie ein Fels auf seinem Fleck. Als der amerikanische Ringrichter Robert Ferrara beide zur letzten Einweisung in die Mitte bittet, richtet Henry seinen Blick starr auf »Rocky«. Dieser indes tritt ihm mit gesenktem Haupt entgegen. 22.38 Uhr. Noch wenige Augenblicke. Der Gong zur ersten Runde ertönt.

»Gentleman« Maske gegen »Rocky« Rocchigiani

Von Axel Schulz

Axel Schulz, Jahrgang '68, seit 1988 Trainingspartner von Henry Maske, hat alle Profikämpfe Maskes verfolgt und schildert seine Gedanken während des Kampfes von Henry Maske gegen Graciano Rocchigiani

Erste Runde:

Graces linker Haken nach 18 Sekunden reißt mich endgültig aus den Gedanken. Bis dahin hatten meine Augen immer mal noch nach innen geblickt. Eiskalte Schauer waren ab und an über meinen Rücken gelaufen, wenn ich an den Gänsehautmoment da oben dachte. Über einen Monat nach meinem Foreman-Kampf sagten mir 13 000 in der Halle: Du bist unser Weltmeister. Die Stimmung war sensationell. Doch jetzt merke ich, wie mein Gesicht mitzuckt. Wieder ein linker Haken an Henrys Kopf. Immer wenn ich am Ring sitze und nicht analysiere, lebe ich die Treffer mit. Grace macht das gut, auch wenn ich von seiner hohen Doppeldeckung nichts halte. Mich stört, wenn ich zuwenig sehe. Aber Henry scheint diese Verteidigung zu irritieren. Er weiß noch nicht genau, wo er Treffer setzen kann. Er sucht. Im Boxerjargon heißt es: Er guckt zuviel. Endlich trifft auch er. Ein guter Körperhaken, ansatzlos geschlagen, das ist seine Stärke ...

Zweite Runde:
Auch jetzt steht Henry noch zuviel. Ich glaube, er will sich stellen, will es sich beweisen. Aber dabei wird er zuviel getroffen. Grace kann in jeder Aktion mitpunkten, weil Henry nach seinen Treffern nicht weggeht. Noch eine halbe Minute. Endlich hält er ihn mit seiner Führhand auf Distanz, tanzt nach seinen Schlägen weg, so wie es ihm Trainer gesagt hat und wie ich es gegen Foreman gemacht habe ...

Dritte Runde:
... Henry, du machst zuviel. Arbeite besonnener, laß Graciano kommen. Und vor allem, nimm deine Führhand wieder in Schulterhöhe, sonst bekommst du die Quittung. Der Gegner schlägt drüber und muß vor allem selbst nichts befürchten. Denn von unten aus der Gürtelhöhe kriegst du keine Beschleunigung drauf ...

Vierte Runde:
Trainer muß ihm das gesagt haben. Jetzt liegt die Rechte richtig. Schöner linker Haken, außen an der Deckung vorbei. Henry scheint sich langsam auf Graciano eingestellt zu haben, denn jetzt kommt er häufiger, dieser Spreizschritt zurück, mit dem er sich aus der Reichweite zieht.

Fünfte Runde:
Henry steht jetzt gespannter. Das ist richtig. Er schlägt auch nicht jedesmal. Provozieren ist gut und dann im richtigen Moment treffen. Ooohj, schwere Gerade an Graces Kopf.

Grace kann mitpunkten

Henry marschiert

Niederschlag in der letzten Runde

Der alte und neue Champion

Sechste Runde:
Immer noch kommt Graciano mit derselben Taktik zum Erfolg. Kein Schlag aus der Distanz, aber wenn Henry stehenbleibt, greift er überfallartig an. Wieder ein linker Aufwärtshaken mit Bums zum Kopf. Dabei war Henry konditionell top drauf, sagte auch Trainer. Vielleicht ging ihm das Hochspielen des Kampfes doch an die Nerven, vielleicht hat er auch nicht mit der Bedingungslosigkeit von Rocky gerechnet. Ein zweiter Kampf würde sicherlich für Henry klarer werden ...

Siebte Runde:
... Die Hände von Henry stimmen schon. Das sind klare Treffer, nur optisch nicht so spektakulär wie die von Grace, weil der die Fäuste davor hat. In dieser Phase robbt sich Graciano tot, rappelt sich aber immer wieder hoch. Die beste Runde bislang für Henry!

Achte Runde:
Henry muß sich eingeredet haben, ihn k.o. zu schlagen. Sonst würde er Graciano jetzt nicht mit herunterhängenden Händen provozieren. Dabei muß der so oder so kommen. Moorer hatte sich auch vorgenommen, Foreman k.o. zu schlagen. Dabei darf man keinen K.o. anpeilen. Henry schon gar nicht, da er ihn sich durch seine Kampfführung sukzessive erarbeiten muß.

Neunte Runde:
Klammern!!! Henry ist angeschlagen nach der Geraden ans Kinn. Dabei hatte er in den ersten Minuten die Initiative, hatte sogar das Tempo erhöht. Aber blitzschnell war Graciano noch einmal da. Jetzt ist er hellwach. Klammer oder mit der Rechten auf Distanz halten!!! Oooh, ein Glück, daß Grace' linker Haken nicht traf. Nicht clinchen! Daß Henry diese Runde übersteht, ist auch eine weltmeisterliche Willensleistung. Manch anderer wäre hier gefallen oder nach der Pause nicht mehr angetreten.

Zehnte Runde:
Henry hat die Krise überwunden. Jetzt kommt der richtig große Kämpfer durch. Dabei ist es eigentlich nicht sein Stil, in den Mann zu marschieren. Neben Henry-Henry-Sprechchören auch Anfeuerung für Graciano, aber keine Spur von einem Ossi-Wessi-Konflikt.
Die Runde endet zu früh, weil beide den Hammerschlag, der die letzten zehn Sekunden anzeigt, schon als Gong nehmen. Ist aber kein Protestgrund bei der IBF, weil das vorzeitige Ende nicht von einem allein ausging.

Elfte Runde:
Auch diese gehört Henry. Das sind schon schöne Treffer, wenn er mit der Rechten die Deckung aufmacht und dann mit der linken Geraden durchzieht. Grace' Augenbraue war auch schon offen. Aber immer noch diese Halbherzigkeit. Wenn er nach vorn geht und trifft, muß er danach entweder weg oder am Mann bedingungslos festhalten. So fängt er sich jetzt schon wieder einen Haken ein ...

Zwölfte Runde:

... Noch 70 Sekunden und Henry am Boden! Zwar ohne unmittelbare Schlagwirkung, aber er ist groggy nach Grace' schwerem Treffer. Henry ist auf der Flucht und übersteht auch die letzte Minute. Ich schwitze. Das war ein hartes Stück Arbeit. Henry bleibt Weltmeister, aber dennoch werde ich auch zu Graciano in die Kabine gehen und ihm zu dieser Leistung gratulieren.

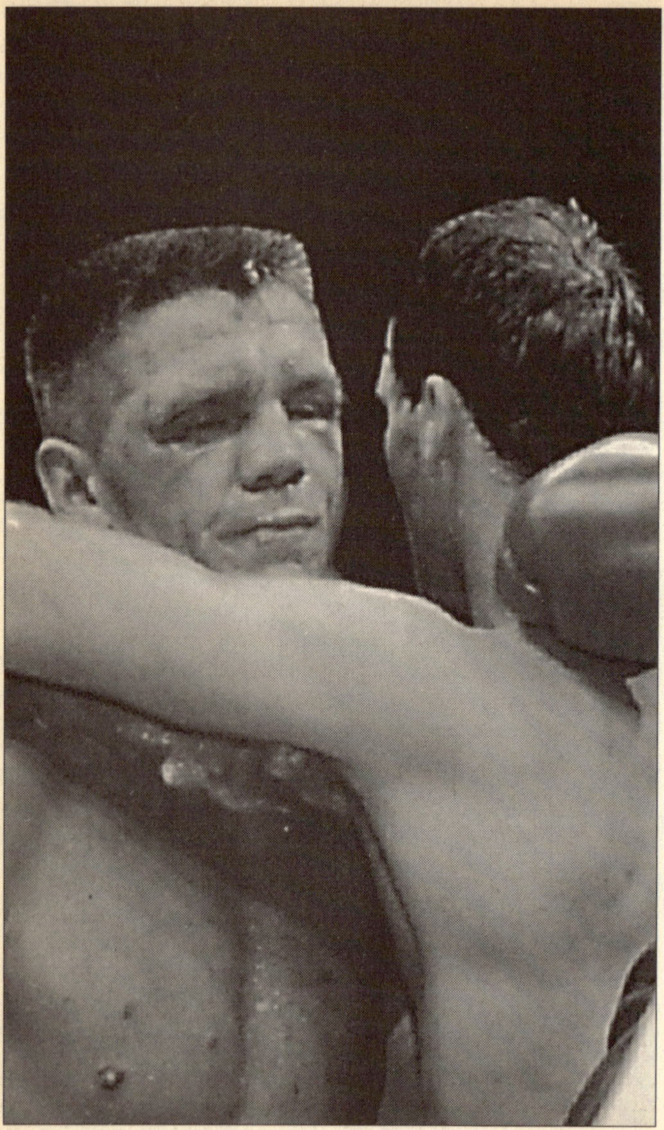

Angeschlagen

Urteile

Die Matadore liegen sich in den Armen – ein Moment mit Einmaligkeitswert, diese boxertypische Geste nach dem letzten Gong.
Von den Rängen ertönen erstmals Pfiffe für den Weltmeister, aber auch die lauthalsen »Henry-Henry«-Rufe seiner treuen Anhängerschar sind unüberhörbar.
Die Mehrheit der Zuschauer jedoch verharrt in Nachdenklichkeit. Eine Frage spricht aus ihren Gesichtern. Was haben wir da gesehen? Boxen! Und das heißt seit seinen Anfängen nicht nur austeilen, sondern auch einstecken. Diese Regel aber schien Maske durchbrochen zu haben. Bei seinen letzten Kämpfen setzte er unmittelbar nach dem Urteil zu Elogen an, moderierte scheinbar unbeeindruckt vom Fight minutenlang aus dem Ring. Diese Auftritte krönten Lifestyle-Veranstaltungen, in denen die Anwesenheit von Stars aus Politik und Show suggerierte, es handle sich ausschließlich um Kunst mit Fäusten. Diesmal ist alles anders. Der heftig zerschrammte Champion mit Blutergüssen auf der Nase, an der Stirn, am Kinn und unter dem rechten Auge scheint um Jahre gealtert. Nur durch Willenskraft und Kondition hat er in einem wahrlich weltmeisterlichen Kampf gegen den von der Mentalität eines Straßenfighters geprägten Herausforderer den Thronsturz gerade noch abwenden können. Benommen, ja apathisch stakst Maske mit wachsweichen Knien durch den Ring. Er hat Mühe, sich zu artikulieren. Mit schwerer Zunge stammelt er, den Gürtel

um den Bauch geschnallt, sein obligatorisches Dankeschön an die Massen in das Mikrofon. Ein Dutzend Worte – mehr bringt er nicht über seine geschwollene Unterlippe. Die Gefahren des Profiboxens – Hirnschäden, andere Langzeitfolgen und statistisch 6,6 Tote pro Jahr in dieser Sportart – sind plötzlich ins Seilquadrat des Frankfurters eingezogen. Als er in die Ringseile steigt und mit geballten Fäusten den heroischen Siegertypen mimt, muß ihn sein Cutman Dannie Mancini von hinten stützen. Rocchigiani, im Gesicht noch übler zugerichtet als sein Gegner, vollführt die gleiche Übung entschieden behender. Locker formuliert er auch seinen ersten Kommentar, bei der er seinen Kontrahenten zum Sieg beglückwünscht. Tenor: »Verdient gewonnen.«

Einige nur visuell am Kampf Beteiligte sehen das Urteil da schon anders. Zwar fiel es einmütig und deutlich aus – der Italiener Enzo Scala wertete 117:111, der Spanier Manuel de Casas 116:113 und Heinrich Mühmert aus Dinslaken 116:114 –, doch vor allem das Punktverhältnis des Italieners empfinden sie als Skandal. Maske hätte mehr als drei Runden abgegeben. Überhaupt wäre ein Unentschieden gerecht gewesen. Auch wenn die Computerauswertung Maske in der Zahl der Treffer mit 212:193 vorn sehe, die spektakulärsten und härtesten Hände hätte fraglos sein Widerpart gelandet.

»Die Wertung ist ein Witz – das hat doch wohl jeder gesehen. Ich habe gewonnen. Henry hat die letzten vier, fünf Runden nur im Unterbewußtsein geboxt. Harte, wirkungsvolle Treffer habe nur ich gelandet, und ich dachte, dies zählt im Profiboxen. Aber ich hätte ihn eben k.o. schlagen müssen, denn der Sauerland-Clan ist zu mächtig. Die Show und das Geld ist auf Maskes Seite.« Eine Stunde nach Mitternacht offenbart Rocchigiani auf der Pressekonferenz einen abrupten Sinneswandel. Wolfgang Wilke formuliert seinen Unmut noch drastischer: »Das war Betrug. So zu bescheißen, da fehlen einem wirklich die Worte. Die IBF ist ein Verbrecherverein. Sonst hätte so ein Urteil nicht stattfinden können.«
»Rockys« erzürnte Ehefrau reagiert sich auf ihre Weise ab. Sie bespuckt die Mattscheibe eines Monitors, als das Konterfei von Maske darauf erscheint.
Der Weltmeister verteidigt den Punktrichterentscheid. »Das Urteil geht in Ordnung. Denn in der Summe der Aktionen habe ich einfach mehr gepunktet. ›Grace‹ hat einzelne Hände in der Nahdistanz geschlagen, das ist richtig. Doch darunter war keine, die zum Knockout geführt hätte. Ich besaß bis zum Schluß die Konzentration, um alles unter Kontrolle zu behalten.«
Manfred Wolke äußert indes erstmals öffentliche Kritik an seinem Schützling: »Er hat so viele Fehler gemacht. Er hat auch noch nie so begonnen wie heute. Er war hohl. Ein Remis hätte uns nicht weh getan.«
Henry hätte die Frische gefehlt, weil die Vorbereitung offensichtlich durch Werbetermine und Reisen nicht wie gewohnt gestaltet wurde, analysiert Manager Wilfried Sauerland.

Der taumelnde Maske stürzt auch die Journalistenschar vorübergehend aus dem Maske-Fieber. Während man Rocchigiani Anerkennung und Achtung für seine überraschend gute Leistung quittiert, werden beim Weltmeister die Federn geschärft. Die Phantasie beim Formulieren der Headlines kennt dabei – wie gewohnt – keine Grenzen: »Mythos Maske: ›Rocky‹ hat ihn zerstört«, titeln die einen. »Die Lippen geschwollen, das Image zerbeult«, die anderen. Fettgedruckt wird auch: »Maske entzaubert«, »Maske bricht ein Zacken aus der Krone«, »Punktrichterbonus rettete Maske« oder »Der entzauberte Henry Maske taumelte der Titelverteidigung entgegen«.

Die Rückkampfdiskussion ist an diesem Montag bereits in vollem Gange. Rocchigiani verknüpft sie mit dem Motto des vergangenen Fights. »Henry wird nicht damit leben können, nur mit Glück gewonnen zu haben. Er wird mir eine Revanche geben, ich glaube fest daran. Erst dann werden wir wissen, wer der wirklich Bessere von uns beiden ist.«

Auch Maske sieht die »Frage der Ehre« und reagiert spontan. »Ich denke, er hat sich eine Revanche verdient, und sie wird kommen.« Tage später aber schiebt sie der Weltmeister auf die lange Bank. Er als Champion bestimme die Gegner. »Rocky« habe die einmal gewährte Chance nicht genutzt.

Dieser Wortbruch führt den sportlichen Vergleich der beiden gleichaltrigen Steinböcke fast wieder vor Gericht. Nach der Devise »Retten, was zu retten ist« legen Rocchigiani und sein Trainer umgehend Protest gegen die Kampfbewertung bei der IBF ein. Doch noch bevor der Fall zur Verhandlung gerufen wird, trifft Maske die Entscheidung. Er verspricht Ende Juni im Deutschen Sportfernsehen einem Millionenpublikum: »Ich will die Revanche. Das ist allein mein Entschluß. Ich kann viel mehr, als ich beim Kampf gezeigt habe.« Vorangegangen war dieser Äußerung allerdings eine Aussprache mit Manager Sauerland und Trainer Wolke. Letzterer hatte mit Trennung gedroht, falls das Boxen nicht wieder Platz eins in der geschäftlichen Rangordnung des Champions einnehme.

BERLON

Vor und nach dem Kampf

Künstler am Ring

»Let's get ready to rumble.« Michael Buffers wertvollstes Organ rast über die Tonleiter. Stufenlos. Seit der Hollywood-Schauspieler den Normalsprecher Jochen Hageleit im März '94 am Ringmikrofon ablöste, hat die Sport-Show einen neuen Akzent. Einen amerikanischen. Den versteht jeder in den Hallen von Dortmund bis Frankfurt, wenn auch nicht jeder Buffer versteht. Der Meister des gespreizten Wortes ist exzentrischer Frontmann deutscher Gründlichkeit. Lou Duva, Coach von Maskes sechstem Herausforderer Egerton Marcus, lobt nach der Niederlage mit dem größten Kompliment Amerikas: »Besser könnten wir es auch nicht.« Die Gala kostet über eine Million.

Mit Buffers gerrrolltem Aufruf zur Fehde steigt bei Tausenden in der Halle der Adrenalinspiegel. Einhundertfünfzig Bedienstete aber schalten in den Schongang. An den Tresen wird trockengewischt, Sicherheitsaugen entspannen sich beim Ringblick, Köche bereiten ohne Hektik den zweiten Ansturm vor. Lachsbrote, Filetspitzen, Spanferkel für über eintausend bessere Zuschauer und andere Mitesser. Bislang – auch darin ist Henry Gentleman – schickte er sie nie vor der neunten Runde zurück in die VIP-Lounge.

Wenn Buffer den Namen des einmeterzweiundneunzig großen Weltmeisters auf fünffache Länge dehnt, haben 125 Techniker sechzig Stunden geschuftet: acht Kilometer Kabel verlegt, ein Dutzend Kameras installiert, 60 Lautsprecher, 120 Scheinwerfer. Über 320 000 Watt setzen den Welt-

meister ins rechte Licht. Nicht nur für Henry ist jede Titelverteidigung ein olympischer Aufwand.
Doch bei Kraftakten passieren auch Fehler. Beim Abbau der viereinhalb Tonnen schweren Deckenrüstung nach dem Barkley-Kampf schert ein Träger aus und rammt sich in den Boden des Gerry-Weber-Stadions. Verletzt wird niemand.
Ebenso ärgerlich ist die Bildbremse beim technischen Knockout. 9,9 Millionen Fernsehzuschauer – 1,3 Millionen mehr als die Fußballbundesliga am Tage ranlocken konnte – gucken total in die Röhre, weil beim Abbruch gerade Werbung läuft und danach die entsprechenden Kameras ausländischen Stationen verpflichtet sind.
Die kommerziellen Pausenrunden geraten vor allem bei der ersten deutschen Weltmeisterschaft in die Kritik. 13 Millionen TV-Gucker wollen nicht – und schon gar nicht viermal hintereinander – wissen, womit sich Maske die Haare schrubbt. Sie interessiert, ob Trainer Wolke dem von Rocchigiani arg Bedrängten den Kopf wäscht oder streichelt. Doch davon kann sich keiner ein Bild machen bei dem regelrechten Sturm auf die Werbeinseln. Dieser hat den Preis für den 30-Sekunden-Spot auf 129 900 Mark schnellen lassen. Das ist fast doppelt soviel wie noch beim Kampf gegen den Kanadier Egerton Marcus ein Vierteljahr zuvor. Dennoch meldet der Vermarkter: »Nachfrageüberhang.« Die halbe Million, die die Fernsehproduktion samt Lasershow frißt, wird so fast zu einem Betrag aus der Kladde »Portokosten«. Auch, weil die halbe Welt an den Übertragungen dranhängt. Über achtzig Kanäle flimmern mittlerweile Buffers Wort und Maskes Tat. Für jede im Nachklapp gezeigte Minute zahlt allein die ARD 2000 Mark. Lohn für eine mediale Talentsuche.
Der Kölner Privatsender RTL hatte schon 1992 die Idee, das Profiboxen mit dem Sauerland-Team aus den Fängen der

Henry und Wasi

Schreinemakers live

Wetten, daß . . . Henry gewinnt

In Fahrt – Michael und Henry

Halbwelt zu holen. Man ist auf dem besten Weg. Zwar kommen auch zu Maske-Kämpfen Hafturlauber wie der Graf-Erpresser Ebby Thust oder andere schwere Jungs mit den von ihrem Leben gezeichneten Gesichtern. Aber die Zeiten, in denen das Bedienungspersonal in größerer Bewegung war als die Kämpfer im Ring, sind bei Sauerland-Events vorbei. Seltener werden Sektflaschen auf den teuersten Plätzen mit großen Scheinen, die kein Wechselgeld ertragen, bezahlt. Denn seit dem Weltmeistertitel des »Gentleman« stehen Boxkämpfe wieder im Terminkalender der High Society. Am Ring beäugen sich Margarethe Schreinemakers und Manfred Stolpe, Johannes Heesters und Alain Delon, Thomas Gottschalk, Heiner Lauterbach, Günter Jauch oder Udo Lindenberg. Auch Spezialchirurg Professor Christian Barnard hat sein Herz dafür entdeckt, und Michael Schumacher lädt Erfolgskollegen Maske sogar zum Formel-1-Ring nach Jerez.

Selbst die Künstler haben ihre Beziehungskrise überwunden. Wie in den zwanziger und dreißiger Jahren George Grosz oder Bertolt Brecht treibt es Maler, Grafiker, Schriftsteller und andere Avantgardisten zur Auseinandersetzung. Es entsteht wieder »Kunst des Boxens«. Alfred Hrdlicka arbeitet an zwei Plastiken von Faustkämpfern. Parallel zum Barkley-Fight zeigten bildende Künstler ihre Werke in Einzelausstellungen im Kreis Ostwestfalen-Lippe. Dem Bonner Maler Albert Münch glückte mit seinen expressiven Momentaufnahmen aus den Duellen Maske gegen Magdaleno und Magi der Sprung auf die Titelseiten der Tagespresse.

Doch nicht jedes Kunststück ist auch für alle Genuß. Das muß in der zweiten Jahreshälfte '93 ausgerechnet die Theaterintendantin in Henrys Heimatstadt erfahren. Eine Hommage an den sportlichen Ehrenbürger hatte sie in Auftrag gegeben. Aber als ihr dann die »gespielte, gesungene und getanzte Story zwischen Porsche und Trabant, zwischen Banken und Schulden, zwischen Glamour und Tristesse« (Eigenwerbung) mit dem Titel »Henry Maske – jeder gegen jeden« angeboten wird, fällt bei der Intendantin der Vorhang und das Stück durch. Mit Songs von Rio Reiser kommt es im folgenden Jahr dann ohne Maske-Bezug im Titel in Chemnitz zur Aufführung.

Trotzdem, die Saat der »documenta« ist aufgegangen. In Kassel 1992 führte nach Jahren der Abstinenz der belgische Museumsmann Jan Hoet die Gegenpole wieder zusammen. Boxen und Kunst war das Thema im Begleitprogramm der hunderttägigen Weltmesse der Avantgarde; der Höhepunkt waren am 19. September Kämpfe in natura.

Eine umfangreichere Anerkennung, eine qualifiziertere Fanschaft vereinte auch Max Schmeling, der »weiße Joe Louis« nicht. »Er ist insofern ein Nachfahre von Schmeling«, sagt Werner Schneyder über Maske, »weil er ein Meisterboxer ist, der eine gesellschaftliche Anerkennung erfährt. Es ist nicht nur so, daß die Boxfans jubeln über den Mann, sondern er hat auch in anderen Kreisen einen Stellenwert, wovon das Boxen wiederum profitiert. Insofern ist er vielleicht nach Schmeling wieder die erste Lichtfigur in der Szene.« Der österreichische Kabarettist und Fernsehkommentator erntete aber keinen Szenenapplaus beim Maske-Management, als er Millionen Fernsehzuschauern erklärt, daß die reizvollste Frage der Titelverteidigung gegen Vedder darin besteht, ob denn das Publikum auch beim Kampf gegen einen schwächeren Gegner aus dem Häuschen gerät.

»Ich weiß nicht, ob Sie je Sport getrieben haben ...«
Der Weltmeister, der vor einer Stunde den Amerikaner Iran Barkley zermürbte, geht in der Pressekonferenz auf Distanz.

Schwerer Kampf – für wen?

Dabei kennt er die Sportschulvergangenheit seines Gegenübers, mit dem er ansonsten im vertrauten »Du« spricht. Doch der altbekannte Journalist hat sich unsportlich verhalten mit seinem Vorwurf, hier wurde Fallobst aufpoliert und als Güteklasse angeboten. Henry aber will von einem »Verkäufertrick« nichts wissen. Er wiederholt, was er dem jubelnden Publikum nach seinem Abbruchsieg per Ringansprache zukommen ließ. Dies sei der schwerste Kampf seines Lebens gewesen. Jeder habe gesehen, wie stark dieser Bursche war. Im Raum der Fragen erhält er dafür keine Akklamation. Auch als Manager Sauerland die doppelte Netz-

Hoffen auf den Megafight – Graciano Rocchigiani und Ehefrau

Konkurrenzweltmeister – Dariusz Michalczewski

Honorar von Herzen – Blumen ohne Veilchen

hautablösung des vierunddreißigjährigen Boxveteranen aufs Korn nimmt und entgegnet, beim Unterschreiben des Vertrages habe er keine Sehschwäche bemerkt, lachen nur einige. Die anderen schreiben danach die traurige Geschichte eines blinden Boxers.

Zeitungskäufer überlesen, was sie wissen. Jeder Weltmeister muß seinen Titel pflichtverteidigen – binnen eines Jahres nach dem Gürtelempfang. Verletzungen gewähren Aufschub. Innerhalb der zwölfmonatigen Frist darf zusätzlich Geld verdient werden. Gegen Kontrahenten eigener Wahl, wie Vedder, Magi oder eben Barkley. Doch nicht jeder läßt sich prügeln, Startgeld heilt nicht alle Wunden.

Das Schnüren klassischer Duelle gleicht auch dem Lösen gordischer Knoten. Vier Großunternehmen leben vom modernen Profiboxen. WBA, WBC und IBF können miteinander. In der vierten aber, der kleinen World Boxing Organization, gelangte Dariusz Michalczewski zu Weltmeisterehren. Will er gegen Maske antreten, muß er nach bislang gültigen Regeln seine Krone ablegen. Einfacher wären Vereinigungskämpfe gegen die anderen beiden Champions. Aber Virgil Hill (WBA) und der Jamaikaner Mike McCallum (WBC) horchen auf das Kommando der amerikanischen Promoterlegende Don King. Und der läßt zuallererst in der Heimat boxen. Wenn überhaupt, denn jeder unification fight stürzt einen Weltmeister aus dem Gürtel. Aber nur mit dem lockt das große Geld. Deshalb gibt es ja vier Föderationen. Einmal gelang es Sauerland, Don, »die Krake«, zu überlisten. Beim Rangeln um den Austragungsort der Pflichtverteidigung gegen Ernesto Magdaleno überbot der Wahlschweizer die königliche Kampfbörse noch um 500 000 Mark. Mit 1,8 Millionen erhielt Deutschland den Zuschlag. Maske sah aber nur ei-

nen Teil des ihm zustehenden Geldes – ein Vergleich für den Vergleich zu Hause!
Boxen ist das Leben. Das Leben ist Geschäft.

Auf Abwegen

Jeder gute Kameramann hat die gleiche Idee. Das macht sie nicht besser, aber ohne sie geht es auch nicht. Maske muß an die Oder. Auf die kurze, gepflasterte Promenade. In Sichtweite der Brückenschlag gen Osten. Hier endet Deutschland, sagt der Schwenk zum anderen Ufer. Keine Nahaufnahme. Polen ist weit. Daß Deutschland hier auch beginnt, verschweigen die Bilder meist. Dafür steht Maske. Und der muß möglichst von weit her kommen. Von der Oder. Der breite Fluß geht keine krummen Wege. Die Stimmung soll sich übertragen. Es ist der Ort für die persönlichen Passagen der Interviews.
Am Ende des Jahres '93 lautet die Hauptfrage: Bist du Boxmillionär geworden? Henry kann verneinen. Für den Weltmeistertitel wechselten 100 000 Mark auf sein Konto. Nach den Titelverteidigungen gegen Hembrick und Vedder ging jeweils rund die dreifache Summe den gleichen Weg. Sie waren Teil der Millionengarantie, die die Manager Wilfried Sauerland und Cedrick Kushner – als Promoter des Ex-Weltmeisters Williams kann der New Yorker vertragsgemäß vier Maske-Kämpfe mitveranstalten – nach dem WM-Sieg aussprachen.
Bis zur magischen Grenze aber kommen die Sponsoren nicht. Henry darf zwar »Wetten, daß ...« sagen, mit Alfred Biolek über die Ehe plaudern und Margarethe Schreinemakers die Boxliebe zurückbringen, aber die Werbeschatullen der Industrie bleiben ihm weitestgehend verschlos-

sen. Die TV-Präsenz steht in keinem Verhältnis zu seinem Ruf als Werbeträger. Das Management ist zu konservativ, die Mixtur aus preußischem Sozialismus und Kleinbürgertum vermittelt einen Schlag zuwenig Kapitalismus. Potentielle Sponsoren im Westen glauben noch nicht an Wirkungstreffer durch Boxen bei den Käufern, und die im Osten sind mit sich selbst beschäftigt. Daß Henry zur ersten Titelverteidigung gegen Anthony Hembrick fast in einer werbefreien Zone antritt, verantwortet allerdings die Justiz.

1. FC Schwedt gegen Hertha BSC in der Vorbereitung auf die Rückrunde '93. Kein Top-Spiel, und dennoch jagen Henry Maske, Axel Schulz und Manfred Wolke an diesem Januartag in die märkische Kleinstadt, 100 Kilometer nördlich von Frankfurt/Oder gelegen. Nach einem vielversprechenden Anruf haben sie spontan das Training abgebrochen. In Schwedt wartet der große Unbekannte. Norbert Metzler, Anfang Dreißig, an guten Tagen schleppt er 1,5 Millionen im Koffer umher. An schwächeren verstaut der Unternehmer aus Hanau einhunderttausend in der linken Brusttasche des Jeanshemdes. Den Eishockeybundesligisten Eisbären Berlin hat er bereits »gekauft«. Mit seinen Wohltätigkeiten überleben der FC Hansa Rostock und der Judo-Europacupsieger aus Berlin. An diesem sonnigen Wintermorgen hatte ihm jemand vom Boxer Maske erzählt, der sich in Frankfurt auf eine Weltmeisterschaft vorbereitet und noch immer mit 100 000 Mark Sauerland-Gehalt pro Jahr wirtschaftet. Metzler ist ein Mann des schnellen Entschlusses. Drei Stunden später trifft er das Trio. Die Schwedter Verhandlungen sind kurz. Pi mal Daumen macht 120 000 Mark jährlich für Henry, 80 000 Mark für Schulz. Wolke wird auch berücksichtigt. Für zwei Jahre soll das Trio den Namen der Firmen-Holding Travimpex auf die Sportsachen genäht bekommen. Der Handschlag im Fußballstadion wird drei Tage vor dem

Wer rasiert, verliert – Henry vor dem Kampf

Titelfight gegen Williams aktenkundig. Doch fünf Monate später ist das Papier schon Makulatur. Die Herkunft des Metzlerschen Geldes sei zu dubios, verlautet aus dem Team. Ein Gericht schließt sich dieser Meinung an und läßt den Travimpex-Krösus verhaften.

Falsch gespielt

Dem Pech mit dem Sponsoren folgte der Ärger mit Annegret Steffien. Das ehemalige deutsche Tischtennis-As staunt im Herbst 1993 nicht schlecht. Der Boxweltmeister sei ohne professionelle Vermarktung, erfährt sie aus der Zeitung. Das ist genau das Ding, das die Public-Relation-Frau sucht. In Windeseile wird ein Termin gemacht. In der Schweizer Hauptstadt Bern trifft sie zum ersten Mal mit Sauerland und Maske zusammen. Danach sind mehrere Rechtsanwälte damit beschäftigt, das Vertragswerk auszuarbeiten. Nach einigem Hin und Her ist die Einigung perfekt. Die Steffien-Firma »Sportsline Gesellschaft für Marketing und Kommunikation« sichert Maske jährliche Werbeeinnahmen in Höhe von 500 000 Mark zu, zwanzig Prozent jeder erzielten Vertragssumme wandern in die Taschen der Münchner Firma mit Sitz im Nobelvorort Grünwald. Der am 1. März 1994 in Kraft getretene Kontrakt soll zwei Jahre halten. Doch aus dieser gesicherten Zukunft wird nichts. Die Steffien, so erfährt Maske, schließt Zusatzvereinbarungen mit seinen Werbepartnern und arbeitet auch sonst nicht seriös. Bundesligafußballer wie der Kaiserslauterer Stefan Kuntz fühlen sich von ihr betrogen. Firmen, die an der Ausrichtung von Weltmeisterschaften beteiligt sind, müssen um ihren Lohn kämpfen. Dem Vertrauensbruch folgt im Spätherbst 1994 die Vertragslösung. Der Gentleman denkt an sein Image.

Henry wird Schulden der Firma Sportsline aus deren einbehaltener Provision tilgen. Annegret Steffien aber, gegen die mittlerweile Klagen bei Gericht anhängig sind, muß gesucht werden. Dabei ist sie eigentlich nicht zu übersehen.

Der Gentleman bittet zur Kasse

Drei Zentner Fleisch, verteilt auf fast zwei Meter Körpergröße reisen durch Deutschland. Fast überall, wo es die ob ihres Leibesumfanges von manchen auch »Nilpferd« genannte PR-Managerin Annegret Steffien hinzieht, kommt sie an. Innerhalb eines knappen Jahres bringt sie Verträge mit einer Gesamtsumme von mehreren Millionen Mark unter Dach und Fach. Henry schwört fortan auf den Nahrungsergänzer einer Hamburger Pharma-GmbH und darf sich nach einem Auftritt in Bios Kochshow gepfefferte 5000 Mark mitnehmen. Drei *Riesen* pro Monat spendiert Maske-Fan Margarethe Schreinemakers dafür, daß ihr Studiogast Maske ihren Sendetitel auch

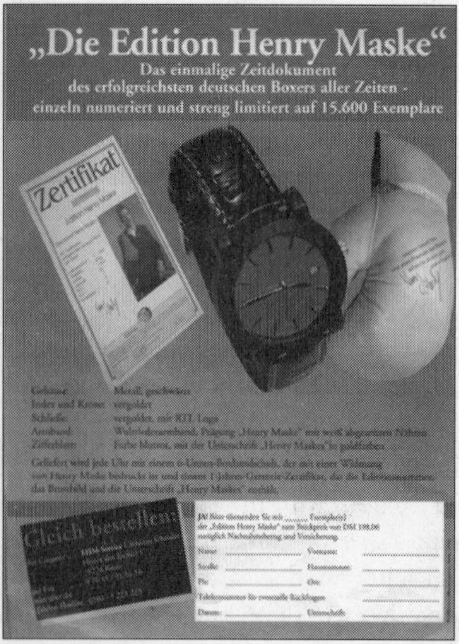

bei anderer Gelegenheit via TV in die Wohnzimmer trägt. Mal prangt der Name der Liveshow in Brusthöhe am Ringcape, mal am Hosenbund der Boxershorts. Gelesen werden soll auch die *Neue Zeit.* Das Blatt bringt sich noch kurz vor seiner Einstellung für einhunderttausend Mark in eine geschäftliche Beziehung mit Henry. Eine Uhrenfirma aus dem süddeutschen Raum erkennt im Juli '94, daß die Maske-Stunde geschlagen hat. Einzeln numeriert und streng limitiert, zeigen 15 600 Chronometer neben der Zeit die Unterschrift des Weltmeisters. Der mitgelieferte Sechs-Unzen-Handschuh paßt auf jeden Schreibtisch.

Wie im Film – Hollywood in Halle

Henrys Name animiert sogar Hollywoods Vertreter. Jim Carreys Action-Komödie »Die Maske« mit Kinostart im November '94 soll angepriesen werden. Also trägt der Ringboden im westfälischen Halle die Aufschrift des amerikanischen Originaltitels, bekommt das Gerry-Weber-Stadion kurzerhand Kino-Outfit. Nach dem Sieg gegen Iran Barkley gehört »Die Maske« zu den ersten Gratulanten. Ein Hollywood-Film und ein deutscher Verleih als Boxsponsor – das ist einmalig. Die Vermarktungsliste ließe sich fortsetzen. Der Sportler des Jahres 1993, wo ihn 1701 Journalistenstimmen in der Umfrage vor Stars wie Michael Schumacher, Michael Stich oder Lothar Matthäus auf Rang eins setzten, avanciert zum Verdiener der folgenden zwölf Monate. Wolfgang Heinz, der mit seiner Firma »WH Sport International« für die geschaßte Annegret Steffien die Vermarktung der Person Henry Maske übernimmt, findet Anschluß unter anderem bei der Telekom. Zum Rocchigiani-Kampf gibt der deutsche Fernsprechriese Telefonkarten mit einem Motiv des Halbschwergewichtschamps heraus. Natürlich posiert Maske in Rechtsauslage nur auf limitierten 2500 Sammlerobjekten. Man darf gespannt sein, was dem Spezialisten für Firmen-Sponsoring aus Trier einfällt, um Henry Maske zum mehrfachen Millionär zu machen. Die typische Journalistenfrage des Jahres '93 hat sich längst schon erübrigt.

Für andere

Früher hat Henry gespendet. 50 Pfennig, eine Mark, manchmal mehr. Je nachdem, meistens für die Solimarke, ab und an auch in eine Büchse. Solidarität war immer gut, aber selten konkret. Adressaten wie Nicaragua eher die Ausnahme. Jetzt, da er weniger spendet als vielmehr das Geld anderer umleitet, unterstützt er zielgerichtet. Die UNESCO kann am 26. März '94 als erste Organisation von der neuen Hilfsstrategie profitieren. 17 000 Mark erhält deren Weltbotschafterin Ute Ohoven nach einer Versteigerung in der VIP-Lounge. Dafür hat Henrys Boxermantel den Besitzer gewechselt. Keine spontane Idee nach einem geglückten Fight, das beweist die Güte des Objekts. Der New Yorker Fun-Grafiker James Rizzi, der am Kampftag in der Dortmunder Westfalenhalle auch ausstellt, hatte den Mantel vorher veredelt. So tanzen beim Einmarsch auf dem wärmenden Umhang zwischen den obligatorischen Werbeinseln die Hochhäuser New Yorks den bevorstehenden Fight. Die Sterne sieht nur Magdaleno zweimal.

Produzent des nächsten Mantelzaubers ist der Italiener Bruno Bruni, der wie der Kampfgegner Andrea Magi aus dem Seebad Pesaro stammt. Auch hier wird nach dem gleichen Konzept vorbereitet. Wochen vor dem Kampftag präsentiert das Management den Benefizpartner. Dann wird der Künstler ausgesucht. Maske tritt diesmal in die Fußstapfen des verunglückten Formel-1-Piloten Ayrton Senna. Auch der Brasilianer versuchte, den Straßenkindern seiner Heimat zu helfen.

Den schneeweißen Kapuzen-Umhang zum Duell mit Iran Barkley zieren Verse von Wolf Wondratschek, Münchner Szene-Dichter und Maske-Fan der ersten Stunde. Mit dem dafür ersteigerten Geld werden Bäume im umweltgeschädigten Kreis Bitterfeld, Land Sachsen-Anhalt, gepflanzt. Einer örtlichen Zeitung überläßt Maske obendrein die Handschuhe. Deren Versteigerung beginnt mit dem Mindestangebot von 10 000 Mark. Der Ertrag kommt der Deutschen Knochenmark-Spender-Datei zugute, deren Aufbau der Frankfurter bereits seit 1992 unterstützt. Den Rekorderlös von 52 000 Mark bringt das Bieten und Steigern des Ringcapes nach dem Punktsieg über Egerton Marcus. Der Meistbietende gibt das gute Stück mit fiktiven Szenen des Fights, gestaltet vom Maler und Grafiker Albert Münch aus Bonn, an den Oberbürgermeister von Frankfurt/Oder weiter. In Privatbesitz dagegen befindet sich der noch 1000

Bares Geld – ein Unikat des Unikats

Mark teurere Kampfmantel der deutschen Weltmeisterschaft vom 27. Mai 1995.
Wer hilft, wird auch um Hilfe gebeten. Im Februar '95 wenden sich Freunde des einzigen deutschen Boxmuseums an Henry Maske. Die Ausstellung von vierzehntausend Exponaten in Sagard auf Deutschlands größter Insel ist in Gefahr, weil 10 000 Mark fehlen. Mietschulden drücken die exquisite Offerte auf Rügen, die Handschuhe, Shorts, Medaillen, Fotos, Boxunikate von Schmeling bis Maske vereint. Henry verspricht Unterstützung und übergibt einen Monat später während einer »Hubschraubervisite« eine signierte Kampfhose zur Versteigerung.
Geld aus dem Sponsoring hat er auch an seinen Erstverein weitergeleitet. Hans Hörnlein und Co. danken ihm am 35. Geburtstag der Ludwigsfelder Boxsektion mit einer Chronik: »Henrys Werden und Wachsen.« Schon jetzt wäre sie ausstellungsreif, auch wenn einige Bilder den Amateur am Auslöser erkennen lassen.

Conquest of paradise

»... stay ... stay ... don't move ... amazing!«
Michel Comte dirigiert seine Solisten. Das Orchester ist zum Staccato übergegangen. Zeigefinger trommeln auf Auslöser. Kein Zwinkern stört den Takt. Nach wenigen Sekunden endet die Harmonie.
Der Maestro bittet zum nächsten Akt.
»Wenn was Gutes dabei rauskommt, bin ich zu jeder Schweinerei bereit«, sagt Henry und läßt sich das Brusthaar stutzen, die Muskelpartien mit Kajal nachzeichnen. Seine Füße wühlen im Sprint den kalifornischen Sand auf, sein Körper hechtet in die Fluten des Pazifik. Nur ab und an ein Aufbe-

gehren. »Laß mich mich sein«, ruft er dem Schweizer Starfotografen zu, der fast ein Dutzend Kameraden und anderes Personal in Arbeit hält. Mit drei Afroamerikanern posiert der geschickte Europäer im extra gezimmerten Ring.
Ein anderer Julitag am Strand von Malibu. Wo ansonsten die bestbezahlten Bademeister der Welt mit »Baywatch« den Gewinn für Hollywood retten, wachen nur einfache Vorbilder. Unter ihren Augen graben sich Räder in den feinsten Sand Kaliforniens. Ein Podest soll zu Wasser gelassen werden. Auf dessen gläsernem Aufbau – Henry. Der Messias des verruchten Profiboxens läuft über das Meer. Wie Jesus.
Auch der war damals unbekannt. Wie Henry 1994 in Amerika. Zu spüren bekommt er das gleich an der Pforte: Noch hat der Fluggast die Autogrammkarten parat, die in der First class des American-Airlines-Jets gefragt waren. Doch der Beamte in Dallas/Texas achtet auf eine andere Unterschrift. Henry hat nichts zu verzollen. Das versichert auch eine Reporterin im Troß, trotzdem muß sie das Gepäck öffnen. Katarina Witt lacht vom Cover eines Buches aus der Tasche. »Die kenne ich«, ruft der Herr über dem Eintritt. Henry wird kommentarlos eingelassen. Frühere Zugehörigkeit zu kommunistischen Organisationen ist kein Hindernis mehr.
Michel Comte hat auch Katarina Witt verewigt. Wie auch Sharon Stone oder Sylvester Stallone. Jetzt adelt er Maske. Teil zwei der Zeremonie findet an der Pier von Santa Monica statt. Comte hat einen Kran auffahren lassen. Am Lastenseil baumeln Ringe. Nach dem Schminken auch Henry. Der Boxer turnt nicht, er strampelt. Doch in der Momentaufnahme wird daraus der Schritt über die Küstenfelsen mitten in die Skyline von L. A.
Die Eroberung des Paradieses ist das noch nicht. Erst als er im September '94 aus einem Packen CDs die Untermalung

für einen RTL-Werbefilm wählen soll und spontan den Soundtrack des Depardieu-Streifens »Conquest of Paradise« auch zur neuen Auftrittsmusik macht, bekommen die Bilder den Titel. Und Musikalienhändler Fingerkrämpfe. Für 500 000 verkaufte Tonträger gibt es für die Vangelis-Komposition im März darauf schon die Goldene und die Platinscheibe der Musikindustrie. Diese Rasanz versetzt auch den Mainzer Schott-Verlag in Bewegung. Die Noten von Carl Orffs Carmina Burana sind hier zu Hause. Und sollen es im klassischen Sinne bleiben. Noch während Henrys kalifornischem Sommer erzwingen die Musikhüter beim Münchner Landgericht eine Einstweilige Verfügung. Danach ist die weitere Verwendung des Ausschnitts »O fortuna« bei Boxkämpfen rechtswidrig. Im folgenden Frühjahr endet der Streit im Triumphmarsch. Henrys alter und neuer Einlauftitel werden zu »Power in Glory« zusammengepreßt.

»Like a kid in the candy shop«, wie ein Kind im Süßwarenladen, habe sich der Boxweltmeister in Amerika verhalten, spricht der Fotograf. Er naschte. Zuviel, schreiben einige, nachdem ihnen Henry den bloßen Rücken gezeigt hat. Vom Strip in Las Vegas aus, nur mit Boxershorts bekleidet. Die Arme mit Fäustlingen in die Glimmerfassaden gereckt.

Maske ist ein Störenfried. Auf der Prachtstraße von Las Vegas wüten Hunderte Autofahrer auf ihren Hupen, als der Halbnackte zwei Fahrstreifen blockiert. Was will er hier, wenn er nicht zockt! Der Glücksspielgegner ist erkannt! Eine sächsische Familie fordert ihr Autogrammrecht. Es bleibt die einzige Fanbegegnung in Amerika, außer der beim Abendessen mit Thomas Gottschalk.

Flagge zeigen – keine Fahne im Wind

Nicht gefilmt

Henry Maske schlichtet einen Streit. An seinem muskulösen Oberkörper prallen jetzt die Beschimpfungen ab, mit denen sich zwei Angetrunkene in Rage versetzten. Henry steht unmittelbar zwischen ihnen. Als beide in dem mutigen Mann den Weltmeister erkennen, wirkt das ernüchternd. Friedlich traben die beiden Kampfhähne untergehakt zurück in die Berliner Eckkneipe. Maske geht aus dem Bild. So oder so ähnlich hatten sich die Macher der ZDF-»Stadtindianer« die Szene vorgestellt. Der Sympathieträger als Komparse unter echtem Namen. Schau. Wie der Auftritt von Niedersachsens Ministerpräsident Gerhard Schröder in der Massenszene eines anderen Fernsehfilms. Der Weltmeister nimmt den Drehtermin nach vier Titelverteidigungen aber nicht wahr.
Denkbar wäre der Eingriff gewesen, denn Angst können dem durchtrainierten 1,92-Mann »nur Personen machen, die wirklich in der Lage sind, was ganz klar zu verändern, also riesig zu verändern ... Mit diesem Verändern meine ich, eventuell Kriege anzuzetteln.« Der durch Handel mit Kriegsgerät milliardenreich gewordene Adnan Kashoggi bekommt dennoch im VIP-Zelt von Halle die freundliche Aufmerksamkeit von Henry.
»Ich bin noch clean ... ziemlich ehrlich, ziemlich klar und stehe auch zu meiner Meinung, auch wenn sie nicht immer richtig ist. Und wenn ich das einsehe, dann bin ich auch der Typ, der sich entschuldigt.«
Um Fehler gar nicht erst zu machen, prüft er die zahllosen Angebote. Und er läßt sie prüfen in seinem Management. Auswahl ist die Konsequenz.
Er geht nicht in jede Talkshow, läßt manche Bühne aus, krault nicht jedes Haustier vor einer bezahlten Kamera.

Manchen erwünschten Auftritt verbietet ohnehin manch vertragliche Verpflichtung.

Maske verweigert sich aber auch in anderen Situationen. Als ein Boulevardzeitungsfotograf eine halbnackte Schöne mit Henry ins Bild setzen will, fliegt er hochkantig raus. Als zwei seriöse Kollegen dem Verschwitzten im Box-Gym ein Porträt abringen wollen, läßt er nur den gestylten Maske im Auto als Motiv zu. Das Hörervotum des Regionalsenders Antenne Brandenburg nimmt er vergrätzt zur Kenntnis. Die Landsleute hatten ihrem Champ den »Einzug der Gladiatoren« als neue Einmarschmusik empfohlen, als der Entzug von »Carmina Burana« drohte.

Die Prüfung findet ebenso in der Aktion statt. So bricht er nach schon zwei absolvierten Drehtagen die Produktion eines Fitneß-Programms mit der Bodybuilding-Weltmeisterin Anja Schreiner ab. Die drei Videokassetten, die die Nachfrage, der Konditionierungspläne von Boxern in Amerika unterliegen, auch in Deutschland entfachen sollen, bleiben unbespielt. Den »Henry-Maske-Workout« – so der geplante Titel –, den macht der Champion in Frankfurt. Allein.

Henrys mitunter entwaffnende Ehrlichkeit bekommt auch der Interviewer der *Zeit* zu spüren. Als der ihn in einer Passage über die Existenz des Bösen quält, antwortet der Gefragte einfach: »Dem kann ich nicht folgen ... Das ist mir zu kompliziert gedacht. Ich war auf ein normales, oberflächliches Interview eingestellt. Was Sie sagen, ist mir ganz fremd ... Ich bin Sportler. Ich kann doch nicht hier anfangen zu spinnen.« Das Interview wird im offiziellen Programmheft der sechsten Titelverteidigung nachgedruckt. Diese Zeilen fehlen.

»Das Große ist ja so oberflächlich, und so will ich eigentlich nicht sein. Aber wenn man es überall mal so miterlebt, das ist o. k. Schön ist es, wenn ich mich wieder zurückziehen kann in mein Kleines.« Aber auch das unterliegt der Veränderung. Eine größere Wohnung, ein besseres Auto sind nur die sichtbaren Indizien. Vergessen scheinen das einst begonnene Sportstudium und die Nachwendeüberlegung, es nach drei Jahren Pause fortzusetzen. Jetzt soll eine Aufgabe mit Kick ihn in der Zukunft in Unruhe versetzen.

Wenn Henry Maske will, kann er sich ständig selbst treffen. Im Radio, das seine Stimme ausspuckt. Beim Aufschlagen der Zeitung, auf deren Seiten das eigene Ich lauert. Auch auf den Straßen, die Henry Maske benutzt, begegnet er sich – in Plakatgröße mit Max Schmeling. Das Kaufhaus, das er besucht, fördert den Umsatz durch Präsentation seiner Utensilien. Der Oberbürgermeister seiner Stadt, von der er sich vernachlässigt fühlte bei der Wohnungssuche, reist mittlerweile zu seinen Kämpfen. Im März 1995 empfing ihn der Bundeskanzler.

Noch ruft Henry Maske von Reisen kurz nach dem »Sandmann« an, um mit Tochter Lina zu sprechen. Bald wird er zur gleichen Zeit mit Sara Gespräche führen. Der Sender jedenfalls, der den Abendgruß für seine Kinder ausstrahlt, hat schon bei der *Tagesschau* die Produktion eines Nachrufes angemeldet. Den haben alle Personen mit zeitgeschichtlichem Wert. Auf Vorrat natürlich, ohne daß man ihnen Schlechtes wünscht.

Noch lagert der Weltmeistergürtel im Hause Maske auf Abruf. Aber Henry will ihn für immer behalten. Wie sein tadelloses Gesicht, das in zweiundzwanzig Boxerjahren kein Nasenbeinbruch veränderte.

Aber wo endet »klein«? Wo beginnt »groß«? Wo ist die Grenze?
Hinter dem Haus. An der Oder. Sie fließt.

Eberhard Cohrs: »Ich bin Henrys kleines Tagebuch!«

Eberhard Cohrs (74), Berufskomiker im 50. Dienstjahr, Jubiläum am 11. 11. 95

Der gleene Cohrs un der große Maske – wie gehd'n das? Ganz eenfach. Henrys läng're Reichweide gleisch isch mid meener breeden Gusche aus.

Spaß beiseite – und nun hochdeutsch: Es gibt Menschen, die mag man schon beim ersten Gong – Henry.
Reminiszenz: Eine Dresdner Sommernacht '94. Auf der Elbe schaukelt das »Riverboat«. An Bord plätschert MDR-Talk. Henry und ich paddeln mit. Und sind nach neunzig Minuten ein Herz und eine Seele. Die neue Männerfreundschaft taufen wir mit Mineralwasser. Ich wurde Henrys kleines Tagebuch. Mir schreibt er – frank und frei. Höchst sensibel. Was ...? Tagebücher schweigen!
Maske & Cohrs. Riese und Zwerg. Athlet und Narr. Eine komische Liaison. Outsider mögen so denken. Vielleicht auch ironisch grinsen. Sei's drum. Es gibt Gemeinsames: Er boxte sich hoch, ich mich durch – zum Thron:
Henry I. ist König im Ring. Eberhard II. – »Gönisch von Sachsen«. Sein Titel trägt Lorbeer, meiner nur verwegene Träume. Macht's was ...?
Henry ist Star auf der Show-Bühne. Ich war es! Und weiß, wie allein man sein kann, wenn der Vorhang fällt.

Manfred Wolke trainiert Henry für den nächsten WM-Kampf. Ich übe schon mental mit ihm für den Tag nach dem letzten Match.

Manfred Stolpe

Jahrgang '36, Ministerpräsident des Landes Brandenburg

Henry Maske kenne ich noch aus DDR-Zeiten, da war er als Amateur schon einer der weltbesten Boxer. Seine Fairneß und seine Kondition sind beeindruckend, hinzu kommt seine Hartnäckigkeit: Er hat sich mit klugem, gut durchdachtem Boxen durchgesetzt und hält daran fest. Er macht das Profiboxen wieder sehenswert, denn er ist mit jedem Zoll seines Körpers ein Sportsmann. Jetzt nutzt er seine Chance, sich als wahrer Profi-Champion zu etablieren.
Es ist seine Haltung im Ring und im Leben, die ihn zum gesamtdeutschen Sportler-Idol werden ließ. Er lebt vor, was mit Mut und Ausdauer zu erreichen ist; solche Vorbilder braucht wohl nicht nur die sportbegeisterte Jugend. Henry Maske zeigt den aufrechten Gang eines Ostdeutschen, der zu seinem Werdegang steht. Nach harten, entbehrungsreichen Jahren spricht sein Erfolg für sich – und für brandenburgisch-preußische Tugenden wie Beharrlichkeit, kritischen Geist und Zuverlässigkeit.
Deshalb sind wir hierzulande besonders stolz auf ihn; ich wünschte ihn mir sozusagen als Botschafter, der den Ruf Brandenburgs in die Welt trägt. Ihm wünsche ich stets ungebrochenen Mut und die Kraft für noch viele spannende und erfolgreiche Kämpfe.

Kampfbuch

Henry Maske

Biografie

Geboren: 6. Januar 1964 in Treuenbrietzen
Verheiratet: seit März 1990 mit Frau Manuela, zwei Töchter (Lina/5 Jahre und Sara/2 Jahre)
Erste Ehe 1984 mit Frau Anke, ein Kind (Steven/10 Jahre), Scheidung 1988
Beruf: Boxer, Sportstudium 1990 abgebrochen
Aktiv seit: 1973 unter Übungsleiter Horst Hörnlein bei der Betriebssportgemeinschaft Motor Ludwigsfelde, 1977 Wechsel an die Kinder- und Jugendsportschule nach Frankfurt/Oder
Trainer: von September 1977 bis September 1980 Dietrich Bleck, bis August 1981 Ulrich Beyer, bis März 1985 Manfred Wolke, bis September 1987 Dietrich Bleck, ab Oktober 1987 Manfred Wolke

Die wichtigsten Kämpfe

Erfolge als Amateur:
insgesamt 181 Kämpfe – 163 Siege, 18 Niederlagen
(Offiziell angegebener Kampfrekord. In Wirklichkeit boxte H. M. häufiger, wie auch aus der Auswahl erlittener Niederlagen ersichtlich wird.)

1977
VI. Kinder- und Jugendspartakiade in Leipzig
Altersklasse 13, Halbmittelgewicht (48 Kilogramm)
Achtelfinale: Henry Maske (BSG Motor Ludwigsfelde) – Bergner (Bezirk Schwerin) 5:0 nach Punkten
Halbfinale: Michalk (Dynamo Borna) 5:0 nach Punkten
Finale: Mammitzsch (Dynamo Finsterwalde) 5:0 nach Punkten
Qualifikations-Turnier zur Spartakiade-Teilnahme in Berlin

Halbmittelgewicht (48 Kilogramm)
Steiner (Berlin) 3:0 nach Punkten

1978
DDR-Meisterschaften der Altersklasse 14 in Rostock
Halbweltergewicht:
Halbfinale: Henry Maske (ASK Vorwärts Frankfurt/Oder) – Draeger (BSG Motor Prenzlau) 5:0 nach Punkten
Finale: Hoyer (SG Wismut Gera) 5:0 nach Punkten

DDR-Junioren- und Jugend-Mannschaftsmeisterschaft
ASK Vorwärts Frankfurt/Oder – TSC Berlin 22:22 – Streek 0:5 nach Punkten, ASK-Vorwärts Frankfurt/Oder – SC Cottbus 26:12 – Axel Klein Niederlage RSC 1. Runde/Überlegenheit

1979
VII. Kinder- und Jugendspartakiade in Berlin
Halbweltergewicht:
Viertelfinale: Jörg Lottermoser (SG Wismut Gera) 5:0 nach Punkten
Halbfinale: Karsten Röwer (SC Traktor Schwerin) 5:0 nach Punkten
Finale: Michael Timm (SC Traktor Schwerin) 0:5 nach Punkten

XV. DDR-Meisterschaften der Jugend (Altersklasse 15/16) in Cottbus
Halbweltergewicht:
Viertelfinale: Jörg Lottermoser (SG Wismut Gera) 0:5 nach Punkten

Qualifikations-Turnier zur DDR-Meisterschaft der Jugend (Altersklassen 15/16) in Berlin
Halbweltergewicht:
Andreas Ebert (SC Traktor Schwerin) 5:0 nach Punkten

DDR-Junioren- und Jugend-Mannschafts-Meisterschaft
ASK Vorwärts Frankfurt/Oder – SC Dynamo Berlin 31:17 – Fechner 5:0 nach Punkten

IV. Internationales Fritz-Lesch-Turnier in Frankfurt/Oder
Weltergewicht:
Viertelfinale: Fraahs (ASK Vorwärts Frankfurt/Oder) kampflos
Halbfinale: Dolge (SC Chemie Halle) 0:5 nach Punkten

1980

XVI. DDR-Meisterschaften der Jugend (Altersklasse 15/16) in Schwedt
Halbmittelgewicht
Viertelfinale: Riedel (SC Chemie Halle) RSC 2. Runde/Überlegenheit
Halbfinale: Peter Schäfer (Stahl Hennigsdorf) RSC 1. Runde/Überlegenheit
Finale: Heiko Krause (TSC Berlin) 5:0 nach Punkten

Nachwuchs-Länderkampf in Senftenberg
DDR – England 16:8 – Steven Young 5:0 nach Punkten

Nachwuchs-Länderkampf in Peitz
DDR – England 12:10 – Steven Young Disqualifikation 3. Runde

Nachwuchs-Länderkampf in Weißenfels
DDR – ČSSR 20:2 – Kralik 5:0 nach Punkten

XI. Internationales Junioren-Turnier der Sportvereinigung Dynamo in Berlin
Halbmittelgewicht
Viertelfinale: Katrak (ČSSR) RSC 3. Runde/Aufgabe, Halbfinale: Patka (Polen) 5:0 nach Punkten, Finale: Rybin (UdSSR) Niederlage/kampflos

1981

IX. Internationales Junioren-Turnier in Schwerin
Halbmittelgewicht
Viertelfinale: Auseth (Norwegen) 3:2 nach Punkten
Halbfinale: Karsten Röwer (SC Traktor Schwerin) 3:2 nach Punkten
Finale: Maik Koudele (SC Chemie Halle) 4:1 nach Punkten

VII. Internationales Alexander-Polus-Turnier der Junioren in Gniezno/Polen
Halbmittelgewicht
Viertelfinale: Sacharow (UdSSR) 5:0 nach Punkten
Halbfinale: Sankiewicz (Polen) 5:0 nach Punkten
Finale: Graciano Rocchigiani (BRD) kampflos

XXXI. DDR-Junioren-Meisterschaften (Altersklasse 17/18) in Aschersleben
Halbmittelgewicht
Halbfinale: Zech (SC Chemie Halle) RSC 3. Runde/Aufgabe
Finale: Falko Skuddis (SC Dynamo Berlin) 5:0 nach Punkten

DDR-Junioren- und Jugend-Mannschafts-Meisterschaft: 3. Platz

1982
X. Internationales Junioren-Turnier in Schwerin
Mittelgewicht
Viertelfinale: Ossubek Kilimow (UdSSR) Niederlage, RSC 2. Runde/Überlegenheit

10. Dezember: XXXIV. DDR-Meisterschaften in Cottbus (erster Senioren-Wettkampf)
Mittelgewicht
Halbfinale: Detlef Friese (SC Chemie Halle) 0:5 nach Punkten

32. DDR-Juniorenmeisterschaften in Jüterbog
Mittelgewicht
Viertelfinale: Renger (SC Traktor Schwerin) RSC 2. Runde/Überlegenheit
Halbfinale: Knorr (Dynamo Neubrandenburg-Süd) 5:0 nach Punkten
Finale: Maik Koudele (SC Chemie Halle) 0:5 nach Punkten

1983
13. Mai: XXV. Europameisterschaften in Warna
Mittelgewicht
Achtelfinale: Hartmut Brandau (Österreich) 5:0 nach Punkten
Viertelfinale: Ilian Angelow (Bulgarien), ein 2:3 wurde von der Jury in einen 4:1-Punktsieg korrigiert
Halbfinale: Wladimir Melnik (UdSSR/späterer Europameister) 1:4 nach Punkten

12. März: XII. Internationales Chemiepokal-Turnier in Halle
Mittelgewicht
Achtelfinale: Kalin Stojanow (Bulgarien) 5:0 nach Punkten
Viertelfinale: José Gomez (Kuba) 5:0 nach Punkten

Halbfinale: Andreas Schroth (SC Dynamo Berlin) 5:0 nach Punkten
Finale: Reiner Schween (SC Traktor Schwerin) 5:0 nach Punkten (60:57, 59:58, 59:58, 60:57, 59:58)

7. Oktober: XIV. Internationales TSC-Turnier in Berlin
Mittelgewicht
Halbfinale: Zoltan Füzesy (Ungarn) 5:0 nach Punkten
Finale: Sergej Wassilenko (UdSSR) 5:0 nach Punkten (59:57, 59:58, 58:57, 59:59, 59:58)

XVIII. Internationales Turnier der Befreundeten Armeen der Sozialistischen Länder (SKDA) in Frankfurt/Oder
Mittelgewicht
Viertelfinale: Zoltan Füzesy (Ungarn) 5:0 nach Punkten
Halbfinale: Dimitru Petrescu (Rumänien) 5:0 nach Punkten
Finale: Henryk Petrich (Polen) 4:1 nach Punkten

121. DDR-Länderkampf in Milton Keynes (erster Senioren-Länderkampf)
DDR – England 18:6 – Brian Schumacher 1:2 nach Punkten

122. DDR-Länderkampf in Galati
DDR – Rumänien 12:12 – Doru Maricescu 2:1 nach Punkten (59:58, 60:57, 58:59)

123. DDR-Länderkampf in Braila
DDR – Rumänien 14:10 – Doru Maricescu 3:0 (60:56, 60:56, 58:58)

Internationaler Vergleich in Golzow
ASK Vorwärts Frankfurt/Oder – Steaua Bukarest 16:6 – Doru Maricescu 0:3 nach Punkten

11. Dezember: XXXV. DDR-Meisterschaften in Gera
Mittelgewicht
Viertelfinale: Wolf Preiss (SC Traktor Schwerin) 5:0 nach Punkten
Halbfinale: Rene Suetovius (SC Chemie Halle) 5:0 nach Punkten
Finale: Helmut Woge (Motor Mitte Magdeburg) 5:0 nach Punkten (60:57, 60:57, 60:57, 60:57, 59:58)

25. DDR-Mannschaftsmeisterschaft
Vorrunde in Halle
Halbfinale: Detlef Fanghänel (BSG Wismut Gera) 5:0 nach Punkten
Finale: Detlef Friese (SC Chemie Halle) 0:5 nach Punkten
Platz fünf: ASK Vorwärts Frankfurt/Oder – BSG Stahl Hennigsdorf Hinkampf 19:9/Rückkampf 22:6 – Reiner Maetzing 3:0 nach Punkten/ Reiner Maetzing RSC 2. Runde/Überlegenheit

1984

19. August: Turnier der Freundschaft »Amistad '84« in Havanna
Mittelgewicht
Viertelfinale: Henryk Petrich (Polen) 2:3 nach Punkten

XIII. Internationales Chemiepokal-Turnier in Halle
Mittelgewicht
Viertelfinale: Lubos Trkovsky (ČSSR) RSC 3. Runde/Überlegenheit
Halbfinale: Mike Koudele (SC Chemie Halle) 4:1 nach Punkten
Finale: Rene Suetovius (SC Chemie Halle) 4:1 nach Punkten (59:58, 58:59, 60:58, 60:58, 59:58)

III. Internationales »Gee-Bee«-Turnier in Helsinki
Mittelgewicht
Finale: Pekka Laasanen (Finnland) 5:0 nach Punkten

XV. Internationales TSC-Turnier in Berlin
Mittelgewicht
Halbfinale: Zoltan Füzesy (Ungarn) 5:0 nach Punkten
Finale: Oleg Wolkow (UdSSR) 5:0 nach Punkten (59:58, 60:57, 59:58, 58:59, 60:57)

19. Internationales Nationencup-Turnier in Wiener Neustadt
Mittelgewicht
Halbfinale: Manfred Putigam (Österreich) 5:0 nach Punkten
Finale: Gerrie Kraus (Niederlande) RSC 2. Runde/Überlegenheit

124. DDR-Länderkampf in Gera
DDR – Rumänien 16:8 – Vasile Florian RSC 2. Runde/Überlegenheit

125. DDR-Länderkampf in Riesa
DDR – Rumänien 20:4 – Marcel Marcu 3:0 nach Punkten (60:57, 60:57, 60:57)

9. Dezember: XXXVI. DDR-Meisterschaften in Berlin
Mittelgewicht
Viertelfinale: Steffen Schroth (BSG Wohnungsbaukombinat Berlin) 5:0 nach Punkten
Halbfinale: Reiner Schween (SC Traktor Schwerin) 5:0 nach Punkten
Finale: Eike Walther (TSC Berlin) 1:4 nach Punkten (58:59, 58:59, 59:58, 58:59, 58:59)

26. DDR-Mannschaftsmeisterschaft
Vorrunde in Berlin
Piele (TSC Berlin) 3:0 nach Punkten, Stranz (SC Dynamo Berlin) 3:0 nach Punkten
Platz drei in Karl-Marx-Stadt: SC Traktor Schwerin – ASK Vorwärts Frankfurt/Oder 14:10 – Reiner Schween 5:0 nach Punkten

Vergleichskampf in Jüterbog
DDR-Nationalmannschaft – DDR-Oberliga-Auswahl 18:2 Punkte – Rene Suetovius (SC Chemie Halle) 0:3 nach Punkten

1985
2. Juni: XXVI. Europameisterschaften in Budapest
Mittelgewicht
Achtelfinale: Damir Skaro (Jugoslawien) 5:0 nach Punkten
Viertelfinale: Lüfti Canbakis (Türkei) 5:0 nach Punkten
Halbfinale: Doru Maricescu (Rumänien) 5:0 nach Punkten
Finale: Zoltan Füzesy (Ungarn) 5:0 nach Punkten (60:56, 60:57, 59:57, 60:59, 60:56)

6. November: IV. Weltcup in Seoul
Mittelgewicht
Viertelfinale: Ki Ho Hong (Südkorea) 5:0 nach Punkten
Halbfinale: Danny Sherry (Kanada) 5:0 nach Punkten
Finale: Adam Garland (USA) 5:0 nach Punkten

XIV. Internationales Chemiepokal-Turnier in Halle
Mittelgewicht
Viertelfinale Eduardo Candido (Angola) 5:0 nach Punkten
Halbfinale: Julio Quintana (Kuba) 5:0 nach Punkten
Finale: Maik Koudele (SC Chemie Halle) 5:0 nach Punkten (60:57, 60:56, 60:56, 60:56, 60:56)

XVI. Internationales TSC-Turnier in Berlin
Mittelgewicht
Halbfinale: Dimitri Boligusow (UdSSR) 2:3 nach Punkten

Internationales Turnier in Nampo/KVDR
Mittelgewicht
Halbfinale: Li Guk Rjong (KVDR) RSC 3. Runde/Überlegenheit
Finale: Ha Tal Su (KVDR) 3:0 nach Punkten

126. DDR-Länderkampf in Budapest
DDR-Ungarn 18:6 – Zoltan Füzesy 3:0 nach Punkten

8. Dezember: XXXVII. DDR-Meisterschaften in Rostock
Mittelgewicht
Viertelfinale: Steffen Schroth (BSG Wohnungsbaukombinat Berlin) K.o. 2. Runde
Halbfinale: Chuma Kanis (SC Dynamo Berlin) RSC 2. Runde/Überlegenheit
Finale: Maik Koudele (SC Chemie Halle) 5:0 nach Punkten (60:57, 60:57, 60:57, 60:57, 60:57)

27. DDR-Mannschaftsmeisterschaft
Vorrunde in Halle
Maik Koudele (SC Chemie Halle) 0:3 nach Punkten

1986
18. Mai: IV. Weltmeisterschaften in Reno
Mittelgewicht
Achtelfinale: Joon Sup Shin (Südkorea) 3:2 nach Punkten
Viertelfinale: Filko Rustschukliew (Bulgarien) 5:0 nach Punkten
Halbfinale: Henryk Petrich (Polen) 5:0 nach Punkten
Finale: Darin Allen (USA) 1:4 nach Punkten (58:59, 59:58, 58:59, 58:59, 58:59)

XV. Internationales Chemiepokal-Turnier in Halle
Mittelgewicht
Halbfinale: Rahmat Dine (Algerien) 5:0 nach Punkten
Finale: Maik Koudele (SC Chemie Halle) 5:0 nach Punkten (60:57, 60:57, 59:58, 60:57, 60:57)

II. Internationales Turnier um den Japan-Cup in Chiba
Mittelgewicht
Halbfinale: Philippe Maimoun (Frankreich) kampflos
Finale: Daniel Krumow (Bulgarien) 5:0 nach Punkten

XVII. Internationales TSC-Turnier in Berlin
Mittelgewicht
Viertelfinale: Andrzej Ogonowski (Polen) 5:0 nach Punkten
Halbfinale: Egerton Marcus (Kanada) 5:0 nach Punkten
Finale: Maik Koudele (SC Chemie Halle) 5:0 (60:57, 59:56, 59:58, 59:58, 59:58)

24. Internationales Turnier der »Volksstimme« in Wien
Mittelgewicht
Halbfinale: Oleg Wolkow (UdSSR) 5:0 nach Punkten
Finale: Zoltan Füzesy (Ungarn) 5:0 nach Punkten

Internationales Turnier in Rotterdam
Mittelgewicht
Viertelfinale: Ulf Bachke (Norwegen) 5:0 nach Punkten
Halbfinale: Peter Zwezerijnen (Niederlande) 5:0 nach Punkten
Finale: Jürgen Fikara (BRD) kampflos

7. Dezember: XXXVIII. DDR-Meisterschaften in Schwerin
Mittelgewicht
Viertelfinale: Chuma Kanis (SC Dynamo Berlin) RSC 3. Runde/Überlegenheit, Andre Alsleben (SC Chemie Halle) RSC 2. Runde/Überlegenheit
Finale: Maik Koudele (SC Chemie Halle) 5:0 nach Punkten (60:57, 60:57, 60:57, 59:58, 60:57)

28. DDR-Mannschaftsmeisterschaft
Vorrunde in Schwerin
Halbfinale: Chuma Kanis (SC Dynamo Berlin) RSC 3. Runde/Überlegenheit
Finale: Jens Jaede (SC Traktor Schwerin) RSC 2. Runde/Überlegenheit

1987
7. Juni: XXVII. Europameisterschaften in Turin
Mittelgewicht
Achtelfinale: Nusret Redzepi (Jugoslawien) 5:0 nach Punkten
Viertelfinale: Sandor Hranek (Ungarn) 5:0 nach Punkten
Halbfinale: Ruslan Taramow (Rußland) 5:0 nach Punkten
Finale: Henryk Petrich (Polen) 5:0 nach Punkten (60:56, 60:56, 60:57, 60:56, 60:57)

31. Oktober: V. Weltcup in Belgrad
Mittelgewicht
Viertelfinale: Raul Grados (Peru) 5:0 nach Punkten
Halbfinale: Kwi Keun Kwak (Südkorea) 5:0 nach Punkten
Finale: Angel Espinosa (Kuba) 0:5 nach Punkten (55:60, 53:60, 55:60, 56:60, 56:60)

13. Internationales Turnier um den Kings-Cup in Bangkok
Mittelgewicht
Viertelfinale: Dimitri Boligusow (UdSSR) 5:0 nach Punkten
Halbfinale: Rojmumbo Suico (Philippinen) 5:0 nach Punkten
Finale: Oleg Sabolotskich (UdSSR) 3:2 nach Punkten

XVIII. Internationales TSC-Turnier in Berlin
Mittelgewicht
Halbfinale: Zlatko Buric (Jugoslawien) RSC 1. Runde/Überlegenheit
Finale: Sven Ottke (BRD) 5:0 (60:55, 60:56, 60:56, 60:56, 60:58)

25. Internationales Turnier der »Volksstimme« in Wien
Mittelgewicht
Halbfinale: Bogdan Wieczorek (Polen) 4:1 nach Punkten
Finale: Oleg Wolkow (UdSSR) 5:0 nach Punkten

127. DDR-Länderkampf in Rostock
DDR – BRD 20:4 – Sven Ottke K.o. 1. Runde
6. Dezember: XXXIX. DDR-Meisterschaften in Cottbus
Mittelgewicht
Viertelfinale: Andy Schapals (ASG Vorwärts Halle) kampflos
Halbfinale: Sven Siebert (TSC Berlin) RSC 2. Runde/Aufgabe
Finale: Mike Olesch (SC Chemie Halle) 5:0 nach Punkten (60:56, 60:55, 60:53, 60:54, 60:55)

29. DDR-Mannschaftsmeisterschaft
Vorrunde in Rehna
Halbfinale: Frank Wunderling (BSG Stahl Hennigsdorf) K.o. 1. Runde
Finale: Torsten Lange (SC Traktor Schwerin) 5:0 nach Punkten

1988

1. Oktober: XXIV. Olympische Spiele in Seoul
Mittelgewicht
Vorrunde: Helman Palije (Malawi) 5:0 nach Punkten
Achtelfinale: Sello Mojela (Lesotho) kampflos/Verletzung
Viertelfinale: Michele Mastrodonato (Italien) 5:0 nach Punkten
Halbfinale: Chris Sande (Kenia) 5:0 nach Punkten
Finale: Egerton Marcus (Kanada) 5:0 nach Punkten (59:58, 59:58, 60:56, 60:56, 60:57)

Internationales Turnier »Seoul Cup 1988« in Seoul
Mittelgewicht
Achtelfinale: Kim Jong-Hoon (Südkorea) 5:0 nach Punkten
Viertelfinale: Hong Ki-Ho (Südkorea) 5:0 nach Punkten
Halbfinale: Kevin Bryant (USA) 5:0 nach Punkten
Finale: Ruslan Taramow (UdSSR) 5:0 nach Punkten

XVII. Internationales Chemiepokal-Turnier in Halle
Mittelgewicht
Halbfinale: Sergej Markin (SASK Schwerin) 5:0 nach Punkten
Finale: Angel Espinosa (Kuba) 0:5 nach Punkten (55:60, 55:60, 54:60, 58:60,58:59)

XIII. Internationales Turnier »France Inter« in Saint Nazaire
Mittelgewicht
Viertelfinale: Peter Zwezerijnen (Niederlande) 1:4 nach Punkten

19. Internationales TSC-Turnier in Berlin
Mittelgewicht
Viertelfinale: Anatoli Kuschkow (UdSSR) 5:0 nach Punkten
Halbfinale: Angel Espinosa (Kuba) 0:5 nach Punkten

11. Dezember: 40. DDR-Meisterschaften in Gera
Mittelgewicht
Viertelfinale: Sven Siebert (TSC Berlin) K.o. 3. Runde
Halbfinale: Wolf Preiss (SC Traktor Schwerin) 5:0 nach Punkten
Finale: Torsten Schmitz (Schwerin) 4:1 nach Punkten (59:58, 59:58, 58:59, 59:58, 59:58)

30. DDR-Mannschaftsmeisterschaft
Vorrunde in Schwerin
Halbfinale: Wolfram Schmidt (SC Traktor Schwerin) 5:0 nach Punkten
Finale: Andy Liebing (TSC Berlin) 5:0 nach Punkten

1989

1. Oktober: V. Weltmeisterschaften in Moskau
Halbschwergewicht
Vorrunde: Raymundo Suico (Philippinen) 23:1 Punkte
Viertelfinale: Ljubomir Agow (Bulgarien) 12:5 Punkte
Halbfinale: Nurmagomed Schanawasow (UdSSR) 9:6 Punkte
Finale: Pablo Romero (Kuba) 18:11 Punkte

3. Juni: XXVIII. Europameisterschaften in Athen
Mittelgewicht
Achtelfinale: Brian Lentz (Dänemark) 5:0 nach Punkten
Viertelfinale: Lammert Brink (Niederlande) RSC 2. Runde/Aufgabe
Halbfinale: Andrej Kurnjawka (UdSSR) 5:0 nach Punkten
Finale: Michal Franek (ČSSR) 5:0 nach Punkten (59:58, 60:57, 60:55, 60:57, 60:57)

XVIII. Internationales Chemiepokal-Turnier in Halle
Mittelgewicht
Halbfinale: Kim Zol (KDVR) RSC 3. Runde/Überlegenheit
Finale: Alfredo Duvergel (Kuba) 3:2 nach Punkten (58:59, 60:57, 58:59, 59:58, 59:58)

15. Internationaler Kings-Cup in Bangkok
Mittelgewicht
Viertelfinale: Andrej Rudenko (UdSSR) 5:0 nach Punkten
Halbfinale: Hussain Shah (Pakistan) 5:0 nach Punkten
Finale: Charles Waithakis (Kenia) 5:0 nach Punkten

20. Internationales TSC-Turnier in Berlin
Halbschwergewicht: Halbfinale: Orlando Despaigne (Kuba) Disqualifikation 3. Runde/Unsportlichkeit
Finale: Sven Lange (SC Traktor Schwerin) 50:38 Punkten

1. Internationaler Bürgermeister-Cup in Manila
Halbschwergewicht
Viertelfinale: Raymundo Suico (Philippinen) 5:0 nach Punkten
Halbfinale: Allan Cromp (USA) 5:0 nach Punkten
Finale: Nurmagomed Schanawasow (UdSSR) 5:0 nach Punkten

Erfolge als Profi:
insgesamt 26 Kämpfe – 26 Siege, davon 11 K.o.

1990

1. 9. Mai, London
   Teo Arvizu (Mexiko/27 Jahre/30 Kämpfe – 19 Siege, davon kein K.o./kein Unentschieden/11 Niederlagen) K.o. 1. Runde

2. 1. Juni, Düsseldorf
   Mike Aubrey (England/24 – 15 Kämpfe – 8 Siege, davon 2 K.o./kein Unentschieden/7 Niederlagen) Punktsieg, 6 Runden

3. 7. September, Berlin
Jorge Salgado (Argentinien/35 Jahre/70 Kämpfe – 38 Siege, davon 17 K.o./6 Unentschieden/26 Niederlagen) Punktsieg, 6 Runden

4. 5. Oktober, Düsseldorf
Mike Brothers (USA/31 Jahre/22 Kämpfe – 15 Siege, davon 4 K.o./kein Unentschieden/7 Niederlagen) K.o. 2. Runde

5. 31. Oktober, London
Cordwell Hylton (England/32 Jahre /47 Kämpfe – 22 Siege, davon 13 K.o./1 Unentschieden/24 Niederlagen) technischer K.o. 3. Runde

6. 16. November, Hamburg
Sean Mannion (USA/34 Jahre/50 Kämpfe – 38 Siege, davon 13 K.o./kein Unentschieden/12 Niederlagen) Punktsieg, 8 Runden

7. 7. Dezember, Berlin
Glazz Campbell (England/28 Jahre/16 Kämpfe – 7 Siege, davon 1 K.o./2 Unentschieden/7 Niederlagen) Punktsieg, 8 Runden

1991

8. 24. Januar, Miami Beach
Saleem Muhammed (USA/26 Jahre/13 Kämpfe – 7 Siege, davon 1 K.o./kein Unentschieden/6 Niederlagen) Punktsieg, 8 Runden

9. 1. März, Düsseldorf
Miguel Angel Maldonado (Argentinien/31 Jahre/49 Kämpfe – 26 Siege, davon 8 K.o./7 Unentschieden/16 Niederlagen) Punktsieg, 8. Runden

10. 31. Mai, Berlin
Yawe Davis (Uganda/29 Jahre/35 Kämpfe – 27 Siege, davon 13 K.o./2 Unentschieden/8 Niederlagen) Punktsieg, 10 Runden

11. 13. September, Düsseldorf
Rodrigo Benech (Uruguay/31 Jahre/30 Kämpfe – 23 Siege, davon 20 K.o./1 Unentschieden/6 Niederlagen) Punktsieg, 8 Runden

12. 12. Oktober, Halle/Saale
Mike Peak (USA/25 Jahre/17 Kämpfe – 10 Siege, davon 2 K.o./2 Unentschieden/5 Niederlagen) K.o. 9. Runde

13. 8. November, Paris
Darryl Fromm (USA/30 Jahre/24 Kämpfe – 17 Siege, davon 10 K.o./kein Unentschieden/7 Niederlagen) K.o. 2. Runde

14. 6. Dezember, Düsseldorf
Tom Collins (England/36 Jahre/45 Kämpfe – 26 Siege, davon 19 K.o./1 Unentschieden/18 Niederlagen) K.o. 8. Runde

1992

15. 6. März, Berlin
Leslie Stewart (Trinidad/30 Jahre/37 Kämpfe – 28 Siege, davon 18 K.o./kein Unentschieden/9 Niederlagen) K.o. 7. Runde

16. 4. April, Düsseldorf
Steve Mc Carthy (England/29 Jahre/13 Kämpfe – 11 Siege, davon 5 K.o./1 Unentschieden/1 Niederlage) Disqualifikation 9. Runde

17. 27. Juni, Halle/Saale
Lenzie Morgan (USA/25 Jahre/ 20 Kämpfe – 11 Siege, davon 5 K.o./2 Unentschieden/7 Niederlagen) Punktsieg, 10 Runden

18. 19. September, Kassel
Samson Cohen (USA/30 Jahre/10 Kämpfe – 8 Siege, davon 4 K.o./1 Unentschieden/1 Niederlage) technischer K.o. 6. Runde

19. 2. Oktober, Berlin
Frankie Minton (USA/28 Jahre/41 Kämpfe – 24 Siege, davon 12 K.o./1 Unentschieden/16 Niederlagen) K.o. 2. Runde

1993

20. Weltmeisterschaftskampf der Internationalen Boxing-Federation (IBF) im Halbschwergewicht, 20. März, Düsseldorf
Charles Williams (USA/30 Jahre/79,3 kg/39 Kämpfe – 33 Siege,

davon 24 K.o./2 Unentschieden/4 Niederlagen) Punktsieg, 12 Runden (118:110/115:111/116:111)

21. Erste WM-Titelverteidigung, 18. September, Düsseldorf
Anthony Hembrick (USA/27 Jahre/79,2 kg/31 Kämpfe – 27 Siege, davon 19 K.o./1 Unentschieden/3 Niederlagen) Punktsieg, 12 Runden (119:108/119:108/119:109)

22. Zweite WM-Titelverteidigung, 11. Dezember, Düsseldorf
Dave Vedder (USA/29 Jahre/78,2 kg/30 Kämpfe – 12 Siege, davon 3 K.o./3 Unentschieden/12 Niederlagen) Punktsieg, 12 Runden (120:108/120:107/118:109)

1994

23. Dritte Titelverteidigung, 26. März, Dortmund
Ernesto Magdaleno (USA/32 Jahre/79,2 kg/19 Kämpfe – 18 Siege, davon 8 K.o./1 Unentschieden) technischer K.o. 9. Runde

24. Vierte Titelverteidigung, 4. Juni, Dortmund
Andrea Magi (Italien/27 Jahre/79,0 kg/17 Kämpfe – 16 Siege, davon 6 K.o./kein Unentschieden/1 Niederlage) Punktsieg, 12. Runde (119:110/117:112/117:114)

25. Fünfte Titelverteidigung, 8. Oktober, Halle/Westfalen
Iran Barkley (USA/34 Jahre/79,1 kg/42 Kämpfe – 33 Siege, davon 20 K.o./kein Unentschieden/9 Niederlagen) technischer K.o. 9. Runde

1995

26. Sechste Titelverteidigung, 11. Februar, Frankfurt/Main
Egerton Marcus (Kanada/30 Jahre/79, 1 kg/14 Kämpfe – 14 Siege, davon 10 K.o./kein Unentschieden/keine Niederlagen) Punktsieg, 12 Runden (118:110/118:110/118:111)

27. Siebte Titelverteidigung, 27. Mai, Dortmund Graciano Rocchigiani (Berlin/31Jahre/78,9 kg/39 Kämpfe – 37 Siege, davon 19 K. o./1 Unentschieden/1 Niederlage) Punktsieg, 12 Runden (117:111/116:113/116:114)

Ehrungen:

1982	5. DDR-Rangliste im Mittelgewicht
1983	5. Welt-Rangliste, 1. DDR-Rangliste im Mittelgewicht
1984	9. Welt-Rangliste, 5. Europa-Rangliste, 1. DDR-Rangliste im Mittelgewicht
1985	1. Welt-Rangliste, 1. Europa-Rangliste, 1. DDR-Rangliste im Mittelgewicht, Sportler des Bezirkes Frankfurt/Oder, DDR-Boxer des Jahres, Bester Boxer der DDR-Meisterschaften
1986	1. Welt-Rangliste, 1. Europa-Rangliste, 1. DDR-Rangliste im Mittelgewicht, Vaterländischer Verdienstorden in Gold, Verdienter Meister des Sports, DDR-Boxer des Jahres, 7. Platz DDR-Sportler des Jahres, Bester Boxer beim Internationalen Turnier in Rotterdam, Bester Boxer der DDR-Meisterschaften
1987	2. Welt-Rangliste, 1. Europa-Rangliste, 1. DDR-Rangliste im Mittelgewicht, Technisch bester Boxer der Europameisterschaften, 10. Platz DDR-Sportler des Jahres, Sportler des Bezirkes Frankfurt/Oder
1988	2. Welt-Rangliste, 1. Europa-Rangliste, 1. DDR-Rangliste im Mittelgewicht, Vaterländischer Verdienstorden in Gold, 10. Platz DDR-Sportler des Jahres, Sportler des Bezirkes Frankfurt/Oder, 2. Platz DDR-Boxer des Jahres
1989	1. Welt-Rangliste, 1. Europa-Rangliste, 1. DDR-Rangliste im Halbschwergewicht, Russell-Cup als »Bester Boxer der Weltmeisterschaften«
1990	Deutscher Profiboxer des Jahres
1993	Deutscher Sportler des Jahres, Deutscher Profiboxer des Jahres

Manfred Wolke

Biografie

Geboren: 14. Januar 1943 in Babelsberg
Verheiratet mit Frau Brigitte seit 1964, drei Kinder: Hendrik (31), Babette (29), Alexander (25)
Beruf: Maschinenbauschlosser, Diplom-Sportlehrer
1960: Beginn mit dem Boxsport bei der BSG Motor Babelsberg, Trainer Martin Neef (bis 1972)
1964: Wechsel zum ASK Vorwärts Berlin
1967: DDR-Boxer des Jahres, Auszeichnung »Meister des Sports«
1968: Auszeichnung Vaterländischer Verdienstorden in Silber, DDR-Armeesportler des Jahres
1972: Wechsel zum ASK Vorwärts Frankfurt/Oder

Erfolge als Sportler:

Insgesamt 253 Kämpfe, davon 228 Siege, 25 Niederlagen
28 Länderkämpfe für die DDR-Nationalmannschaft

1961
DDR-Juniorenmeister im Federgewicht, erster internationaler Wettkampf in Budapest (Punktsieg gegen Sandor Nagy)

1966
Zweiter Platz bei den DDR-Meisterschaften im Weltergewicht

1967
Zweiter Platz bei den Europameisterschaften in Rom im Weltergewicht
Gewinner der III. Internationalen Sportwoche in Mexiko im Weltergewicht
DDR-Meister im Weltergewicht
Zweiter Platz bei den DDR-Mannschafts-Meisterschaften mit dem ASK Vorwärts Berlin

1968

26. Oktober: Olympiasieger in Mexiko-Stadt im Weltergewicht
Vorrunde: Andres Casanola Molina (Kuba) 4:1 nach Punkten (59:60, 59:57, 60:57, 59:58, 59:59)
Achtelfinale: Expedito Alencar Arrais (Brasilien) 5:0 nach Punkten (60:58, 60:57, 59:57, 60:57, 60:57)
Viertelfinale: Celael Sandal (Türkei) 4:1 nach Punkten (59:57, 59:57, 59:58, 60:59, 58:59)
Halbfinale: Wladimir Mussalimow (UdSSR) 3:2 nach Punkten (59:58, 57:59, 59:57, 59:58, 59:60)
Finale: Joseph Bessala (Kamerun) 4:1 nach Punkten (60:57, 59:58, 59:59 für Bessala, 59:58, 60:57)

DDR-Meister im Weltergewicht

Dritter Platz DDR-Mannschafts-Meisterschaft

1969

DDR-Meister im Weltergewicht

1970

DDR-Meister im Weltergewicht

1971

Zweiter Platz bei den Europameisterschaften in Madrid im Weltergewicht
DDR-Meister im Halbmittelgewicht

1972

Teilnehmer der XX. Olympischen Spiele in München
Weltergewicht
Vorrunde: Grigoris Therianos (Griechenland) 4:1 nach Punkten
Achtelfinale: Emilio Correa (Kuba) RSC-Niederlage 2. Runde/Augenbrauenverletzung

1973

Zweiter Platz bei den DDR-Meisterschaften im Weltergewicht

Erfolge als Trainer:

Seit 1973 Amateur-Trainer beim ASK Vorwärts Frankfurt/Oder

Olympische Spiele: 2 Gold, 1 Bronze
Moskau, 1980
Gold: Rudi Fink (Federgewicht)
Bronze: Karl-Heinz Krüger (Weltergewicht)

Seoul, 1988
Gold: Henry Maske (Mittelgewicht)

Weltmeisterschaften: 1 Gold, 1 Silber, 4 Bronze
Havanna, 1974
Bronze: Ulrich Beyer (Halbweltergewicht)

Belgrad, 1978
Bronze: Karl-Heinz Krüger (Halbweltergewicht)

München, 1982
Bronze: Dietmar Geilich (Halbfliegengewicht)

Moskau, 1989
Gold: Henry Maske (Halbschwergewicht)
Silber: Andreas Otto (Halbweltergewicht)
Bronze: Axel Schulz (Schwergewicht)

Europameisterschaften: 1 Gold, 6 Silber, 7 Bronze
Belgrad, 1973
Bronze: Günter Radowski (Leichtgewicht) und Ulrich Beyer (Halbweltergewicht)

Katowice, 1975
Bronze: Ulrich Beyer (Halbweltergewicht)

Halle, 1977
Silber: Ulrich Beyer (Halbweltergewicht), Karl-Heinz Krüger (Weltergewicht)

Köln, 1979
Silber: Dietmar Geilich (Halbfliegengewicht)
Bronze: Karl-Heinz Krüger (Halbweltergewicht)

Tampere, 1981
Silber: Dietmar Geilich (Halbfliegengewicht), Karl-Heinz Krüger (Weltergewicht)

Varna, 1983
Bronze: Henry Maske (Mittelgewicht)

Athen, 1989
Gold: Henry Maske (Mittelgewicht)
Silber: Axel Schulz (Schwergewicht)
Bronze: Jan Quast (Halbfliegengewicht), Andreas Otto (Halbweltergewicht)

DDR-Meisterschaften; Einzel: 33 Meister

1974
Günter Radowski (Leichtgewicht), Ulrich Beyer (Halbweltergewicht)

1975
Dietmar Geilich (Halbfliegengewicht), Günter Radowski (Leichtgewicht), Ulrich Beyer (Halbweltergewicht)

1976
Dietmar Geilich (Halbfliegengewicht), Frank Kraus (Leichtgewicht), Ulrich Beyer (Halbweltergewicht), Günter Rostankowski (Halbmittelgewicht)

1977
Rudi Fink (Federgewicht), Ulrich Beyer (Halbweltergewicht), Karl-Heinz Krüger (Weltergewicht), Günter Rostankowski (Halbmittelgewicht)

1979
Dietmar Geilich (Halbfliegengewicht), Rudi Fink (Federgewicht), Karl-Heinz Krüger (Halbweltergewicht), Günter Rostankowski (Halbmittelgewicht)

1980
Dietmar Geilich (Halbfliegengewicht), Rudi Fink (Leichtgewicht), Karl-Heinz Krüger (Weltergewicht), Frank Kobsik (Halbschwergewicht)

1981
Dietmar Geilich (Halbfliegengewicht)

1982
Karl-Heinz Krüger (Leichtgewicht), Klaus Dieter Schmid (Schwergewicht)

1983
Dietmar Geilich (Halbfliegengewicht), Ingo Benske (Leichtgewicht), Henry Maske (Mittelgewicht), Klaus-Dieter Schmid (Schwergewicht)

1984
Karl-Heinz Krüger (Halbweltergewicht)

1987
Henry Maske (Mittelgewicht)

1988
Henry Maske (Mittelgewicht), Axel Schulz (Schwergewicht)

1989
Jan Quast (Halbfliegengewicht)

DDR-Meisterschaften; Mannschaft:

1979
DDR-Mannschaftsmeister

1980
Zweiter der DDR-Mannschafts-Meisterschaft

1981
DDR-Mannschaftsmeister

Seit 1. April 1990 Profi-Trainer
Insgesamt 67 Kämpfe – 64 Siege, davon 28 K.o.,
1 Unentschieden, 2 Niederlagen

Henry Maske – 6. Januar 1964 in Treuenbrietzen – Halbschwergewicht – 27 Kämpfe – 27 Siege, davon 11 K.o.

Weltmeisterschaft im Halbschwergewicht am 20. März 1993
Sieben Titelverteidigungen: 18. September 1993, 11. Dezember 1993, 26. März 1994, 4. Juni 1994, 8. Oktober 1994 und 11. Februar 1995 und 27. Mai 1995

Axel Schulz – 9. November 1968 in Bad Saarow – Schwergewicht – 24 Kämpfe – 21 Siege, davon 10 k.o., 1 Unentschieden, 2 Niederlagen

1990

1. 5. Oktober, Düsseldorf
George Ajio (Uganda) Punktsieg, 6 Runden
2. 16. November, Hamburg
Jens Plößers (Pforzheim) technischer K.o. 1. Runde
3. 7. Dezember, Berlin
Barry Ellis (England) Punktsieg, 6 Runden
4. 14. Dezember, Karlsruhe
Ramon Voorn (Niederlande) Punktsieg, 6 Runden

1991

5. 1. März, Düsseldorf
Ramon Voorn (Niederlande) technischer K.o. 5. Runde
6. 31. Mai, Berlin
Steve Garber (England) K.o. 5. Runde

7. 28. Juni, Dinslaken
Laszlo Virag (Ungarn) technischer K.o. 4. Runde
8. 13. September, Düsseldorf
Steve Gee (England) K.o. 2. Runde
9. 12. Oktober, Halle/Saale
Dawuda Muhammed (Ghana) Punktsieg, 8 Runden
10. 6. Dezember, Düsseldorf
Charles Dixon (USA) K.o. 2. Runde

1992

11. 28. Januar, Hamburg
Rick Spain (USA) technischer K.o. 2. Runde
12. 6. März, Berlin
Gary McCrory (England) technischer K.o. 2. Runde
13. 25. April, Berlin
Laszlo Paszierko (Ungarn) Punktsieg, 8 Runden
14. 19. September, Kassel
Deutsche Meisterschaft
Bernd Friedrich (Neuwied) Punktsieg, 10 Runden
15. 2. Oktober, Berlin
Ricky Parkey (USA) Punktsieg, 8 Runden
16. 19. Dezember, Berlin
Europameisterschaft
Henry Akinwande (England) Unentschieden 12 Runden

1993

17. 1. Mai, Berlin
Europameisterschaft Henry Akinwande (England) Punktniederlage 12 Runden
18. 7. August, Atlantic City
Kimuel Odum (USA) Punktsieg, 10 Runden
19. 16. Oktober, Koblenz
Carlton West (USA) technischer K.o. 2. Runde

1994

20. 7. Mai, Koblenz
Al Evans (USA) technischer K.o. 3. Runde
21. 4. Juni, Dortmund
Troy Jefferson (USA) Punktsieg, 8 Runden

22. 18. Juni, Chicago
Jack Basting (USA) Punktsieg, 10 Runden
23. 17. September, Leverkusen
James Smith (USA) Punktsieg, 10 Runden

1995

24. Weltmeisterschaftskampf der International Boxing Federation (IBF), 22. April, Las Vegas
George Foreman (USA/46 Jahre/115,2 kg/77 Kämpfe – 73 Siege, davon 68 K. o./kein Unentschieden/4 Niederlagen)
Punktniederlage, 12 Runden (114:114/113:115/113:115)

Torsten May – 10. September 1969 in Frankfurt/Oder – Leichtschwergewicht – 11 Kämpfe – 11 Siege, davon 7 K.o.

1993

1. 18. September, Düsseldorf
Eric Cole (USA) technischer K.o. 1. Runde
2. 16. Oktober, Koblenz
Bruce Johnson (USA) technischer K.o. 4. Runde
3. 11. Dezember, Düsseldorf
Ludmil Popov (Bulgarien) K.o. 1. Runde

1994

4. 26. Februar, San Jose
Vince Boulware (USA) Punktsieg, 8 Runden
5. 26. März, Dortmund
Tony Booth (England) Punktsieg, 6 Runden
6. 7. Mai, Koblenz
Deutsche Meisterschaft
Ralf Rocchigiani (Berlin) Punktsieg, 10 Runden
7. 18. Juni, Chicago
Dale Jackson (USA) technischer K.o. 5. Runde
8. 26. November, Wuppertal
Jason Waller (USA) technischer K.o. 6. Runde

1995

9. 25. März, Düsseldorf
   Saul Montana (Mexiko) Punktsieg, 10 Runden
10. 27. Mai, Dortmund
   Fred Adams (USA) K. o. 3. Runde
11. 17. Juni, Las Vegas
   Tim Johnson (USA) technischer K. o. 2. Runde

Rüdiger May – 26. November 1974 in Meerane – Leichtschwergewicht – 5 Kämpfe – 5 Siege

1994

1. 26. Februar, San Jose
   Freddie Simmons (USA) Punktsieg, 4 Runden
2. 17. September, Leverkusen
   Nick Wadman (England) Punktsieg, 6 Runden
3. 8. Oktober, Halle/Westfalen
   Art Stacey (England) Punktsieg, 6 Runden
4. 26. November, Wuppertal
   Steve Osborne (England) Punktsieg, 6 Runden

1995

5. 11. Februar, Frankfurt/Main
   John Keeton (England) Punktsieg, 6 Runden

Professionals

Weltmeisterschaftskämpfe mit deutschen Athleten

Insgesamt: 39 Kämpfe – 20 Siege, 1 Unentschieden, 18 Niederlagen

In Deutschland ausgetragen: 30 Kämpfe – 18 Siege, 1 Unentschieden, 11 Niederlagen

1. 14. Mai 1908, San Francisco, Leichtgewicht
   Joe Gans (USA) – Rudi Unholz (Mannheim) technischer K.o. 11. Runde
2. 12. Juni 1930, New York, Schwergewicht
   Max Schmeling (Klein Luckow) – Jack Sharkey (USA) Disqualifikations-Sieg, 4. Runde
3. 3. Juli 1931, Cleveland, Schwergewicht
   Max Schmeling (Klein Luckow) – Young Stribling (USA) K.o. 15. Runde
4. 21. Juni 1932, Long Island, Schwergewicht
   Jack Sharkey (USA) – Max Schmeling (Klein Luckow) Punktsieg, 15 Runden
5. 10. März 1933, New York , Halbschwergewicht
   NY-Version
   Maxie Rosenbloom (USA) – Adolf Heuser (Bonn) Punktsieg, 15 Runden
6. 29. Oktober 1936, Berlin, Halbschwergewicht
   IBU-Version
   Gustav Roth (Belgien) – Adolph Witt (Kiel) Punktsieg, 15 Runden
7. 21. Januar 1938, Berlin, Halbschwergewicht
   IBU-Version
   Gustav Roth (Belgien) – Jupp Besselmann (Paderborn) Punktsieg, 15 Runden
8. 16. Februar 1938, Brüssel, Weltergewicht
   IBU-Version
   Felix Wouters (Belgien) – Gustav Eder (Bielefeld) Punktsieg, 15 Runden

9. 25. März 1938, Berlin, Halbschwergewicht
IBU-Version
Adolf Heuser (Bonn) – Gustav Roth (Belgien) technischer K.o., 7. Runde

10. 7. April 1938, Berlin, Mittelgewicht
IBU-Version
Edouard Tenet (Frankreich) – Jupp Besselmann (Paderborn) technischer K.o. 12 Runde

11. 22. Juni 1938, New York, Schwergewicht
Joe Louis (USA) – Max Schmeling (Klein Luckow) technischer K.o. 1. Runde

12. 11. Dezember 1939, Cleveland, Mittelgewicht
NBA-Version
Al Hostak (USA) – Erich Seelig (Bromberg)
K.o. 3. Runde

13. 23. Juni 1962, Berlin, Halbschwergewicht
Harold Johnson (USA) – Gustav Scholz (Berlin) Punktsieg, 15 Runden

14. 10. September 1966, Frankfurt, Schwergewicht
WBC-Version
Muhammad Ali (USA) – Karl Mildenberger (Kaiserslautern) technischer K.o. 12. Runde

15. 16. November 1967, Tokio, Halbweltergewicht
WBA-Version
Paul Fuji (Japan) – Willy Quartour (Dortmund)
K.o. 4. Runde

16. 20. März 1970, Berlin, Super-Weltergewicht
WBA-Version
Fred Little (USA) – Gerhard Piaskowy (Berlin) Punktsieg, 15 Runden

17. 17. Juni 1976, Berlin, Super-Weltergewicht
WBC-Version
Eckhard Dagge (Kiel) – Elisha Obed (Bahamas) technischer K.o. 10. Runde

18. 18. September 1976, Berlin, Super-Weltergewicht
WBC-Version
Eckhard Dagge (Kiel) – Emile Griffith (USA) Punktsieg, 15 Runden

19. 15. März 1977, Berlin, Super-Weltergewicht
WBC-Version
Eckhard Dagge (Kiel) – Maurice Hope (England) Unentschieden, 15 Runden

20. 6. August 1977, Berlin, Super-Weltergewicht
WBC-Version
Rocco Mattioli (Italien) – Eckhard Dagge (Kiel)
K.o. 5. Runde

21. 7. Oktober 1983, Frankfurt/Main, Super-Federgewicht
WAA-Version
René Weller (Pforzheim) – James Ortega (USA) technischer K.o. 1. Runde

22. 11. März 1988, Düsseldorf, Super-Mittelgewicht
IBF-Version
Graciano Rocchigiani (Berlin) – Vince Boulware (USA) technischer K.o. 8. Runde

23. 3. Juni 1988, Berlin, Super-Mittelgewicht
IBF-Version
Graciano Rocchigiani (Berlin) – Nicky Walker (USA) Punktsieg, 15 Runden

24. 7. Oktober 1988, Berlin, Super-Mittelgewicht
IBF-Version
Graciano Rocchigiani (Berlin) – Chris Reid (USA) technischer K.o. 11. Runde

25. 27. Januar 1989, Berlin, Super-Mittelgewicht
IBF-Version
Graciano Rocchigiani (Berlin) – Thulane Malinga (Südafrika) Punktsieg, 12 Runden

26. 2. Oktober 1992, Berlin, Leichtschwergewicht
WBO-Version
Tyrone Booze (USA) – Ralf Rocchigiani (Berlin) Punktsieg, 12 Runden

27. 13. Februar 1993, Hamburg, Leichtschwergewicht
WBO-Version
Markus Bott (Pforzheim) – Tyrone Booze (USA) Punktsieg, 12 Runden

28. 20. März 1993, Düsseldorf, Halbschwergewicht
IBF-Version

Henry Maske (Frankfurt/Oder) – Charles Williams (USA) Punktsieg, 12 Runden

29. 26. Juni 1993, Hamburg, Leichtschwergewicht
WBO-Version
Nestor Giovannini (Argentinien) – Markus Bott (Pforzheim), Punktsieg, 12 Runden

30. 18. September 1993, Düsseldorf, Halbschwergewicht
IBF-Version
Henry Maske (Frankfurt/Oder) – Anthony Hembrick (USA) Punktsieg, 12 Runden

31. 20. November 1993, Hamburg, Leichtschwergewicht
WBO-Version
Nestor Giovannini (Argentinien) – Markus Bott (Pforzheim) Punktsieg, 12 Runden

32. 11. Dezember 1993, Düsseldorf, Halbschwergewicht
IBF-Version
Henry Maske (Frankfurt/Oder) – Dave Vedder (USA) Punktsieg, 12 Runden

33. 5. Februar 1994, Berlin, Super-Mittelgewicht
WBO-Version
Chris Eubank (England) – Graciano Rocchigiani (Berlin) Punktsieg, 12 Runden

34. 26. März 1994, Dortmund, Halbschwergewicht
IBF-Version
Henry Maske (Frankfurt/Oder) – Ernesto Magdaleno (USA) technischer K.o. 9. Runde

35. 4. Juni 1994, Dortmund, Halbschwergewicht
IBF-Version
Henry Maske (Frankfurt/Oder) – Andrea Magi (Italien) Punktsieg, 12 Runden

36. 10. September 1994, Hamburg, Halbschwergewicht
WBO-Version
Dariusz Michalczewski (Hamburg) – Leonzer Barber (USA) Punktsieg, 12 Runden

37. 8. Oktober 1994, Halle/Westfalen, Halbschwergewicht
IBF-Version
Henry Maske (Frankfurt/Oder) – Iran Barkley (USA) technischer K.o. 9. Runde

38. 17. Dezember 1994, Hamburg, Leichtschwergewicht
WBO-Version
Dariusz Michalczewski (Hamburg) – Nestor Giovannini (Argentinien), technischer K.o. 10. Runde

39. 11. Februar 1995, Frankfurt/Main, Halbschwergewicht
IBF-Version
Henry Maske (Frankfurt/Oder) – Egerton Marcus (Kanada) Punktsieg, 12 Runden

40. 11. März 1995, Köln, Halbschwergewicht
WBO-Version
Dariusz Michalczewski (Hamburg) – Roberto Dominguez (Spanien) K.o. 2. Runde

41. 20. April 1995, Las Vegas, Superfliegengewicht der Frauen
WIBF-Version
Yvonne Trevino (USA) – Regina Halmich (Karlsruhe) technischer K.o. 4. Runde

42. 22. April 1995, Las Vegas, Schwergewicht
IBF-Version
George Foreman (USA) – Axel Schulz (Frankfurt/Oder) Punktsieg, 12 Runden

43. 20. Mai 1995, Hamburg, Halbschwergewicht
WBO-Version
Dariusz Michalczewski (Hamburg) – Paul Carlo (USA) K.o. 4. Runde

44. 27. Mai 1995, Dortmund, Halbschwergewicht
IBF-Version
Henry Maske (Frankfurt/Oder) – Graciano Rocchigiani (Berlin) Punktsieg, 12 Runden

45. 10. Juni 1995, Karlsruhe, Fliegengewicht Frauen
WIBF-Version
Regina Halmich (Karlsruhe) – Kim Messer (USA) Punktsieg, 10 Runden

46. 10. Juni 1995, Manchester, Leichtschwergewicht
WBO-Version
Ralf Rocchigiani (Berlin) – Carl Thompson (England) technischer K.o. 11. Runde

Halbschwergewichtsweltmeisterschaften

1. 22. April 1903, Detroit
Jack Root (USA) – Kid Mc Coy (USA) Punktsieg, 10 Runden
2. 4. Juli 1903, Fort Erie
George Gardner (USA) – Jack Root (USA) K.o. 12. Runde
3. 25. November 1903, San Francisco
Bob Fitzsimmons (Australien) – George Gardner (USA) Punktsieg, 20 Runden
4. 20. Dezember 1905, San Francisco
Jack O'Brien (USA) – Bob Fitzsimmons (Australien) technischer K.o. 13. Runde
5. 28. November 1906, Los Angeles
Jack O'Brien (USA) – Tommy Burns (Kanada) Unentschieden, 20 Runden
6. 28. Mai 1912, Indianapolis
Jack Dillon (USA) – Hugo Kelly (USA) K.o. 3. Runde
7. 14. April 1914, Butte
Jack Dillon (USA) – Battling Levinsky (USA) Punktsieg, 12 Runden
8. 28. April 1914, Kansas City
Jack Dillon (USA) – Al Norton (USA) Punktsieg, 10 Runden
9. 15. Juni 1914, Butte
Jack Dillon (USA) – Bob Moha (USA) Punktsieg, 12 Runden
10. 25. April 1916, Kansas City
Jack Dillon (USA) – Battling Levinsky (USA) Punktsieg, 15 Runden
11. 3. Mai 1920, Portland
Battling Levinsky (USA) – Clay Turner (USA) Punktsieg, 12 Runden
12. 12. Oktober 1920, Jersey City
Georges Carpentier (Frankreich) – Battling Levinsky (USA) K.o. 4. Runde

13. 11. Mai 1920, London
Georges Carpentier (Frankreich) – Ted Kid Lewis (England) K.o. 1. Runde

14. 24. September 1922, Paris
Battling Siki (Frankreich) – Georges Carpentier (Frankreich) K.o. 6. Runde

15. 17. März 1923, Dublin
Mike McTigue (USA) – Battling Siki (Frankreich) Punktsieg, 20 Runden

16. 4. Oktober 1923, Columbus
Mike McTigue (USA) – Young Stribling (USA) Unentschieden, 10 Runden

17. 30. Mai 1925, New York
Paul Berlenbach (USA) – Mike McTigue (USA) Punktsieg, 15 Runden

18. 11. September 1925, New York
Paul Berlenbach (USA) – Jimmy Slattery (USA) technischer K.o., 11. Runde

19. 11. Dezember 1925, New York
Paul Berlenbach (USA) – Jack Delaney (USA) Punktsieg, 15 Runden

20. 10. Juni 1926, New York
Paul Berlenbach (USA) – Young Stribling (USA) Punktsieg, 15 Runden

21. 16. Juli 1926, New York
Jack Delaney (USA) – Paul Berlenbach (USA) Punktsieg, 15 Runden

22. 20. Dezember 1926, Jersey City
Jack Delaney (USA) – Bud Gorman (USA) K.o. 2. Runde

23. 30. August 1927, Hartford
NBA-Version
Jimmy Slattery (USA) – Maxie Rosenbloom (USA) Punktsieg, 10 Runden

24. 7. Oktober 1927, New York
NY-Version
Tommy Loughran (USA) – Mike McTigue (USA) Punktsieg, 15 Runden

25. 12. Dezember 1927, New York
NBA-NY-Version
Tommy Loughran (USA) – Jimmy Slattery (USA) Punktsieg, 15 Runden

26. 6. Januar 1928, New York
Tommy Loughran (USA) – Leo Lomski (USA) Punktsieg, 15 Runden

27. 1. Juni 1928, New York
Tommy Loughran (USA) – Peter Latzo (USA) Punktsieg, 15 Runden

28. 16. Juli 1928, Wilkes Barre
Tommy Loughran (USA) – Peter Latzo (USA) Punktsieg, 10 Runden

29. 8. März 1929, Chicago
Tommy Loughran (USA) – Mickey Walker (USA) Punktsieg, 10 Runden

30. 18. Juli 1929, New York
Tommy Loughran (USA) – James J. Braddock (USA) Punktsieg, 15 Runden

31. 10. Februar 1930, Buffalo
NY-Version
Jimmy Slattery (USA) – Lou Scozza (USA) Punktsieg, 15 Runden

32. 25. Juni 1930, Buffalo
NY-Version
Maxie Rosenbloom (USA) – Jimmy Slattery (USA) Punktsieg, 15 Runden

33. 22. Oktober 1930, New York
NY-Version
Maxie Rosenbloom (USA) – Abe Bain (USA) technischer K.o. 11. Runde

34. 5. Mai 1931, New York
NY-Version
Maxie Rosenbloom (USA) – Jimmy Slattery (USA) Punktsieg, 15 Runden

35. 18. März 1932, Chicago
NBA-Version
George Nichols (USA) – Dave Maier (USA) Punktsieg, 10 Runden

36. 14. Juli 1932, Buffalo
NY-Version
Maxie Rosenbloom (USA) – Lou Scozza (USA) Punktsieg, 15 Runden

37. 22. Februar 1933, St. Louis
NY-Version
Maxie Rosenbloom (USA) – Al Stillman (USA) Punktsieg, 10 Runden

38. 1. März 1933, Palm Beach
NBA-Version
Bob Godwin (USA) – Joe Knight (USA) Punktsieg, 10 Runden

39. 10. März 1933, New York
NY-Version
Maxie Rosenbloom (USA) – Adolph Heuser (Bonn) Punktsieg, 15 Runden

40. 24. März 1933, New York
NBA-NY-Version
Maxie Rosenbloom (USA) – Bob Godwin (USA) K.o. 4. Runde

41. 3. November 1933, New York
Maxie Rosenbloom (USA) – Mickey Walker (USA) Punktsieg, 15 Runden

42. 5. Mai 1934, Miami Beach
Maxie Rosenbloom (USA) – Joe Knight (USA) Unentschieden, 15 Runden

43. 16. November 1934, New York
Bob Olin (USA) – Maxie Rosenbloom (USA) Punktsieg, 15 Runden

44. 31. Oktober 1935, St. Louis
John Henry Lewis (USA) – Bob Olin (USA) Punktsieg, 15 Runden

45. 13. März 1936, New York
John Henry Lewis (USA) – Jock McAvoy (England) Punktsieg, 15 Runden

46. 1. September 1936, Wien
IBU-Version
Gustav Roth (Belgien) – Heinz Lazek (Österreich) Punktsieg, 15 Runden

47. 29. Oktober 1936, Berlin
IBU-Version
Gustav Roth (Belgien) – Adolf Witt (Bielefeld) Punktsieg, 15 Runden

48. 9. November 1936, London
NBA-NY-Version
John Henry Lewis (USA) – Len Harvey (England) Punktsieg, 15 Runden

49. 12. Januar 1937, Rio de Janeiro
IBU-Version
Gustav Roth (Belgien) – Antonio Rodriguez (Brasilien) Unentschieden, 15 Runden

50. 24. März 1937, Brüssel
IBU-Version
Gustav Roth (Belgien) – Preciso Merlo (Italien) Punktsieg, 15 Runden

51. 1. Mai 1937, Antwerpen
IBU-Version
Gustav Roth (Belgien) – John Anderson (Dänemark) Punktsieg, 15 Runden

52. 3. Juni 1937, St. Louis
NBA-NY-Version
John Henry Lewis (USA) – Bob Olin (USA) technischer K.o. 8. Runde

53. 1. Dezember 1937, Brüssel
IBU-Version
Gustav Roth (Belgien) – Karel Sys (Belgien) Unentschieden, 15 Runden

54. 21. Januar 1938, Berlin
IBU-Version
Gustav Roth (Belgien) – Jupp Besselmann (Paderborn) Punktsieg, 15 Runden

55. 25. März 1938, Berlin
IBU-Version
Adolph Heuser (Bonn) – Gustav Roth (Belgien) technischer K.o. 7. Runde

56. 25. April 1938, Minneapolis
NBA-NY-Version
John Henry Lewis (USA) – Emilio Martinez (USA) K.o. 4. Runde

57. 28. Oktober 1938, New Haven
NBA-NY-Version
John Henry Lewis (USA) – Al Gainer (USA) Punktsieg, 15 Runden

58. 29. November 1938, New York
NY-Version
Tiger Jack Fox (USA) – Al Gainer (USA) Punktsieg, 15 Runden

59. 3. Februar 1939, New York
NY-Version
Melio Bettina (USA) – Tiger Jack Fox (USA) technischer K.o. 9. Runde

60. 10. Juli 1939, London
IBU-Version
Len Harvey (England) – Jock McAvoy (England) Punktsieg, 15 Runden

61. 13. Juli 1939, New York
NBA-NY-Version
Billy Conn (USA) – Melio Bettina (USA) Punktsieg, 15 Runden

62. 25. September 1939, Pittsburgh
NBA-NY-Version
Billy Conn (USA) – Melio Bettina (USA) Punktsieg, 15 Runden

63. 17. November 1939, New York
NBA–NY-Version
Billy Conn (USA) – Gus Lesnevich (USA) Punktsieg, 15 Runden

64. 5. Juni 1940, Detroit
NBA-NY-Version
Billy Conn (USA) – Gus Lesnevich (USA) Punktsieg, 15 Runden

65. 13. Januar 1941, Cleveland
NBA-Version
Anton Christoforidis (Griechenland) – Melio Bettina (USA) Punktsieg, 15 Runden

66. 22. Mai 1941, New York
NBA-NY-Version
Gus Lesnevich (USA) – Anton Christoforidis (Griechenland) Punktsieg, 15 Runden

67. 26. August 1941, New York
NBA-NY-Version
Gus Lesnevich (USA) – Tami Mauriello (USA) Punktsieg, 15 Runden

68. 14. November 1941, New York
NBA-NY-Version
Gus Lesnevich (USA) – Tami Mauriello (USA) Punktsieg, 15 Runden

69. 20. Juni 1942, London
IBU-Version
Freddie Mills (England) – Len Harvey (England) K.o. 2. Runde

70. 14. Mai 1946, London
IBU-NBA-NY-Version
Gus Lesnevich (USA) – Freddie Mills (England) technischer K.o. 10. Runde

71. 28. Februar 1947, New York
Gus Lesnevich (USA) – Billy Fox (USA) K.o. 10. Runde

72. 5. März 1948, New York
Gus Lesnevich (USA) – Billy Fox (USA) K.o. 1. Runde

73. 26. Juli 1948, London
Freddie Mills (England) – Gus Lesnevich (USA) Punktsieg, 15 Runden

74. 6. November 1948, Johannesburg (Südafrika)
Freddie Mills (England) – Johnny Ralph (Südafrika) K.o. 8. Runde

75. 24. Januar 1950, London
Joey Maxim (USA) – Freddie Mills (England) K.o. 10. Runde

76. 22. August 1951, New York
Joey Maxim (USA) – Bob Murphy (USA) Punktsieg, 15 Runden

77. 25. Juni 1952, New York
Joey Maxim (USA) – Sugar Ray Robinson (USA) technischer K.o. 13. Runde

78. 17. Dezember 1952, St. Louis
Archie Moore (USA) – Joey Maxim (USA) Punktsieg, 15 Runden

79. 24. Juni 1953, Ogden
Archie Moore (USA) – Joey Maxim (USA) Punktsieg, 15 Runden

80. 27. Januar 1954, Miami Beach
Archie Moore (USA) – Joey Maxim (USA) Punktsieg, 15 Runden

81. 11. August 1954, New York
Archie Moore (USA) – Harold Johnson (USA) technischer K.o. 14. Runde

82. 22. Juni 1955, New York
Archie Moore (USA) – Carl Bobo Olson (USA) K.o. 3. Runde

83. 5. Juni 1956, London
Archie Moore (USA) – Yolande Pompey (Trinidad) technischer K.o. 10. Runde

84. 20. September 1957, Los Angeles
Archie Moore (USA) – Tony Anthony (USA) technischer K.o. 7. Runde

85. 10. Dezember 1958, Montreal
Archie Moore (USA) – Yvon Durelle (Kanada) K.o. 11. Runde

86. 12. August 1959, Montreal
Archie Moore (USA) – Yvon Durelle (Kanada) K.o. 3. Runde

87. 7. Februar 1961, Miami Beach
NBA-Version
Harold Johnson (USA) – Jesse Bowdry (USA) technischer K.o. 9. Runde

88. 24. April 1961, Philadelphia
NBA-Version
Harold Johnson (USA) – von Clay (USA) K.o. 2. Runde

89. 10. Juni 1961, New York
NY-Version
Archie Moore (USA) – Giulio Rinaldo (Italien) Punktsieg, 15 Runden

90. 29. August 1961, Seattle
Harold Johnson (USA) – Eddie Cotton (USA) Punktsieg, 15 Runden

91. 12. Mai 1962, Philadelphia
Harold Johnson (USA) – Doug Jones (USA) Punktsieg, 15 Runden

92. 23. Juni 1962, Berlin
Harold Johnson (USA) – Gustav Scholz (Berlin) Punktsieg, 15 Runden

93. 1. Juni 1963, Las Vegas
Willie Pastrano (USA) – Harold Johnson (USA) Punktsieg, 15 Runden

94. 10. April 1964, New Orleans
Willie Pastrano (USA) – Gregorio Peralta (Argentinien) technischer K.o. 5. Runde

95. 30. November 1964, Manchester (England)
Willie Pastrano (USA) – Terry Downes (England) K.o. 11. Runde

96. 30. März 1965, New York
Jose Torres (Puerto Rico) – Willie Pastrano (USA) technischer K.o. 9. Runde

97. 21. Mai 1966, New York
Jose Torres (Puerto Rico) – Wayne Thornto (USA) Punktsieg, 15 Runden

98. 15. August 1966, Las Vegas
Jose Torres (Puerto Rico) – Eddie Cotton (USA) Punktsieg, 15 Runden

99. 15. Oktober 1966, San Juan (Puerto Rico)
Jose Torres (Puerto Rico) – Chic Calderwood (England) K.o. 2. Runde

100. 16. Dezember 1966, New York
Dick Tiger (Nigeria) – Jose Torres (Puerto Rico) Punktsieg, 15 Runden

101. 16. Mai 1967, New York
Dick Tiger (Nigeria) – Jose Torres (Puerto Rico) Punktsieg, 15 Runden

102. 17. November 1967, Las Vegas
Dick Tiger (Nigeria) – Roger Rouse (USA) technischer K.o. 12. Runde

103. 24. Mai 1968, New York
Bob Foster (USA) – Dick Tiger (Nigeria) K.o. 4. Runde

104. 23. Januar 1969, New York
Bob Foster (USA) – Frank De Paula (USA) K.o. 1. Runde

105. 24. Mai 1969, Springfield
Bob Foster (USA) – Andy Kendall (USA) technischer K.o. 4. Runde

106. 4. April 1970, Missoula
Bob Foster (USA) – Roger Rouse (USA) technischer K.o. 4. Runde

107. 27. Juni 1970, Baltimore
Bob Foster (USA) – Mark Tessmann (USA) technischer K.o, 10. Runde

108. 27. Februar 1971, Caracas (Venezuela)
WBA-Version
Vicente Rondon (Venezuela) – Jimmy Dupree (USA) technischer K.o. 6. Runde

109. 2. März 1971, Scranton
WBC-Version
Bob Foster (USA) – Horace Hal Carrol (USA) K.o. 4. Runde

110. 24. April 1971, Tampa
WBC-Version
Bob Foster (USA) – Ray Anderson (USA) Punktsieg, 15 Runden

111. 5. Juni 1971, Caracas (Venezuela)
WBA-Version
Vicente Rondon (Venezuela) – Piero Del Papa (Italien) K.o. 1. Runde

112. 21. August 1971, Caracas
WBA-Version
Vicente Rondon (Venezuela) – Eddie Jones (USA) Punktsieg, 15 Runden

113. 26. Oktober 1971, Miami Beach
WBA-Version
Vicente Rondon (Venezuela) – Gomeo Brennan (USA) technischer K.o. 12. Runde

114. 29. Oktober 1971, Scranton
WBC-Version
Bob Foster (USA) – Tommy Hicks (USA) technischer K.o. 8. Runde

115. 15. Dezember 1971, Cleveland
WBA-Version
Vicente Rondon (Venezuela) – Doyle Baird (USA) K.o. 8. Runde

116. 16. Dezember 1971, Oklahoma
WBC-Version
Bob Foster (USA) – Brian Kelly (USA) technischer K.o. 3. Runde

117. 7. April 1972, Miami Beach
WBA-WBC-Version
Bob Foster (USA) – Vicente Rondon (Venezuela) K.o. 2. Runde

118. 27. Juni 1972, Las Vegas
WBA-WBC-Version
Bob Foster (USA) – Mike Quarry (USA) K.o. 4. Runde

119. 26. September 1972, London
WBA-WBC-Version
Bob Foster (USA) – Chris Finnegan (England) K.o. 14. Runde

120. 21. August 1973, Albuquerque
WBA-WBC-Version
Bob Foster (USA) – Pierre Fourie (Südafrika) Punktsieg, 15 Runden

121. 1. Dezember 1973, Johannesburg (Südafrika)
WBA-WBC-Version
Bob Foster (USA) – Pierre Fourie (Südafrika) Punktsieg, 15 Runden

122. 17. Juni 1974, Albuquerque
WBA-WBC-Version
Bob Foster (USA) – Jorge Ahumada (Argentinien) Unentschieden, 15 Runden

123. 1. Oktober 1974, London
WBC-Version
John Conteh (England) – Jorge Ahumada (Argentinien) Punktsieg, 15 Runden

124. 7. Dezember 1974, Buenos Aires
WBA-Version
Victor Galindez (Argentinien) – Len Hutchins (USA) technischer K.o. 13 Runden

125. 11. März 1975, London
WBC-Version
John Conteh (England) – Lonnie Bennett (USA) technischer K.o. 5. Runde

126. 7. April 1975, Johannesburg
WBA-Version
Victor Galindez (Argentinien) – Pierre Fourie (Südafrika) Punktsieg, 15 Runden

127. 30. Juni 1975, New York
WBA-Version
Victor Galindez (Argentinien) – Jorge Ahumada (Argentinien) Punktsieg, 15 Runden

128. 13. September 1975, Johannesburg (Südafrika)
WBA-Version
Victor Galindez (Argentinien) – Pierre Fourie (Südafrika) Punktsieg, 15 Runden

129. 28. März 1976, Oslo
WBA-Version
Victor Galindez (Argentinien) – Harald Skog (Norwegen) K.o. 3. Runde

130. 22. Mai 1976, Johannesburg
WBA-Version
Victor Galindez (Argentinien) – Richie Kates (USA) K.o. 15. Runde

131. 5. Oktober 1976, Johannesburg
WBA-Version
Victor Galindez (Argentinien) – Kosie Smith (Südafrika) Punktsieg, 15 Runden

132. 9. Oktober 1976, Kopenhagen
WBC-Version
John Conteh (England) – Alvaro Yaqui Lopez (USA) Punktsieg, 15 Runden

133. 5. März 1977, Liverpool
WBC-Version
John Conteh (England) – Len Hutchins (USA) technischer K.o. 3. Runde

134. 21. Mai 1977, Monte Carlo
WBC-Version
Miguel Cuello (Argentinien) – Jesse Burnett (USA) K.o. 9. Runde

135. 18. Juni 1977, Rom
WBA-Version
Victor Galindez (Argentinien) – Richie Kates (USA) Punktsieg, 15 Runden

136. 17. September 1977, Rom
WBA-Version
Victor Galindez (Argentinien) – Alvaro Yaqui Lopez (USA) Punktsieg, 15 Runden

137. 20. November 1977, Turin
WBA-Version
Victor Galindez (Argentinien) – Eddie Gregory Mustapha Muhammad (USA) Punktsieg, 15 Runden

138. 7. Januar 1978, Mailand
WBC-Version
Mate Parlov (Jugoslawien) – Miguel Cuell (Argentinien) K.o. 9. Runde

139. 6. Mai 1978, Reggio
WBA-Version
Victor Galindez (Argentinien) – Alvaro Yaqui Lopez (USA) Punktsieg, 15 Runden

140. 17. Juni 1978, Belgrad
WBC-Version
Mate Parlov (Jugoslawien) – John Conteh (England) Punktsieg, 15 Runden

141. 15. September 1978, New Orleans
WBA-Version
Mike Rossman (USA) – Victor Galindez (Argentinien) technischer K.o. 13. Runde

142. 2. Dezember 1978, Marsala (Italien)
WBC-Version
Marvin Johnson (USA) – Mate Parlov (Jugoslawien) technischer K.o. 10. Runde

143. 5. Dezember 1978, Philadelphia
WBA-Version
Mike Rossman (USA) – Aldo Traversaro (Italien) technischer K.o. 6. Runde

144. 14. April 1979, New Orleans
WBA-Version
Victor Galindez (Argentinien) – Mike Rossman (USA) technischer K.o. 10. Runde

145. 22. April 1979, Indianapolis
WBC-Version
Matthew Saad Muhammad (USA) – Marvin Johnson (USA) technischer K.o. 8. Runde

146. 18. August 1979, Atlantic City
WBC-Version
Matthew Saad Muhammad (USA) – John Conteh (England) Punktsieg, 15 Runden

147. 30. November 1979, New Orleans
WBA-Version
Marvin Johnson (USA) – Victor Galindez (Argentinien) technischer K.o. 11. Runde

148. 29. März 1980, Atlantic City
WBC-Version
Matthew Saad Muhammad (USA) – John Conteh (England) technischer K.o. 4. Runde

149. 31. März 1980, Knoxville
WBA-Version
Eddie Mustapha Muhammad (USA) – Marvin Johnson (USA) technischer K.o. 11. Runde

150. 11. Mai 1980, Halifax
WBC-Version
Matthew Saad Muhammad (USA) – Louis Pergaud Ngatchou (Kamerun) technischer K.o. 5. Runde

151. 13. Juli 1980, McAfee (USA)
WBC-Version
Matthew Saad Muhammad (USA) – Alvaro Yaqui Lopez (USA) technischer K.o. 14. Runde

152. 20. Juli 1980, McAfee (USA)
WBA-Version
Eddie Mustapha Muhammad (USA) – Jerry Martin (USA) technischer K.o. 5. Runde

153. 28. November 1980, San Diego
WBC-Version
Matthew Saad Muhammad (USA) – Lottie Mwale (Sambia) K.o. 4. Runde

154. 29. November 1980, Los Angeles
WBA-Version
Eddie Mustapha Muhammad (USA) – Rudy Koopmans (Niederlande) technischer K.o. 3. Runde

155. 28. Februar 1981, Atlantic City
WBC-Version
Matthew Saad Muhammad (USA) – Vonzell Johnson (USA) technischer K.o. 11. Runde

156. 25. April 1981, Atlantic City
WBC-Version
Matthew Saad Muhammad (USA) – Murray Sutherland (Kanada) K.o. 9. Runde

157. 18. Juni 1981, Las Vegas
WBA-Version
Michael Spinks (USA) – Eddie Mustapha Muhammad (USA) Punktsieg, 15 Runden

158. 26. September 1981, Atlantic City
WBC-Version
Matthew Saad Muhammad (USA) – Jerry Martin (USA) technischer K.o. 11. Runde

159. 7. November 1981, Atlantic City
WBA-Version
Michael Spinks (USA) – Vonzell Johnson (USA) technischer K.o. 7. Runde

160. 19. Dezember 1981, Atlantic City
WBC-Version
Dwight Muhammad Qawi (USA) – Matthew Saad Muhammad (USA) technischer K.o. 10. Runde

161. 13. Februar 1982, Atlantic City
WBA-Version
Michael Spinks (USA) – Mustapha Wasaja (Uganda) technischer K.o. 6. Runde

162. 21. März 1982, Las Vegas
WBC-Version
Dwight Muhammad Qawi (USA) – Jerry Martin (USA) technischer K.o. 6. Runde

163. 11. April 1982, Atlantic City
WBA-Version
Michael Spinks (USA) – Murray Sutherland (Kanada) technischer K.o. 8. Runde

164. 12. Juni 1982, Atlantic City
WBA-Version
Michael Spinks (USA) – Jerry Celestine (USA) technischer K.o. 8. Runde

165. 7. August 1982, Philadelphia
WBC-Version
Dwight Muhammad Qawi (USA) – Matthew Saad Muhammad (USA) technischer K.o. 6. Runde

166. 18. September 1982, Atlantic City
WBA-Version
Michael Spinks (USA) – Johnny Davis (USA) technischer K.o. 9. Runde

167. 20. November 1982, Atlantic City
WBC-Version
Dwight Muhammad Qawi (USA) – Eddie Davis (USA) technischer K.o. 11. Runde

168. 18. März 1983, Atlantic City
WBA-WBC-Version
Michael Spinks (USA) – Dwight Muhammad Qawi (USA) Punktsieg, 15 Runden

169. 25. November 1983, Vancouver
WBA-WBC-Version
Michael Spinks (USA) – Oscar Rivadeneyra (Peru) technischer K.o. 10. Runde

170. 25. Februar 1984, Atlantic City
WBA-WBC-Version
Michael Spinks (USA) – Eddie Davis (USA) Punktsieg, 12 Runden

171. 23. Februar 1985, Atlantic City
WBA-WBC-Version
Michael Spinks (USA) – David Sears (USA) technischer K.o. 3. Runde

172. 6. Juni 1985, Las Vegas
WBA-WBC-Version
Michael Spinks (USA) – Jim McDonald (USA) technischer K.o. 8. Runde

173. 10. Dezember 1985, Los Angeles
WBC-Version
B. Williamson (USA) – Prince Mama Muhammad (Ghana) Punktsieg, 12 Runden

174. 21. Dezember 1985, Pesaro
IBF-Version
Slobodan Kacar (Jugoslawien) – Eddie Mustapha Muhammad (USA) Punktsieg, 15 Runden

175. 9. Februar 1986, Indianapolis
WBA-Version
Marvin Johnson (USA) – Leslie Stewart (Trinidad) technischer K.o. 7. Runde

176. 30. April 1986, Edmonton (England)
WBC-Version
Dennis Andries (England) – B. Williamson (USA) Punktsieg, 12 Runden

177. 6. September 1986, Las Vegas
IBF-Version
Bobby Czyz (USA) – Slobodan Kacar (Jugoslawien) technischer K.o. 5. Runde

178. 10. September 1986, London
WBC-Version
Dennis Andries (England) – Tony Sibson (England) technischer K.o. 9. Runde

179. 20. September 1986, Indianapolis
WBA-Version
Marvin Johnson (USA) – Jean Marie Emebe (Frankreich) technischer K.o. 13. Runde

180. 26. Dezember 1986, West Orange
IBF-Version
Bobby Czyz (USA) – David Sears (USA) K.o. 1. Runde

181. 21. Februar 1987, Atlantic City
IBF-Version
Bobby Czyz (USA) – Willie Edwards (USA) K.o. 2. Runde

182. 7. März 1987, Detroit
WBC-Version
Thomas Hearns (USA) – Dennis Andries (England) technischer K.o. 10. Runde

183. 3. Mai 1987, Atlantic City
IBF-Version
Bobby Czyz (USA) – Jim McDonald (USA) technischer K.o. 6. Runde

184. 23. Mai 1987, Port of Spain
WBA-Version
Leslie Stewart (Trinidad) – Marvin Johnson (USA) technischer K.o. 8. Runde

185. 5. September 1987, Atlantic City
WBA-Version
Virgil Hill (USA) – Leslie Stewart (Trinidad) technischer K.o. 4. Runde

186. 29. Oktober 1987, Las Vegas
IBF-Version
Charles Williams (USA) – Bobby Czyz (USA) technischer K.o. 10. Runde

187. 21. November 1987, Paris
WBA-Version
Virgil Hill (USA) – Rufino Angulo (Frankreich) Punktsieg, 12 Runden

188. 27. November 1987, Port of Spain
WBC-Version
Don Lalonde (Kanada) – Eddie Davis (USA) technischer K.o. 2. Runde

189. 3. April 1988, Bismarck
WBA-Version
Virgil Hill (USA) – Jean Marie Emebe (Frankreich) technischer K.o. 11. Runde

190. 29. Mai 1988, Port of Spain
WBC-Version
Don Lalonde (Kanada) – Leslie Stewart (Trinidad) technischer K.o. 5. Runde

191. 6. Juni 1988, Las Vegas
WBA-Version
Virgil Hill (USA) – Ramzi Hassan (USA) Punktsieg, 12 Runden

192. 10. Juni 1988, Annecy (Frankreich)
IBF-Version
Prince Charles Williams (USA) – Richard Caramanolis (Frankreich) technischer K.o. 11. Runde

193. 21. Oktober 1988, Villeneuve d'Ornon
IBF-Version
Charles Williams (USA) – Rufino Angulo (Frankreich) technischer K.o. 3. Runde

194. 7. November 1988, Las Vegas
WBC-Version
Sugar Ray Leonard (USA) – Donny Lalonde (Kanada) technischer K.o. 9. Runde

195. 11. November 1988, Bismarck
WBA-Version
Virgil Hill (USA) – Willie Featherstone (Kanada) technischer K.o. 10. Runde

196. 3. Dezember 1988, Cleveland
WBO-Version
Michael Moorer (USA) – Ramzi Hassan (USA) technischer K.o. 5. Runde

197. 14. Januar 1989, Auburn Hills
WBO-Version
Michael Moorer (USA) – Victor Claudio (USA) technischer K.o. 2. Runde

198. 19. Februar 1989, Monessen
WBO-Version
Michael Moorer (USA) – Frankie Swindell (USA) technischer K.o. 1. Runde

199. 21. Februar 1989, Tucson
WBC-Version
Dennis Andries (England) – Tony Willis (USA) technischer K.o. 5. Runde

200. 4. März 1989, Bismarck
WBA-Version
Virgil Hill (USA) – Bobby Czyz (USA) Punktsieg, 12 Runden

201. 22. April 1989, Auburn Hills
WBO-Version
Michael Moorer (USA) – Freddie Delgado (Puerto Rico) technischer K.o. 1. Runde

202. 27. Mai 1989, Bismarck
WBA-Version
Virgil Hill (USA) – Joe Lasisi (Nigeria) technischer K.o. 7. Runde

203. 24. Juni 1989, Atlantic City
WBC-Version
Jeff Harding (Australien) – Dennis Andries (England) technischer K.o. 12. Runde

204. 25. Juni 1989, Atlantic City
WBO-Version
Michael Moorer (USA) – Leslie Stewart (Trinidad) technischer K.o. 8. Runde

205. 25. Juni 1989, Atlantic City
IBF-Version
Charles Williams (USA) – Bobby Czyz (USA) technischer K.o. 10. Runde

206. 24. Oktober 1989, Brisbane
WBC-Version
Jeff Harding (Australien) – Tom Collins (England) technischer K.o. 3. Runde

207. 24. Oktober 1989, Bismarck
WBA-Version
Virgil Hill (USA) – James Kinchen (USA) technischer K.o. 1. Runde

208. 16. November 1989, Atlantic City
WBO-Version
Michael Moorer (USA) – Jeff Thompson (USA) technischer K.o. 1. Runde

209. 22. Dezember 1989, Auburn Hills
WBO-Version
Michael Moorer (USA) – Mike Sedillo (USA) technischer K.o. 6. Runde

210. 7. Januar 1990, Atlantic City
IBF-Version
Prince Charles Williams (USA) – Frankie Swindell (USA) technischer K.o. 8. Runde

211. 3. Februar 1990, Atlantic City
WBO-Version
Michael Moorer (USA) – Marcellus Allen (USA) technischer K.o. 9. Runde

212. 25. Februar 1990, Bismarck
WBA-Version
Virgil Hill (USA) – David Vedder (USA) Punktsieg, 12 Runden

213. 18. März 1990, Atlantic City
WBC-Version
Jeff Harding (Australien) – Nestor Giovannini (Argentinien) technischer K.o. 11. Runde

214. 28. April 1990, Atlantic City
WBO-Version
Michael Moorer (USA) – Mario Melo (Argentinien) K.o. 1. Runde

215. 7. Juli 1990, Bismarck
WBA-Version
Virgil Hill (USA) – Tyrone Frazier (USA) Punktsieg, 12 Runden

216. 28. Juli 1990, Melbourne (Australien)
WBC-Version
Dennis Andries (England) – Jeff Harding (Australien) K.o. 7. Runde

217. 10. Oktober 1990, London
WBC-Version
Dennis Andries (England) – Sergio Merani (Argentinien) technischer K.o. 4. Runde

218. 15. Dezember 1990, Pittsburgh
WBO-Version
Michael Moorer (USA) – Danny Stonewalker (Kanada) technischer K.o. 8. Runde

219. 6. Januar 1991, Bismarck
WBA-Version
Virgil Hill (USA) – Mike Peak (USA) Punktsieg, 12 Runden

220. 12. Januar 1991, Saint Vincent (Italien)
IBF-Version
Charles Williams (USA) – Mwehu Beya (Italien) Punktsieg, 12 Runden

221. 19. Januar 1991, Adelaide (Australien)
WBC-Version
Dennis Andries (England) – Guy Waters (Australien) Punktsieg, 12 Runden

222. 20. April 1991, Atlantic City
IBF-Version
Charles Williams (USA) – James Kinchen (USA) technischer K.o. 2. Runde

223. 9. Mai 1991, Leeds (England)
WBO-Version
Leeonzer Barber (USA) – Tom Collins (England) technischer K.o. 6. Runde

224. 3. Juni 1991, Las Vegas
WBA-Version
Thomas Hearns (USA) – Virgil Hill (USA) Punktsieg, 12 Runden

225. 20. Juli 1991, San Remo (Italien)
IBF-Version
Charles Williams (USA) – Vince Boulware (USA) K.o. 3. Runde

226. 11. September 1991, London
WBC-Version
Jeff Harding (Australien) – Dennis Andries (England) Punktsieg, 12 Runden

227. 19. Oktober 1991, Williamsburg
IBF-Version
Charles Williams (USA) – Freddie Delgado (Puerto Rico) K.o. 2. Runde

228. 7. Januar 1992, Auburn Hills (USA)
WBO-Version
Leeonzer Barber (USA) – Anthony Hembrick (USA) Punktsieg, 12 Runden

229. 20. März 1992, Las Vegas
WBA-Version
Iran Barkley (USA) – Thomas Hearns (USA) Punktsieg, 12 Runden

230. 5. Juni 1992, Marseille
WBC-Version
Jeff Harding (Australien) – Chris Tiozzo (Frankreich) technischer K.o. 8. Runde

231. 29. September 1992, Bismarck
WBA-Version
Virgil Hill (USA) – Frank Tate (USA) Punktsieg, 12 Runden

232. 3. Dezember 1992, Biarritz
WBC-Version
Jeff Harding (Australien) – David Vedder (USA) Punktsieg, 12 Runden

233. 20. Februar 1993, Fargo
WBA-Version
Virgil Hill (USA) – Adolpho Washington (USA) technischer K.o. 12. Runde

234. 27. Februar 1993, Peking
WBO-Version
Leeonzer Barber (USA) – Mike Sedillo (USA) Punktsieg, 12 Runden

235. 20 März 1993, Düsseldorf
IBF-Version
Henry Maske (Frankfurt/Oder) – Charles Williams (USA) Punktsieg, 12 Runden

236. 3. April 1993, Paris
WBA-Version
Virgil Hill (USA) – Fabrice Tiozzo (Frankreich) Punktsieg, 12 Runden

237. 28 August 1993, Bismarck
WBA-Version
Virgil Hill (USA) – Sergio Merani (Argentinien) Punktsieg, 12 Runden

238. 18. September 1993, Düsseldorf
IBF-Version
Henry Maske (Frankfurt/Oder) – Anthony Hembrick (USA) Punktsieg, 12 Runden

239. 28. September 1993, Pesaro
WBO-Version
Leeonzer Barber (USA) – Andrea Magi (Italien) Punktsieg, 12 Runden

240. 16. November 1993, Fargo
WBA-Version
Virgil Hill (USA) – Saul Montana (Mexiko) technischer K.o. 10. Runde

241. 11. Dezember 1993, Düsseldorf
IBF-Version
Henry Maske (Frankfurt/Oder) – Dave Vedder (USA) Punktsieg, 12 Runden

242. 18. Dezember 1993, Lake Tahoe
WBA-Version
Virgil Hill (USA) – Guy Waters (Australien) Punktsieg, 12 Runden

243. 29. Januar 1994, Cardiff
WBO-Version
Leeonzer Barber (USA) – Nicky Piper (England) technischer K.o. 9. Runde

244. 26. März 1994, Dortmund
IBF-Version
Henry Maske (Frankfurt/Oder) – Ernie Magdaleno (USA) technischer K.o. 9. Runde

245. 4. Juni 1994, Dortmund
IBF-Version
Henry Maske (Frankfurt/Oder) – Andrea Magi (Italien) Punktsieg, 12 Runden

246. 23. Juni 1994, Bismarck
WBA-Version
Virgil Hill (USA) – Frank Tate (USA) Punktsieg, 12 Runden

247. 23. Juni 1994, Bismarck
WBC-Version
Mike McCallum (Jamaika) – Jeff Harding (Australien) Punktsieg, 12 Runden

248. 10. September 1994, Hamburg
WBO-Version
Dariusz Michalczewski (Deutschland) – Leeonzer Barber (USA) Punktsieg, 12 Runden

249. 8. Oktober 1994, Halle/W.
IBF-Version
Henry Maske (Frankfurt/Oder) – Iran Barkley (USA) technischer K.o. 10. Runde

250. 11. Februar 1995, Frankfurt/Main
IBF-Version
Henry Maske (Frankfurt/Oder) – Egerton Marcus (Kanada)
Punktsieg 12 Runden

251. 25. Februar 1995, London
WBC-Version
Mike McCallum (Jamaica) – Carl Jones (USA) technischer K.o. 7. Runde

252. 11. März 1995, Köln
WBO-Version
Dariusz Michalczewski (Hamburg) – Roberto Dominguez (Spanien) K.o. 2. Runde

253. 20. Mai 1995, Hamburg
WBO-Version
Dariusz Michalczewski (Hamburg) – Paul Carlo (USA) K.o. 4. Runde

254. 27. Mai 1995, Dortmund
IBF-Version
Henry Maske (Frankfurt/Oder) – Graciano Rocchigiani (Berlin) Punktsieg, 12 Runden

Europameisterschaftskämpfe mit deutschen Athleten

Fliegengewicht

insgesamt 3 Kämpfe – 1 Sieg , 2 Niederlagen

1. November 1932, Lille

Praxile Gyde (Frankreich) – Willie Metzner (Mannheim), technischer K.o. 8. Runde

5. Oktober 1936, Paris

Ernst Weiss (Wien) – Fortunato Ortega (Spanien) Punktsieg, 15 Runden

12. Dezember 1936, Paris

Valentin Angelmann (Frankreich) – Ernst Weiss (Wien) Punktsieg, 15 Runden

Bantamgewicht

insgesamt 2 Kämpfe – 1 Sieg, 1 Niederlage

11. August 1939, Berlin
Ernst Weiss (Wien) – Aurel Toma (Rumänien)
Disqualifikationssieg, 8. Runde
25. November 1939, Berlin
Gino Cattaneo (Italien) – Ernst Weiss (Wien)
K.o. 12. Runde

Federgewicht

insgesamt 3 Kämpfe – 1 Sieg, 2 Niederlagen

27. Januar 1932, Barcelona
Jose Cirones (Spanien) – Paul Noak Bochum)
technischer K.o. 4. Runde
31. Mai 1941, Wien
Ernst Weiss (Wien) – Lucian Popescu (Rumänien)
Punktsieg, 15 Runden
30. Juni 1941, Wien
Gino Bondavalli (Italien) – Ernst Weiss (Wien)
Punktsieg, 15 Runden

Super-Federgewicht

insgesamt 6 Kämpfe – 4 Siege, 2 Niederlagen

14. Juli 1971, Lugano
Tomaso Galli (Italien) – Lothar Abend (Kiel)
Punktsieg, 15 Runden
13. Oktober 1972, Hamburg
Lothar Abend (Kiel) – Domenico Chiloiroi (Italien)
Punktsieg, 15 Runden
2. Februar 1973, Kiel
Lothar Abend (Kiel) – Jean De Keers (Belgien)
technischer K.o.1. Runde
13. Mai 1973, Kiel
Lothar Abend (Kiel) – Felix Said Brami (Frankreich)
technischer K.o. 11. Runde

7. Dezember 1973, Hamburg
Lothar Abend (Kiel) – Ugo Poli (Italien)
Punktsieg, 15 Runden
7. Mai 1974, Oslo
Sven Erik Poulsen (Finnland) – Lothar Abend (Kiel)
technischer K.o. 3. Runde

Leichtgewicht

insgesamt 18 Kämpfe – 10 Siege, 6 Niederlagen, 2 Unentschieden

22. Dezember 1928, Paris
Aimé Raphael (Frankreich) – Paul Czirson (Berlin)
K.o. 11. Runde
9. Dezember 1934, Mailand
Carlo Orlandi (Italien) – Richard Stegemann (Berlin)
Punktsieg, 15 Runden
22. Januar 1937, Berlin
Vittorio Tamagnini (Italien) – Rudolph Kretschmar (Dresden), Punktsieg, 15 Runden
26. Oktober 1940, Wien
Karl Blaho (Wien) – Otello Abbruciati (Italien)
Punktsieg, 15 Runden
16. Februar 1941, Berlin
Karl Blaho (Wien) – Carl Andersen (Dänemark)
Punktsieg, 15 Runden
31. Mai 1941, München
Bruno Bisterzo (Italien) – Karl Blaho (Wien)
Punktsieg, 15 Runden
3. September 1953, Kopenhagen
Jorgen Johansen (Dänemark) – Werner Handke (Berlin)
Unentschieden, 15 Runden
29. September 1963, Rüsselsheim
Conny Rudhof (Rüsselsheim) – Giordani Campari (Italien) Punktsieg, 15 Runden
8. Mai 1964, Berlin
Willy Quartour (Dortmund) – Michele Cullotti (Frankreich) K.o. 14. Runde

5. Februar 1966, Kiel
Maurice Tavant (Frankreich) – Lothar Abend (Kiel)
K.o. 10. Runde
29. Juni 1983, Brollo
Lucio Cusma (Italien) – René Weller (Pforzheim)
Unentschieden, 12 Runden
9. März 1984, Frankfurt
René Weller (Pforzheim) – Lucio Cusma (Italien)
Punktsieg, 12 Runden
13. April 1984, Hagen
René Weller (Pforzheim) – Jose Antonio Garcia (Spanien)
technischer K.o. 9. Runde
26. Mai 1984, Düsseldorf
René Weller (Pforzheim) – Daniel Londas (Frankreich)
Punktsieg, 12 Runden
5. Oktober 1984, Frankfurt
René Weller (Pforzheim) – George Feeney (England)
Punktsieg, 12 Runden
26. April 1985, Frankfurt
René Weller (Pforzheim) – Frederic Geoffroy (Frankreich)
K.o. 11. Runde
10. Januar 1986, Randers
Gert Bo Jacobsen (Dänemark) – René Weller (Pforzheim), technischer K.o. 8. Runde
5. März 1988, Karlsruhe
René Weller (Pforzheim) – José Maillot (Frankreich)
Punktsieg, 12 Runden

Halbweltergewicht
insgesamt 6 Kämpfe – 3 Siege, 3 Niederlagen

14. Februar 1964, Helsinki
Olli Maeki (Finnland) – Conny Rudhof (Rüsselsheim)
Punktsieg, 15 Runden
27. Dezember 1965, Berlin
Willy Quartour (Dortmund) – Juan Albornoz (Spanien)
Punktsieg, 15 Runden

18. Mai 1966, Arezzo
Willy Quartour (Dortmund) – Piero Brandi (Italien)
K.o. 8. Runde
1. Februar 1967, Frankfurt
Conny Rudhof (Rüsselsheim) – Olli Maeki (Finnland)
Punktsieg, 15 Runden
6. Juni 1967, Wien
Johann Orsolics (Österreich) – Conny Rudhof (Rüsselsheim),
Punktsieg, 15 Runden
24. Januar 1969, Rom
Bruno Arcari (Italien) – Willy Quartour (Dortmund)
K.o. 7. Runde

Weltergewicht

insgesamt 20 Kämpfe – 10 Siege, 3 Unentschieden, 7 Niederlagen

22. April 1928, Leipzig
Leo Darton (Belgien) – Karl Sahm (Hamburg)
Unentschieden, 15 Runden
3. Dezember 1930, Frankfurt
Gustav Roth (Belgien) – Gustav Eder (Berlin)
Punktsieg, 15 Runden
30. August 1931, Berlin
Gustav Roth (Belgien) – Gustav Eder (Berlin)
Punktsieg, 15 Runden
8. Juni 1934, Berlin
Gustav Eder (Berlin) – Nestor Charlier (Belgien)
K.o. 11. Runde
2. September 1934, Zürich
Gustav Eder (Berlin) – Vittorio Ventura (Italien)
Unentschieden, 15 Runden
5. Oktober 1934, Berlin
Gustav Eder (Berlin) – François Sybille (Belgien)
Punktsieg, 15 Runden
11. Januar 1935, Kopenhagen
Gustav Eder (Berlin) – Einar Agerholm (Dänemark)
K.o. 2. Runde

5. Mai 1935, Dortmund
Gustav Eder (Berlin) – Karl Blaho (Österreich)
K.o. 5. Runde
29. Juni 1935, Hamburg
Gustav Eder (Berlin) – Vittorio Ventura (Italien)
Punktsieg 15 Runden
5. September 1935, Prag
Gustav Eder (Berlin) – Eduard Hrabek (CSR)
K.o. 5. Runde
11.November 1935, Berlin
Gustav Eder (Berlin) – Felix Wouters (Belgien)
K.o. 9. Runde
9. Dezember 1935, Berlin
Gustav Eder (Berlin) – Hilario Martinez (Spanien)
Punktsieg, 15 Runden
16. Februar 1938, Brüssel
Felix Wouters (Belgien) – Gustav Eder (Berlin)
Punktsieg, 15 Runden
26. August 1938, Berlin
Felix Wouters (Belgien) – Gustav Eder (Berlin)
Unentschieden, 15 Runden
26. Januar 1970, Wien
Johann Orsolic (Österreich) – Klaus Klein (Essen)
technischer K.o. 9 Runde
6. August 1977, Berlin
Jörg Eipel (Berlin) – Jorgen Hansen (Dänemark)
Disqualifiziert, 13. Runde
17. Dezember 1977, Creil
Alain Marion (Frankreich) – Jörg Eipel (Berlin)
K.o. 15. Runde
10. Oktober 1986, Rüsselsheim
Jose Varela (Rüsselsheim) – Brahim Messaoudi (Frankreich)
technischer K.o. 5. Runde
4. April 1987, Düsseldorf
Alfonso Redondo (Spanien) – Jose Varela (Rüsselsheim)
technischer K.o. 10. Runde
9. Oktober 1987, Morges
Mauro Martelli (Schweiz) – Erwin Heiber (Hamburg)
Punktsieg, 12 Runden

Super-Weltergewicht
insgesamt 14 Kämpfe – 6 Siege, 8 Niederlagen

16. Oktober 1965, Dortmund
Bruno Visintin (Italien) – Peter Müller (Köln)
Punktsieg, 15 Runden
16. Juli 1969, Vibo Valentia
Gerhard Piaskowy (Berlin) – Remo Golfarini (Italien)
Punktsieg, 15 Runden
24. Januar 1970, Berlin
Gerhard Piaskowy (Berlin) – Jean Baptiste Rolland (Frankreich) K.o. 8. Runde
11. September 1970
Jose Hernandez (Spanien) – Gerhard Piaskowy (Berlin)
technischer K.o. 14. Runde
3. September 1974, Berlin
Jose Duran (Spanien) – Eckhard Dagge (Kiel)
technischer K.o. 11. Runde
24. Juni 1975, Berlin
Eckhard Dagge (Kiel) – Jose Duran (Spanien)
Sieg durch K.o.
4. November 1975, Wien
Eckhard Dagge (Kiel) – Franz Csandl (Österreich)
technischer K.o. 7. Runde
16. Januar 1976, Berlin
Vito Antuofermo (Italien) – Eckhard Dagge (Kiel)
Punktsieg, 15 Runden
7. Mai 1977, Hamburg
Maurice Hope (England) – Frank Wissenbach (Berlin)
Punktsieg, 15 Runden
22. August 1982, Praia
Luigi Minchillo (Italien) – Jean-Andre Emmerich (Frankfurt/Main),
technischer K.o. 4. Runde
28. September 1984, München
Georg Steinherr (München) – Jimmy Cable (England)
Punktsieg, 12 Runden

30. März 1985, Dortmund
Georg Steinherr (München) – Emilio Sole (Spanien)
Punktsieg, 12 Runden
29. Juni 1988, Hamburg
René Jacquot (Frankreich) – Erwin Heiber (Hamburg)
technischer K.o. 11. Runde
11. Juni 1989, Rüsselsheim
Edip Secevic (Österreich) – Jose Varela (Rüsselsheim)
technischer K.o. 2. Runde

Mittelgewicht
insgesamt 20 Kämpfe – 7 Siege, 1 Unentschieden, 12 Niederlagen

19. März 1926, Berlin
René Devos (Frankreich) – Hein Domgörgen (Köln)
Punktsieg, 15 Runden
16. Dezember 1928, Paris
Leone Jacovacci (Italien) – Hein Domgörgen (Köln)
Punktsieg, 15 Runden
30. August 1931, Berlin
Hein Domgörgen (Köln) – Leopold Steinbach (Österreich)
Punktsieg, 15 Runden
17. März 1934, Brüssel
Gustav Roth (Belgien) – Erich Seelig (Bromberg)
Punktsieg, 15 Runden
7. April 1938, Berlin
Edouard Tenet (Frankreich) – Jupp Besselmann (Köln)
technischer K.o. 12. Runde
23. Mai 1942, Stoccardia
Jupp Besselmann (Köln) – Mario Casadei (Italien)
Punktsieg, 15 Runden
20. Januar 1943, Hamburg
Jupp Besselmann (Köln) – Luc van Dam (Holland)
Punktsieg, 15 Runden
4. Oktober 1958, Berlin
Gustav Scholz (Berlin)– Charles Humez (Frankreich)
technischer K.o. 12. Runde

4. Juli 1959, Berlin
Gustav Scholz (Berlin) – Buttje Wohlers (Hamburg)
Punktsieg, 15 Runden
14. November 1959, Berlin
Gustav Scholz (Berlin) – Peter Müller (Köln)
technischer K.o. 1. Runde
5. Dezember 1959, Berlin
Gustav Scholz (Berlin) – Andre Drille (Frankreich)
technischer K.o. 14. Runde
6. Januar 1962, Frankfurt
John Mc Cormack (Schottland) – Heini Freytag (Offenbach),
Punktsieg, 15 Runden
30. März 1963, Dortmund
Laszlo Papp (Ungarn) – Peter Müller (Köln)
technischer K.o. 4. Runde
14. Mai 1966, Berlin
Nino Benvenuti (Italien) – Jupp Elze (Köln)
K.o. 14. Runde
12. Juni 1968, Köln
Carlo Duran (Italien) – Jupp Elze (Köln)
technischer K.o. 15. Runde
25. Juni 1969, Montecatini
Carlo Duran (Italien) – Dieter Schwarz (Bad Oynhausen),
technischer K.o. 14. Runde
20. Februar 1976, Hamburg
Bunny Sterling (England) – Frank Reiche (Berlin)
technischer K.o. 13. Runde
14. Mai 1980, München
Kevin Finnegan (England) – Georg Steinherr (München)
Unentschieden, 12 Runden
3. Dezember 1982, Paris
Louis Acaries (Frankreich) – Frank Wissenbach (Berlin)
K.o. 6. Runde
13. Juni 1988, Lyon
Chris Tiozzo (Frankreich) – Andreas Prox (Hamburg)
technischer K.o. 10. Runde

Super-Mittelgewicht

17. Dezember 1994, Berlin
Frederic Seillier (Frankreich) – Graciano Rocchigiani (Berlin)
Unentschieden, 12 Runden

Halbschwergewicht

insgesamt 48 Kämpfe – 2 Siege, 20 Niederlagen, 3 Unentschieden

19. Juni 1927, Dortmund
Max Schmeling (Klein Luckow) – F. Delarge (Belgien)
technischer K.o. 14. Runde
6. November 1927, Leipzig
Max Schmeling (Klein Luckow) – H. Domgörgen (Köln)
K.o., 7. Runde
6. Januar 1928, Berlin
Max Schmeling (Klein Luckow) – Michele Bonaglia (Italien)
K.o. 1. Runde
Max Schmeling legt den Titel kampflos nieder
27. Juni 1929, Turin
Michele Bonaglia (Italien) – Hein Müller (Köln)
K.o. 4. Runde
18. März 1931, Barcelona
Ernst Pistulla (Essen) – Martinez de Alfara (Spanien)
Punktsieg, 15 Runden
5. Juni 1931, Hamburg
Ernst Pistulla (Essen) – Adolph Heuser (Bonn)
Unentschieden, 15 Runden
Ernst Pistulla legt den Titel kampflos nieder.
25. Juni 1932, Valencia
Adolph Heuser (Bonn) – Martinez de Alfara (Spanien)
K.o. 1. Runde
Adolph Heuser wird der Titel aberkannt.
11. Juni 1934, Paris
Marcel Thil (Frankreich) – Adolph Witt (Hamburg)
K.o. 8. Runde
9. August 1935, München
Merlo Preciso (Italien) – Adolph Witt (Hamburg)
Punktsieg, 15 Runden

29. Oktober 1936, Wien
Gustav Roth (Belgien) – Adolph Witt (Hamburg)
Punktsieg, 15 Runden
21. Januar 1938, Berlin
Gustav Roth (Belgien) – Jupp Besselmann (Köln)
Punktsieg, 15 Runden
25. März 1938, Berlin
Adolph Heuser (Bonn) – Gustav Roth (Belgien)
technischer K.o. 7. Runde
9. September 1938, Berlin
Adolph Heuser (Bonn) – Merlo Preciso (Italien)
Punktsieg, 15 Runden
Adolph Heuser legt den Titel kampflos nieder
5. April 1942, Berlin
Luigi Musina (Italien) – Richard Vogt (Hamburg)
Punktsieg, 15 Runden
26. Juli 1952, Berlin
Conny Rux (Hamburg) – Willy Schagen (Essen)
K.o. 12. Runde
Conny Rux wird der Titel aberkannt
9. April 1954, Hamburg
Gerhard Hecht (Berlin) – Jaques Hairabedian (Frankreich)
Punktsieg, 15 Runden
23. September 1954, Hamburg
Gerhard Hecht (Berlin) – Wim Snock (Holland)
Punktsieg, 15 Runden
11. März 1955, Hamburg
Willy Hoepner (Hamburg) – Gerhard Hecht (Berlin)
technischer K.o. 3. Runde
12. Juni 1955, Dortmund
Gerhard Hecht (Berlin) – Willy Hoepner (Hamburg)
technischer K.o. 13. Runde
25. Februar 1956, Saint Nazaire
Gerhard Hecht (Berlin) – Charles Colin (Frankreich)
technischer K.o. 13. Runde
12. Juli 1957, Mailand
Artemio Clazavara (Italien) – Gerhard Hecht (Berlin)
Punktsieg, 15 Runden

30. Mai 1958, Hamburg
Willy Hoepner (Hamburg) – Artemio Calzavara (Italien)
Disqualifikationssieg, 6. Runde
12. Dezember 1958, Hamburg
Erich Schöppner (Witten) – Willy Hoepner (Hamburg)
K.o. 5. Runde
11. April 1959, Dortmund
Erich Schöppner (Witten)– Rocco Mazzola (Italien)
Punktsieg, 15 Runden
7. November 1959, Dortmund
Erich Schöppner (Witten) – Sante Amonti (Italien)
Punktsieg, 15 Runden
9. April 1960, Frankfurt
Erich Schöppner (Witten) – Helmut Ball (Bielefeld)
Punktsieg, 15 Runden
5. Februar 1961, Dortmund
Erich Schöppner (Witten) – Paul Roux (Frankreich)
technischer K.o. 13. Runde
Erich Schöppner legt den Titel kampflos nieder
23. Mai 1963, Rom
Giulio Rinaldi (Italien) – Erich Schöppner (Witten)
Punktsieg, 15 Runden
4. April 1964, Dortmund
Gustav Scholz (Berlin) – Giulio Rinaldi (Italien)
Disqualifikationssieg, 8. Runde
8. Juli 1965, Rom
Giulio Rinaldi (Italien) – Peter Klaus Gumpert (Berlin)
technischer K.o. 13. Runde
19. November 1966, Berlin
Piero del Papa (Italien) – N. Grupe
Disqualifikationssieg, 11. Runde
2. Dezember 1967, Frankfurt
Lothar Stengel (Bad Soden/Ts.)– Piero del Papa (Italien)
K.o. 5. Runde
12. September 1968, Kopenhagen
Tom Bogs (Dänemark) – Lothar Stengel (Bad Soden/Ts.)
K.o. 1. Runde

11. September 1970, Frankfurt
Piero del Papa (Italien) – Rüdiger Schmidke (Frankfurt/Main), Punktsieg, 15 Runden
27. November 1970, Berlin
Piero del Papa (Italien) – Horst Benedens (Berlin) technischer K.o. 15. Runde
22. Januar 1971, Berlin
Conny Velensek (Schöningen) – Piero del Papa (Italien) Punktsieg, 15 Runden
5. Mai 1971, Berlin
Conny Velensek (Schöningen) – Chris Finnegan (England) Unentschieden, 15 Runden
1. Januar 1972, Nottingham
Chris Finnegan (England) – Conny Velensek (Schöningen), Punktsieg, 15 Runden
14. November 1972, London
Rüdiger Schmidke (Frankfurt/M.) – Chris Finnegan (England) technischer K.o. 12. Runde
13. März 1973, London
John Conteh (England) – Rüdiger Schmidke (Frankfurt/M.) technischer K.o. 12. Runden
4. Dezember 1974, Campione
Domenico Adinolfi (Italien) – Karl Heinz Klein (Essen) technischer K.o. 1. Runde
14. Mai 1976, Rom
Domenico Adinolfi (Italien) – Leo Kakolewicz (Berlin) technischer K.o. 8. Runde
9. Juli 1983, Frankfurt
Rudy Koopmans (Holland) – Manfred Jassmann (Korbach) K.o. 8. Runde
15. September 1984, Dortmund
Alex Blanchard (Holland) – Manfred Jassmann (Korbach), technischer K.o. 4. Runde
3. Oktober 1986, Berlin
Alex Blanchard (Holland) – Ralf Rocchigiani (Berlin) Punktsieg, 12 Runden
8. April 1989, Berlin
Jan Lefeber (Holland) – Ralf Rocchigiani (Berlin) Unentschieden, 12 Runden

1. März 1991, Düsseldorf
Graciano Rocchigiani (Berlin)– Crawford Ashley (England)
Punktsieg, 12 Runden
13. September 1991
Graciano Rocchigiani – Alex Blanchand (Niederlande)
K.o. 9. Runde

Schwergewicht

8. Juli 1928, San Sebastian
Paul Uzcudun (Spanien) – Hans Haymann (Berlin)
K.o. 11. Runde
2. Februar 1929, Dortmund
Pierre Charles (Belgien) – Ludwig Haymann (Berlin)
Punktsieg, 15 Runden
7. September 1929, Brüssel
Pierre Charles (Belgien) – Franz Diener (Wien)
K.o. 11. Runde
30. August 1931, Berlin
Hein Müller (Köln) – Pierre Charles (Belgien)
Punktsieg, 15 Runden
4. Januar 1932, London
Hein Müller (Köln) – Reggie Men (England)
technischer K.o. 4. Runde
28. Mai 1932, Brüssel
Pierre Charles (Belgien) – Hein Müller (Köln)
Punktsieg, 15 Runden
21. Juni 1935, Berlin
Pierre Charles (Belgien) – Vincenzo Hower (Köln)
Punktsieg, 15 Runden
17. März 1937, Berlin
Arno Kölblin (Stuttgart) – Pierre Charles (Belgien)
Punktsieg, 15 Runden
4. März 1938, Berlin
Heinz Lazek (Wien) – Arno Kölblin (Stuttgart)
Disqualifikation, 2. Runde
10. August 1938, Wien
Heinz Lazek(Wien) – Sante De Leo (Italien)
Punktsieg, 15 Runden

16. September 1938, Wien
Heinz Lazek (Wien) – Walter Neusel (Hamburg/Berlin)
Punktsieg, 15 Runden
11. November 1938, Berlin
Heinz Lazek (Wien) – Arno Kölblin (Stuttgart)
Punktsieg, 15 Runden
20. Januar 1939, Berlin
Heinz Lazek (Wien) – Karel Sys (Belgien)
Punktsieg, 15 Runden
17. März 1939, Berlin
Adolf Heuser (Bonn) – Heinz Lazek (Wien)
K.o. 5. Runde
2. Juli 1939, Stuttgart
Max Schmeling (Klein Luckow) – Adolf Heuser (Bonn)
K.o. 1. Runde
3. September 1951, Berlin
Hein ten Hoff (Hamburg) – Jack Gardner (England)
Punktsieg, 15 Runden
12. Januar 1952, Brüssel
Karel Sys (Belgien) – Hein ten Hoff (Hamburg)
Punktsieg, 15 Runden
9. März 1952, Dortmund
Heinz Neuhaus (Dortmund) – Karel Sys (Belgien)
Punktsieg, 15 Runden
20. Juli 1952, Dortmund
Heinz Neuhaus (Dortmund) – Hein ten Hoff (Hamburg)
K.o. 1. Runde
2. November 1952, Dortmund
Heinz Neuhaus (Dortmund) – Walter Kohlbrecher (Bielefeld),
K.o. 4. Runde
2. August 1953, Dortmund
Heinz Neuhaus (Dortmund) – Karel Sys (Belgien)
Punktsieg, 15 Runden
9. Oktober 1954, Frankfurt
Heinz Neuhaus (Dortmund) – Kurt Schiegl (Wien)
K.o. 3. Runde
26. Juni 1955, Bologna
Francesco Cavicchi (Italien) – Heinz Neuhaus (Dortmund),
Punktsieg, 15 Runden

21. Juli 1956, Bologna
Francesco Cavicchi (Italien) – Heinz Neuhaus (Dortmund)
K.o. 11. Runde
27. März 1960, Dortmund
Dick Richardson (England) – Hans Kalbfell (Hagen)
technischer K.o. 13. Runde
18. Februar 1961, Dortmund
Dick Richardson (England) – Hans Kalbfell (Hagen)
Punktsieg, 15 Runden
25. Februar 1962, Dortmund
Dick Richardson (England) – Karl Mildenberger (Kaiserslautern)
K.o. 1. Runde
17. Oktober 1964, Berlin
Karl Mildenberger (Kaiserslautern) – Sante Amonti (Italien)
K.o. 1. Runde
14. Mai 1965, Frankfurt
Karl Mildenberger (Kaiserslautern) – Piero Tomasoni (Italien)
Punktsieg, 15 Runden
26. November 1965, Frankfurt
Karl Mildenberger (Kaiserslautern) – Gerhard Zech (Berlin)
Punktsieg, 15 Runden
5. Juni 1966, Frankfurt
Karl Mildenberger (Kaiserslautern) – Yvan Prebeg (Jugoslawien)
Punktsieg, 15 Runden
1. Februar 1967, Frankfurt
Karl Mildenberger (Kaiserslautern) – Piero Tomasoni (Italien)
Punktsieg, 15 Runden
21. März 1967, London
Karl Mildenberger (Kaiserslautern) – Billy Walker (England)
technischer K.o. 8. Runde
30. Dezember 1967, Berlin
Karl Mildenberger (Kaiserslautern) – Gerhard Zech (Berlin),
Punktsieg, 15 Runden
18. September 1968, London
Henry Cooper (England) – Karl Mildenberger (Kaiserslautern),
Disqualifikation, 8. Runde
6. Dezember 1969, Kiel
Peter Weiland (Neumünster) – Bernard Thebault (Frankreich),
K.o. 1. Runde

3. April 1970, Madrid
Jose Urtain (Spanien) – Peter Weiland (Neumünster)
K.o. 7. Runde
22. Juni 1970, Barcelona
Jose Urtain (Spanien) – Jürgen Blin (Hamburg)
Punktsieg, 15 Runden
10. Mai 1971, London
Joe Bugner (England) – Jürgen Blin (Hamburg)
Punktsieg, 15 Runden
9. Juni 1972, Madrid
Jürgen Blin (Hamburg) – Jose Urtain (Spanien)
Punktsieg, 15 Runden
10. Oktober 1972, London
Joe Bugner (England) – Jürgen Blin (Hamburg)
K.o. 8. Runde
6. April 1976, London
Richard Dunn (England) – Bernd August (Berlin)
technischer K.o. 3. Runde
17. Dezember 1988, Sassari
Francesco Damiani (Italien) – Manfred Jassmann (Korbach),
K.o. 3. Runde
19. Dezember 1992, Berlin
Henry Akinwande (England) – Axel Schulz (Frankfurt/Oder),
Unentschieden, 12 Runden
1. Mai 1993, Berlin
Henry Akinwande (England) – Axel Schulz (Frankfurt/Oder),
Punktsieg, 12 Runden
23. Juli 1994, Berlin
Henry Akinwande (England) – Mario Schießer (Berlin)
K.o. 6. Runde

Amateure – deutsche Medaillengewinner

Olympische Spiele

Amsterdam, 1928
Silber: Ernst Pistulla, Berlin (Halbschwergewicht)
Los Angeles, 1932
Silber: Hans Ziglarski, München (Bantam)
Josef Schleinkofer, München (Federgewicht)
Erich Campe, Berlin (Weltergewicht)
Berlin, 1936
Gold: Willi Kaiser, Gladbeck (Fliegengewicht),
Herbert Runge, Wuppertal (Schwergewicht)
Silber: Michael Murach, Schalke (Weltergewicht),
Richard Vogt, Hamburg (Halbschwergewicht)
Bronze: Josef Miner, Breslau (Federgewicht)
Helsinki, 1952
Silber: Edgar Basel, Weinheim (Fliegengewicht)
Bronze: Günther Heidemann, Berlin (Weltergewicht)
Melbourne, 1956
Gold: Wolfgang Behrendt, Berlin (Ost) (Bantamgewicht)
Silber: Harry Kurschat, Berlin (West) (Leichtgewicht)
Rom, 1960
Bronze: Günther Siegmund, Berlin (Ost)
Tokio, 1964
Silber: Emil Schulz, Kaiserslautern (Mittelgewicht)
Hans Huber, Regensburg (Schwergewicht)
Bronze: Heinz Schulz, Berlin (Ost) (Federgewicht)

Entsprechend einem Beschluß der 50. IOC-Session 1955 in Paris gingen 1956 bis 1964 gesamtdeutsche Mannschaften an den Start. Von 1968 bis 1988 kämpften Athleten des Deutschen Amateurboxverbandes (DABV) im Team der Bundesrepublik Deutschland, Athleten des Deutschen Boxverbandes der DDR (DBV) stiegen für die selbständige Mannschaft des anderen deutschen Staates in den Ring.

DABV	DBV
Mexiko, 1968 Bronze: Günther Meier, Schongau (Halbmittelgewicht)	*Mexiko, 1968* Gold: Manfred Wolke, Frankfurt/Oder (Welterwicht)
München, 1972 Gold: Dieter Kottysch, Hamburg (Halbmittelgewicht) Bronze: Peter Hussing, Siegen (Schwergewicht)	*München, 1972* Bronze: Peter Tiepold, Berlin (Halbmittelgewicht)
Montreal, 1976 Bronze: Reinhard Skricek Leverkusen (Weltergewicht)	*Montreal, 1976* Gold: Jochen Bachfeld, Schwerin (Weltergewicht) Silber: Richard Nowakowski, Schwerin (Federgewicht)
Moskau, 1980	*Moskau, 1980* Gold: Rudi Fink, Frankfurt/Oder (Federgewicht) Bronze: Richard Nowakowski, Schwerin (Leichtgewicht), Karl-Heinz Krüger, Frankfurt/Oder (Weltergewicht), Detlef Kästner, Berlin (Halbmittelgewicht), Herbert Bauch, Berlin (Halbschwergewicht), Jürgen Fanghänel, Gera (Schwergewicht)
Los Angeles, 1984 Bronze: Manfred Zielonka, Düren (Halbmittelgewicht)	*Los Angeles, 1984*

Seoul, 1988

Bronze: Reiner Gies, Kaiserslautern (Halbweltergewicht)

Seoul, 1988

Gold: Andreas Zülow, Schwerin (Leichtgewicht), Henry Maske, Frankfurt/Oder (Mittelgewicht)
Silber: Andreas Tews, Schwerin (Fliegengewicht)

Barcelona, 1992 (gesamtdeutsche Mannschaft)

Gold: Andreas Tews, Schwerin (Federgewicht), Torsten May, Frankfurt/Oder (Halbschwergewicht)
Silber: Marco Rudolph, Cottbus (Leichtgewicht)
Bronze: Jan Quast, Frankfurt (Halbfliegengewicht)

Weltmeisterschaften

DABV

Havanna, 1974

Belgrad, 1978

Bronze: René Weller, Pforzheim (Leichtgewicht), Ernst Müller, Düren (Weltergewicht)

DBV

Havanna, 1974

Bronze: Ulrich Beyer, Frankfurt/Oder (Halbweltergewicht), Bernd Wittenburg, Berlin (Mittelgewicht), Ottmar Sachse, Halle/Saale (Halbschwergewicht)

Belgrad, 1978

Bronze: Stefan Förster, Gera (Bantamgewicht), Dirk Käsebier, Berlin (Leichtgewicht), Karl-Heinz Krüger, Frankfurt/Oder (Halbweltergewicht), Herbert Buch, Berlin (Halbschwergewicht), Jürgen Fanghänel, Gera (Schwergewicht)

München, 1982

Bronze: Manfred Zielonka, Düren (Weltergewicht), Peter Hussing, Siegen (Superschwergewicht)

München, 1982

Silber: Jürgen Fanghänel, Gera (Schwergewicht)
Bronze: Dietmar Geilich, Frankfurt/Oder (Halbfliegengewicht), Klaus-Dieter Kirchstein, Berlin (Bantamgewicht), Richard Nowskowski, Schwerin, (Federgewicht)

Reno, 1986

Reno, 1986

Silber: Rene Breitbarth, Schwerin (Bantamgewicht), Enrico Richter, Gera (Halbmittelgewicht), Henry Maske, Frankfurt/Oder (Mittelgewicht)
Bronze: Andreas Zülow, Schwerin (Federgewicht), Torsten Schmitz, Schwerin (Weltergewicht)

Moskau, 1989

Bronze: Sven Ottke, Berlin (Mittelgewicht), Bert Teuchert, Freiburg (Schwergewicht)

Moskau, 1989

Gold: Henry Maske, Frankfurt/Oder (Mittelgewicht)
Silber: Andreas Zülow, Schwerin (Leichtgewicht), Andreas Otto, Frankfurt/Oder (Halbweltergewicht), Siegfried Mehnert, Halle/Saale (Weltergewicht), Torsten Schmitz, Schwerin (Halbmittelgewicht)
Bronze: Axel Schulz, Frankfurt/Oder (Schwergewicht), Maik Heydeck, Berlin (Superschwergewicht)

Sydney, 1991 (gesamtdeutsche Meisterschaft)

Gold: Marco Rudolph, Cottbus (Leichtgewicht), Torsten May, Frankfurt/Oder (Halbschwergewicht)
Silber: Andreas Otto, Ahlen (Weltergewicht)
Bronze: Torsten Schmitz (Halbmittelgewicht)

Tampere, 1993

Bronze: Oktay Urkal, Berlin (Halbweltergewicht), Andreas Otto, Frankfurt/Oder (Weltergewicht)

Berlin, 1995

Gold: Zoltan Lunka, Halle/Saale (Fliegengewicht)
Silber: Luan Krasniqi, Rottweil (Schwergewicht)
Bronze: Dirk Krüger, Berlin (Bantamgewicht)
Falk Huste, Frankfurt/Oder (Federgewicht)
Marco Rudolph, Cottbus (Leichtgewicht)
Oktay Urkal, Berlin (Halbweltergewicht)
Andreas Otto, Frankfurt/Oder (Weltergewicht)
Markus Beyer, Berlin (Halbmittelgewicht)
Thomas Ulrich, Berlin (Halbschwergewicht)
Rene Monse, Berlin (Superschwergewicht)

Europameisterschaften

Stockholm, 1925

Silber: Franz Dübbers, Köln (Bantamgewicht), Jakob Domgörgen, Köln (Federgewicht)
Bronze: Schulze, Magdeburg (Fliegengewicht), Hein Müller, Köln (Weltergewicht), Franz Krüppel, Krefeld (Mittelgewicht), Siewert, Berlin (Schwergewicht)

Berlin, 1927

Gold: Kurt Dalchow, Berlin (Bantamgewicht), Franz Dübbers, Köln (Federgewicht), Jakob Domgörgen, Köln (Leichtgewicht), Hein Müller, Köln (Halbschwergewicht)
Silber: Karl Maier, Singen (Mittelgewicht), Hans Schönrath, Krefeld (Schwergewicht)

Bronze: Heinrich Brofazi, Hannover (Fliegengewicht)

Amsterdam, 1928

Gold: Ernst Pistulla, Berlin (Halbschwergewicht)

Budapest, 1930

Gold: Josef Besselmann, Köln (Weltergewicht)
Silber: Albert Leidmann, Würzburg (Halbschwergewicht)
Bronze: Karl Held, München (Leichtgewicht), Hinzmann, Berlin (Schwergewicht)

Los Angeles, 1932

Gold: Hans Ziglarski, München (Bantamgewicht), Josef Schleinkofer, München (Federgewicht), Erich Campe, Berlin (Weltergewicht)
Bronze: Werner Spannage, Barmen (Fliegengewicht), Hans Bernlöhr, Stuttgart (Mittelgewicht), Hein Kohlhaas, Hamburg (Schwergewicht)

Budapest, 1934

Gold: Kästner, Erfurt (Federgewicht)
Silber: Herbert Runge, Wuppertal (Schwergewicht)
Bronze: Karl Schmedes, Dortmund (Leichtgewicht), Pürsch, Berlin (Halbschwergewicht)

Berlin, 1936

Gold: Willi Kaiser, Gladbeck (Fliegengewicht), Josef Miner, Breslau (Federgewicht), Herbert Runge, Wuppertal (Schwergewicht)
Silber: Michael Murach, Schalke (Weltergewicht), Richard Vogt, Hamburg (Halbschwergewicht)

Mailand, 1937

Gold: Herbert Nürnberg, Berlin (Leichtgewicht), Michael Murach, Schalke (Weltergewicht)
Silber: Herbert Runge, Wuppertal (Schwergewicht)

Dublin, 1939

Gold: Herbert Nürnberg, Berlin (Leichtgewicht)
Silber: Nikolaus Obermauer, Köln (Fliegengewicht)
Bronze: Erich Wilke, Hannover (Bantamgewicht), Herbert Runge, Wuppertal (Schwergewicht)

Breslau, 1942

(Teilnehmer waren nur die mit Deutschland verbündeten oder neutralen Nationen. Die EM wurde nach dem Krieg von der AIBA annulliert.)

Gold: Raeschke, Hamburg (Weltergewicht), Hein ten Hoff, Oldenburg (Schwergewicht)

Silber: Arthur Büttner, Breslau (Federgewicht), Adolf Baumgartner, Hamburg (Mittelgewicht), Profittlich, Köln (Halbschwergewicht), Richard Grupe, Hamburg (Schwergewicht)

Bronze: Schims, Düsseldorf (Bantamgewicht), Heinz Gorczysa, Berlin (Leichtgewicht), K. Schmidt, Hamburg (Mittelgewicht), Rudolf Pepper, Dortmund (Halbschwergewicht)

DABV	**DBV**
Mailand, 1951	*Mailand, 1951*
Gold: Herbert Schilling, Frankfurt/Main (Halbweltergewicht) Silber: Günter Sladky, Dorsten (Mittelgewicht), Edgar Gorgas, Essen-Steele (Schwergewicht)	
Warschau, 1953	*Warschau, 1953*
Gold: Dieter Wemhöner, Berlin (Mittelgewicht) Silber: Max Resch, Stuttgart (Halbmittelgewicht) Bronze: H.-P. Mehling, Celle (Federgewicht), Helmut Pfirrmann, Weinheim (Halbschwergewicht), H. Schreibauer, Neckarsulm (Schwergewicht)	Gold: Ulli Nitzschke, Halle/Saale (Halbschwergewicht)

Berlin, 1955

Gold: Edgar Basel, Weinheim (Fliegengewicht), Harry Kurschat, Berlin (Leichtgewicht), Erich Schöppner, Witten (Halbschwergewicht)
Silber: Horst Witterstein, Kempten (Schwergewicht)
Bronze: Wolfgang Schwarz, Hamburg (Bantamgewicht), H.-P. Mehling, Celle (Federgewicht), Dieter Wemhöner, Berlin (Mittelgewicht)

Berlin, 1955

Silber: Ulli Nitzschke, Halle/Saale (Halbschwergewicht)
Bronze: Wolfgang Behrendt, Berlin (Fliegengewicht), Rolf Caroli, Halle/Saale (Halbmittel-gewicht)

Prag, 1957

Gold: Manfred Homberg, Düsseldorf (Fliegengewicht), Manfred Graus, Fraulautern (Weltergewicht)
Bronze: Peter Goschka, Hamburg (Bantamgewicht), Horst Herper, Düsseldorf (Leichtgewicht), Karl Schönberg, Hamburg (Mittelgewicht)

Prag, 1957

Bronze: Rolf Caroli, Halle/Saale (Halbmittelgewicht), Paul Nickel, Schwerin (Mittelgewicht)

Luzern, 1959

Gold: Manfred Homberg, Düsseldorf (Fliegengewicht), Horst Rascher, Villingen (Bantamgewicht)
Silber: Peter Goschka, Hamburg (Federgewicht)

Luzern, 1959

Bronze: Bruno Guse, Schwerin (Weltergewicht), Rolf Caroli, Halle/Saale (Halbmittelgewicht)

Belgrad, 1961

Bronze: Erich Schichta, Göppingen (Halbmittelgewicht)

Moskau, 1963
Bronze: Gerhard Dieter, Berlin (Halbweltergewicht), Emil Schulz, Kaiserslautern (Mittelgewicht)

Berlin (Ost), 1965
Gold: Hans Freistadt, Speyer (Fliegengewicht)
Silber: Peter Gerber, Bremen (Halbschwergewicht)
Bronze: Horst Rascher, Villingen (Bantamgewicht)

Rom, 1967
Silber: Horst Rascher, Villingen (Bantamgewicht), Peter Gerber, Bremen (Halbschwergewicht)

Belgrad, 1961
Silber: Dieter Neidel, Berlin (Halbmittelgewicht)
Bronze: Otto Babiasch, Berlin (Fliegengewicht), Heinz Schulz, Berlin (Federgewicht), Günter Siegmund, Berlin (Schwergewicht)

Moskau, 1963
Bronze: Poser, Berlin (Bantamgewicht), S. Olesch, Berlin (Halbmittelgewicht), Karl Degenhardt, Schwerin (Schwergewicht)

Berlin (Ost), 1965
Bronze: Hübner, Berlin (Federgewicht), Detlef Dahn, Berlin (Weltergewicht), Wolfgang Trodler, Berlin (Mittelgewicht), Bernd Anders, Berlin (Halbschwergewicht)

Rom, 1967
Silber: Manfred Wolke, Frankfurt/Oder (Weltergewicht)
Bronze: Cibinski, Magdeburg (Fliegengewicht), H. Dunkel, Berlin (Leichtgewicht), Peter Tiepold, Berlin (Halbweltergewicht), Leo Schlegel, Schwerin (Schwergewicht)

Bukarest, 1969

Gold: Günther Meier, Schongau (Weltergewicht)
Bronze: Peter Hussing, Siegen (Schwergewicht)

Bukarest, 1969

Bronze: Leo Schlegel, Schwerin (Halbschwergewicht)

Madrid, 1971

Silber: Peter Hussing, Siegen (Schwergewicht)

Madrid, 1971

Gold: Ulrich Beyer, Frankfurt/Oder (Halbweltergewicht)
Silber: Manfred Wolke, Frankfurt/Oder (Weltergewicht), Ottomar Sachse, Halle/Saale (Halbschwergewicht)
Bronze: Hans-Joachim Brauske, Halle/Saale (Mittelgewicht)

Belgrad, 1973

Silber: Peter Hussing, Siegen (Schwergewicht)
Bronze: Gerd Schubert, Berlin (Fliegengewicht), Wolfgang Schoth, Leverkusen (Leichtgewicht)

Belgrad, 1973

Gold: Stefan Förster, Gera (Federgewicht)
Silber: Weidner, Schwerin (Weltergewicht)
Bronze: Günter Radowski, Frankfurt/Oder (Leichtgewicht), Ulrich Beyer, Frankfurt/Oder (Halbweltergewicht), Peter Tiepold, Berlin (Halbmittelgewicht)

Katowice, 1975

Katowice, 1975

Silber: Bernd Wittenburg, Berlin (Mittelgewicht)
Bronze: Ulrich Beyer, Frankfurt/Oder (Halbweltergewicht), Ottomar Sachse, Halle/Saale (Halbschwergewicht)

Halle/Saale, 1977
Silber: M. Intlekofer, Hildesheim (Halbmittelgewicht)
Bronze: Manfred König, Korbach (Bantamgewicht), René Weller, Leverkusen (Leichtgewicht)

Halle/Saale, 1977
Gold: Stefan Förster, Gera (Bantamgewicht), Richard Nowakowski, Schwerin (Federgewicht)
Silber: Christian Zornow, Schwerin (Leichtgewicht), Ulrich Beyer, Frankfurt/Oder (Halbweltergewicht), Karl-Heinz Krüger, Frankfurt/Oder (Weltergewicht), Bernd Wittenburg, Berlin (Mittelgewicht), Ottomar Sachse, Halle/Saale (Halbschwergewicht), Jürgen Fanghänel, Gera (Schwergewicht)

Köln, 1979
Gold: Ernst Müller, Leverkusen (Weltergewicht), Peter Hussing, Leverkusen (Superschwergewicht)
Silber: René Weller, Leverkusen (Leichtgewicht)
Bronze: Georg Vlachos, Worms (Bantamgewicht), M. Intlekofer, Hildesheim (Halbmittelgewicht)

Köln, 1979
Silber: Dietmar Geilich, Frankfurt/Oder (Halbfliegengewicht), Werner Kohnert, Berlin (Schwergewicht)
Bronze: H. Kegebein, Berlin (Fliegengewicht), Richard Nowakowski, Schwerin (Leichtgewicht), Karl-Heinz Krüger, Frankfurt/Oder (Leichtgewicht), Manfred Gebauer, Berlin (Mittelgewicht), Jürgen Fanghänel, Gera (Schwergewicht)

Tampere, 1981
Bronze: Stefan Gertel, Worms (Bantamgewicht), Kurt Seiler, Leverkusen (Halbschwergewicht)

Tampere, 1981
Gold: Richard Nowakowski, Schwerin (Federgewicht)
Silber: Dietmar Geilich, Frankfurt/Oder (Halbfliegengewicht), Karl-Heinz Krüger,

Frankfurt/Oder (Weltergewicht), Jürgen Fanghänel, Gera (Schwergewicht)
Bronze: Dietmar Schwarz, Schwerin (Halbweltergewicht), Ulli Kaden, Gera (Superschwergewicht)

Varna, 1983

Varna, 1983
Silber: Ralf Hunger, Halle/Saale (Halbmittelgewicht), Ulli Kaden, Gera (Superschwergewicht)
Bronze: Klaus-Dieter Kirchstein, Berlin (Bantamgewicht), Frank Rauschning, Gera (Federgewicht), Siegfried Mehnert, Halle/Saale (Halbweltergewicht), Henry Maske, Frankfurt/Oder (Mittelgewicht)

Budapest, 1985
Silber: Markus Bott, Pforzheim (Halbschwergewicht)

Budapest, 1985
Gold: Rene Breitbarth, Schwerin (Halbfliegengewicht), Dieter Berg, Schwerin (Fliegengewicht), Siegfried Mehnert, Halle/Saale (Halbweltergewicht), Michael Timm, Schwerin (Halbmittelgewicht), Henry Maske, Frankfurt/Oder (Mittelgewicht)
Silber: Torsten Koch, Frankfurt/Oder (Leichtgewicht)

Turin, 1987

Turin, 1987

Gold: Andreas Tews, Schwerin (Fliegengewicht), Enrico Richter, Gera (Halbmittelgewicht), Henry Maske, Frankfurt/Oder (Mittelgewicht), Ulli Kaden, Gera (Superschwergewicht)

Silber: Siegfried Mehnert, Halle/Saale (Weltergewicht), René Ryl, Berlin (Halbschwergewicht)

Bronze: Rene Breitbarth, Schwerin (Bantamgewicht)

Athen, 1989

Bronze: Bert Teuchert, Freiburg

Athen, 1989

Gold: Siegfried Mehnert, Halle/Saale (Weltergewicht), Henry Maske, Frankfurt/Oder (Mittelgewicht), Sven Lange, Schwerin (Halbschwergewicht), Ulli Kaden, Gera (Superschwergewicht)

Silber: Marco Rudolph, Cottbus (Federgewicht), Axel Schulz, Frankfurt/Oder (Schwergewicht)

Bronze: Jan Quast, Frankfurt/Oder (Halbfliegengewicht), Dieter Berg, Schwerin (Bantamgewicht), Andreas Otto, Frankfurt/Oder (Halbweltergewicht), Enrico Richter, Gera (Halbmittelgewicht)

Göteborg, 1991 (gesamtdeutsche Mannschaft)

Gold: Sven Ottke, Berlin (Mittelgewicht), Dariusz Michalczewski, Leverkusen (Halbschwergewicht)

Silber: Mario Loch, Gera (Fliegengewicht), Andreas Zülow, Schwerin (Halbweltergewicht), Torsten Schmitz, Schwerin (Halbmittelgewicht), Andreas Schnieders, Oldenburg (Superschwergewicht)

Bronze: Andreas Tews, Schwerin (Bantamgewicht), Marco Rudolph, Cottbus (Leichtgewicht)

Bursa (Türkei), 1993

Gold: Dirk Eigenbrodt, Frankfurt/Oder (Mittelgewicht)

Silber: Oktay Urkal, Berlin (Halbweltergewicht)

Bronze: Andreas Otto, Frankfurt/Oder (Weltergewicht), Bert Schenk, Berlin (Halbmittelgewicht), Sven Ottke, Karlsruhe (Halbschwergewicht)

10r

Ich danke Trainern, Sportlern, Nachbarn, Journalisten und allen anderen, die Henry Maskes Erfolge begleitet haben, für ihre Gesprächsbereitschaft und für ihre Hilfe beim Zustandekommen dieses Buches.
Ich danke meiner Familie, meinen Freunden und dem Verlag »Das Neue Berlin«.

Thomas Braune

Redaktionsschluß: 23. Juni 1995

Bildnachweis

Seite 4	Jonny Biewer
Seite 8	Wolfgang Behrendt
Seite 12	privat Autor
Seite 13	privat Autor
Seite 18	Wolfgang Behrendt
Seite 20	privat Autor
Seite 23	privat Autor
Seite 28	privat Autor
Seite 30	W. Schmelzer
Seite 32	privat Autor
Seite 33	privat Autor
Seite 35	privat Autor
Seite 36	Wolfgang Behrendt
Seite 39	privat Autor
Seite 41	privat Autor
Seite 43	privat Autor
Seite 48	Wolfgang Behrendt
Seite 50	privat Autor
Seite 51	privat Autor
Seite 54	Wolfgang Behrendt
Seite 58	Wolfgang Behrendt
Seite 60	Wolfgang Behrendt
Seite 62	Wolfgang Behrendt
Seite 64	Wolfgang Behrendt
Seite 65	Wolfgang Behrendt
Seite 66	Wolfgang Behrendt
Seite 68	Wolfgang Behrendt
Seite 71	Wolfgang Behrendt
Seite 72	Wolfgang Behrendt
Seite 73	Wolfgang Behrendt
Seite 80	ADN-ZB
Seite 82	privat Autor
Seite 84	AP
Seite 87	Bongarts Fotoagentur
Seite 89	privat Autor
Seite 92	Wolfgang Behrendt
Seite 94	City Press Berlin

Seite 98,oben	H. Nagel
Seite 98, unten	H. Nagel
Seite 102	DPA
Seite 104	Wolfgang Behrendt
Seite 107	privat Autor
Seite 108	H. Nagel
Seite 110	Wolfgang Behrendt
Seite 114	Chr. Höhne
Seite 115	W. Mausolf
Seite 116	Bongarts Fotoagentur
Seite 119	Wolfgang Behrendt
Seite 121	privat Autor
Seite 122	privat Autor
Seite 124	Bongarts Fotoagentur
Seite 129	Jonny Biewer
Seite 133	Bongarts Fotoagentur
Seite 135	Bongarts Fotoagentur
Seite 137	privat Autor
Seite 140	Bongarts Fotoagentur
Seite 146	Sportpressefoto – firo –
Seite 149	B. Wawrzyniak
Seite 152	Wolfgang Behrendt
Seite 154	Bongarts Fotoagentur
Seite 157	Bongarts Fotoagentur
Seite 159	Bongarts Fotoagentur
Seite 162	DPA
Seite 164	privat Autor
Seite 165, oben	Bongarts Fotoagentur
Seite 165, unten	Bongarts Fotoagentur
Seite 166, oben	Bongarts Fotoagentur
Seite 166, unten	Bongarts Fotoagentur
Seite 168	DPA
Seite 171	Bongarts Fotoagentur
Seite 173, oben	ADN
Seite 173, unten	Bongarts Fotoagentur
Seite 175	Bongarts Fotoagentur
Seite 177	privat Autor
Seite 178	DPA